INTRODUCTION
A LA PSYCHOLOGIE STRUCTURALE

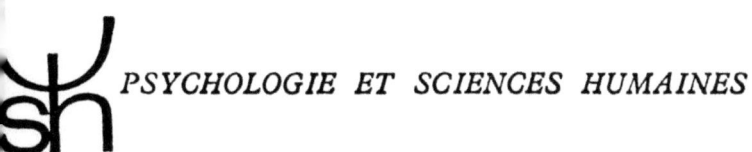

PSYCHOLOGIE ET SCIENCES HUMAINES

Roger Mucchielli

*Professeur à l'Université
de Nice.*

introduction
à la psychologie
structurale

Troisième édition

CHARLES DESSART, ÉDITEUR

2, GALERIE DES PRINCES, BRUXELLES

DU MÊME AUTEUR

Le mythe de la cité idéale, P.U.F., 1960 (épuisé).

Le jeu du monde et le test du village imaginaire, P.U.F., 1960.

La caractérologie à l'âge scientifique, Éd. du Griffon et Dunod, 1961.

Philosophie de la médecine psychosomatique, Aubier, 1961.

La personnalité de l'enfant, Éditions ESF, 1962, 10e édition 1972.

Modèles sociométriques et formation des cadres, P.U.F., 1963 (épuisé).

La dyslexie, maladie du siècle, en collaboration avec A. Bourcier, Éditions ESF, 4e édition 1971.

Comment ils deviennent délinquants, Éditions ESF, 1965, 4e édition 1972.

La dynamique du Rorschach, P.U.F., 1968.

Analyse existentielle et psychotherapie phénomino-structurale. Éditions Charles Dessart, 1972.

D - 1972 - 0024 - 10

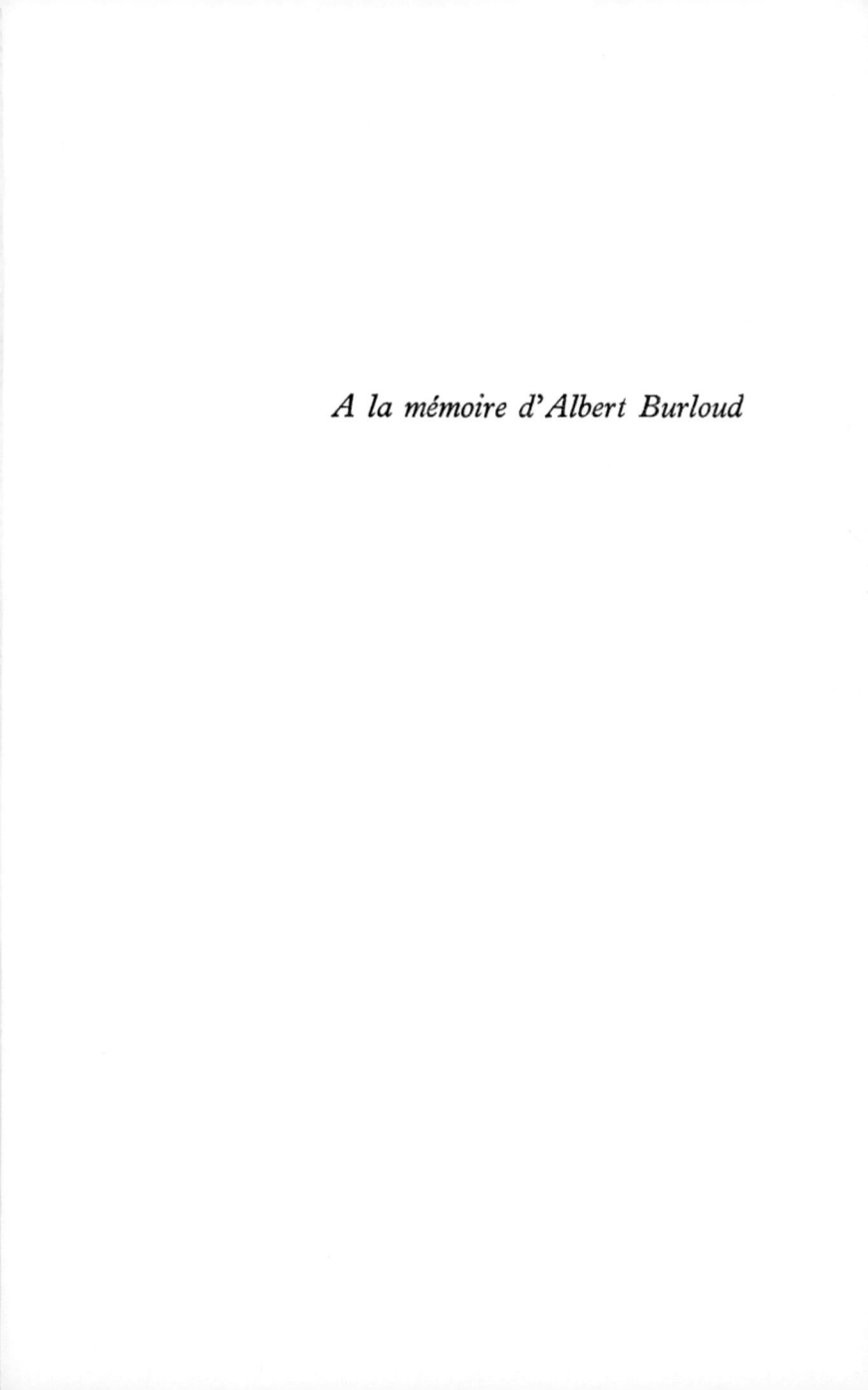

A la mémoire d'Albert Burloud

AVANT-PROPOS
de la 1re édition

En écrivant cette Introduction à la Psychologie structurale, *j'ai eu l'intention de revenir au réel et à l'observation des faits pour rendre compte de l'ensemble particulier de phénomènes qui intéressent les psychologues et tous ceux qui cherchent des informations dans ce domaine.*

La psychanalyse classique (il faut dire orthodoxe) se distingue dans l'histoire moderne de la psychologie, par deux aspects qui risquent d'en faire désormais un obstacle au progrès de la connaissance : d'une part, elle se présente actuellement comme une théorie totalitaire de la psychologie, elle s'enferme dans l'ésotérisme et se perfectionne narcissiquement, en sacralisant ses concepts et en essayant d'assimiler avec le même arsenal les nouvelles découvertes ; et, d'autre part, par un mécanisme d'autodéfense qui s'explique, elle culpabilise d'avance ceux qui mettent en question les concepts et le système, en les accusant de résister à la conversion, par l'effet souterrain de leurs problèmes affectifs personnels. Elle tend à classer parmi les « immatures » tous ceux qui ne seraient pas d'accord.

A l'abri de cette agressivité défensive et impérialiste, la psychanalyse « cultive » ses propres conceptions dans le public et chez les psychologues, et qui mieux est, cultive ses interprétations chez les clients, utilisant à son profit le formidable mécanisme de la suggestion qui permettait naguère à Charcot de retrouver toujours ses théories dans ses observations. « La psychanalyse est notre sorcellerie... A plus forte raison quand elle devient institution, quand elle est appliquée aux sujets dits « normaux » eux-mêmes, elle cesse tout à fait d'être une conception que l'on puisse justifier ou discuter par des cas, elle ne guérit plus, elle persuade, elle façonne elle-même des sujets conformes à son interprétation de l'Homme. Elle a ses convertis, peut-être ses réfractaires, elle ne peut plus avoir ses convaincus. Par delà le vrai et le faux, elle est un mythe, et le Freudisme, ainsi dégradé, n'est plus une interprétation du mythe d'Œdipe, il en est une variante. » (Merleau-Ponty citant Levi-Strauss, in Signes, p. 153).

Sur le plan strictement épistémologique, la mythification de la théorie s'explique par la distance croissante entre sa conceptualisation et les données de l'expérience.

Il est facile de se rendre compte du processus par lequel une théorie finit par perdre la réalité qu'elle prétend traduire et qui ne cesse pas pour autant d'exister et de se produire : toute théorie est un système de concepts représentés par des mots, forgés pour rendre compte d'un ensemble de faits ou de données de l'expérience, celle-ci étant relative au point de vue de son créateur, à l'état des connaissances et de ses connaissances, aux moyens et aux méthodes mises en œuvre. Ces concepts, s'organisant en une théorie générale par une sorte de conceptualisation au second degré, ne sont pas seulement « représentatifs » d'ensembles de données, de «groupements» de faits, de «genres» de phénomènes, ils sont opératoires, *c'est-à-dire que, d'une manière active, ils découpent dans le réel qui foisonne, des classes de réalités..., ils créent pour les nécessités de la connaissance, les ensembles et les groupements..., ils « reconnaissent » ainsi des phénomènes épars en les faisant entrer dans une des catégories prévues. Bien sûr, ces opérations de la connaissance scientifique — ou qui se veut telle — ne se font pas au hasard ; le chercheur vise la détermination de l'essentiel du phénomène, de sa structure objective, et, dans la théorie générale, il veut saisir la structure des rapports entre ces objets de la connaissance.*

Mais il arrive un moment où la satisfaction intellectuelle du savant à contempler l'harmonie de sa production le rend réfractaire à la remise en question de ses concepts. Il court le risque, s'il n'admet pas la polémique et s'il ne reste pas avant tout capable d'une naïveté permanente devant la réalité jaillissante, de s'enfermer dans le perfectionnement de concepts devenus sacrés. Or, dans ce cas, le concept continue d'être ce qu'il a toujours été, c'est-à-dire une catégorisation active du réel, découpant la réalité pour fabriquer les ensembles et les classes de phénomènes nommables, reconnaissables, ordonnés. Le réel se trouve dès lors en permanence filtré par le système de catégories, distordu pour être intégré dans les seuls cadres disponibles..., « assimilé » à des classes prévues et à cette condition reconnu..., traité (et maltraité) pour entrer dans les modèles confectionnés.

La théorie vieillissante finit par « supposer », « interpréter », « plaquer ses explications » au lieu d'observer et de remarquer ce qui est toujours offert à une observation sans prévention.

Et la connaissance progresse lorsque sans perdre le bénéfice de concepts commodes, l'on consent à revenir au réel, à ce réel qui peut-être échappe toujours car à tous les niveaux d'existence nous risquons malgré nous de prêter aux choses et aux êtres observés, des significations qui viennent de nous, qui nous renvoient notre propre reflet au lieu de nous dévoiler ce qui existe au présent.

* * *

Des notions naguère classiques en psychologie telles que Pulsion, Instinct, Tendance, Motivation, *ou telle que* l'Inconscient *conçu comme lieu de « forces » refoulées... sont aujourd'hui périmées. Elles ne suffisent plus à rendre compte de l'expérience.* Par contre la notion de structure *s'impose, dans une acception nouvelle, atteignant le champ psychologique après avoir permis le renouvellement de la linguistique générale et de l'anthropologie culturelle.*

Ce mot de structure *a, dans la langue courante, d'abord le sens d'organisation, d'articulation des rapports entre des éléments ou parties ; c'est ainsi que l'on dit d'un compte-rendu qu'il est bien structuré, pour souligner la disposition méthodique des parties, la rigueur du plan et la netteté de la progression vers la conclusion. On dit aussi d'une entreprise qu'elle a une structure, pour signifier que les relations hiérarchiques et fonctionnelles sont précisées, et que les responsables aux divers échelons connaissent la place et la définition de leur poste ou de leur rôle par rapport aux autres, dans l'organigramme général.*

On parle, dans un sens très voisin, d' « infrastructure » pour désigner les travaux ou les services dont la mise en place préalable et le fonctionnement sont indispensables à une construction ou à une organisation sociale dont on prévoit le développement ou la différenciation ultérieure. On appelle « superstructures » ces constructions et développements ultérieurs en connexion étroite avec leurs « bases » et tributaires d'elles d'une manière ou d'une autre.

Dans ce premier ensemble de sens, structure *est « ordre » ;* structurer *est mettre en ordre ou coordonner des éléments par un système de rapports stables qui en font un* Tout *organisé.*

D'un sens voisin mais différent relève l'acception gestaltiste *de la structure. Les psychologues qui, avec Wertheimer, Kohler, Koffka, Guillaume, ont lancé l'idée de* Forme *(ou* Gestalt*) cherchaient à désigner par là les configurations naturelles du champ perceptif. Une mélodie est une structure, ou Forme, ou Gestalt, dans la mesure où elle est un système de corrélations stables, reconnaissables comme mélodie même si toutes les notes* *sont changées (à condition qu'on ne change pas l'organisation des rapports), ce qui se produit quand le musicien « change de ton ».* Selon ces psychologues, les Formes perceptives sont des structures de corrélation, *structures objectives, douées de qualités (telle la « prégnance » de la « bonne Forme », qui s'impose facilement et résiste au changement). Les « éléments » n'ont pas d'existence séparée. Même seule au firmament, une étoile « se détache sur le fond » que représente le ciel vespéral. Lorsque toutes les étoiles brillent, elles s'organisent perceptivement en « constellations ». Chaque « élément » est fonction d'un tout par rapport auquel il se situe, et, par là, prend une signification.*

Ceci nous achemine vers le sens moderne du mot structure. Appliqué aux phénomènes psychologiques, structure *cesse de renvoyer à des systèmes de corrélations et ne concerne que des significations. Une* structure de signification, *c'est ce par rapport à quoi un élément du monde prend un sens pour un sujet. Plus exactement, on désigne par là une réalité opérante qui n'a rien d'objectif et rien de conscient (elle n'est pas directement observable et n'est pas un contenu de conscience), dont l'action rend significatives pour un sujet les données du Monde.*

La structure de signification suppose et implique une relation essentielle et existentielle entre le sujet et son Univers, et elle est une forme constante dynamique de cette relation. Des contenus variés se succèdent, qui d'un point de vue extérieur et descriptif paraissent différents, mais qui sont porteurs de la même structure de sens ; inversement, tel comportement ou telle expression peuvent paraître identiques d'un sujet à un autre, mais ils n'ont plus le même sens si on les rapporte aux structures respectives du vécu de chacun. Ainsi tel objet, dans une société donnée, prend un sens qu'il n'a pas dans une autre société, alors que du point de vue descriptif, il est le même.

La structure est seule capable de donner un sens à ce qu'elle structure. La structure est, de ce point de vue, une Forme vide mais dynamique et définie, qui « donne une forme » et par là une signification à ce qui vient la « remplir ».

Pour prendre un exemple très superficiel, la jalousie n'est pas un simple sentiment (ce qu'elle est aussi sans doute pour la conscience spontanée en qui se reflètent les formes de l'affectivité), elle est chez l'être-jaloux une structure *structurant la perception vigilante, et donnant un sens à tout ce qui peut être saisi par elle dans les données du monde. Une structure de ce genre « patterne », c'est-à-dire modèle activement, façonne, met en forme... les données de l'information (les données de la perception), en « les prenant d'une certaine façon » qui est caractéristique de l'être-jaloux. Bien plus, on s'aperçoit qu'une forme de ce genre est non seulement capable d'assimiler presque n'importe quelle donnée (à la limite, tout « alimente » la jalousie), mais aussi capable de structurer le comportement, de « patterner » l'action et les réactions, comme une constante formelle à contenus variables et indéfinis. Mais cette jalousie (pour reprendre notre exemple) n'est pas, pour la conscience possédée, un sentiment isolé ni insolite sans relation avec tout le reste. La jalousie est l'expression actuelle d'une structure plus forte ou plus vaste, déterminant beaucoup d'autres attitudes. Nous dirons que nous sommes devant une* structure *perceptivo-affectivo-comportementale, et je ne vois pas comment on pourrait nommer autrement cette forme active et bien définie, quoique « vide », qui organise dynamiquement et inconsciemment le monde perçu et la conduite, et à laquelle renvoient toutes les paroles et toutes les réactions descriptibles, même si cela paraît,* pour la victime, *une « déformation permanente » du réel.*

De même Levi-Strauss cherche — et trouve — dans l'étude comparée des institutions sociales, « des relations à contenu également variable mais dont le caractère formel se maintient à travers toutes les vicissitudes », c'est-à-dire des structures dont l'opération active consiste à imposer leurs formes (et à donner un sens puisque ce sont des structures de significations) à des éléments inarticulés qui proviennent d'ailleurs. « Et là comme en phonologie, le vocabulaire importe moins que la structure. Il faut filtrer le contenu lexicographique pour voir apparaître les constantes dynamiques structurales » qui emprisonnent dans quelques patterns simples, la multiplicité quasi indéfinie des faits, des gestes et des dires.

Comment se constituent ces structures, comment s'organisent-elles entre elles ? Y a-t-il des structures de structures ? Peut-on les axiomatiser comme on le fait dans d'autres sciences ?... Tels sont les problèmes auxquels devra répondre la psychologie structurale de demain. Cette « introduction » n'a d'autre ambition que de provoquer la réflexion sur ces objectifs. Les réponses seront d'une importance capitale par leur retentissement sur les techniques d'approche de la personnalité et sur la méthode de la psychothérapie.

Roger MUCCHIELLI
Rennes — Juin 1966

I

« *Il y a signification lorsque les données du Monde sont par nous soumises à une déformation cohérente* ».

MERLEAU-PONTY, *Signes*.

Qu'est-ce que cela signifie?

I

L'effort le plus élémentaire pour comprendre quelqu'un, la démarche la plus simple, la plus immédiate — qui est déjà toute la psychologie — consiste à saisir, d'une manière toujours approximative, ce que les choses, les êtres, les événements... *signifient pour lui.*

Si vous considérez l'ensemble des circonstances données par rapport auxquelles agit ou réagit un sujet humain, et si vous considérez la conduite de ce sujet humain en gardant par rapport à ces circonstances et par rapport à ce sujet, une « extériorité » que vous pensez être la garantie de votre « objectivité », le résultat inévitable est l'incompréhension la plus totale de sa conduite. Car votre considération soi-disant « objective » de l'ensemble des circonstances données implique nécessairement la signification-de-cet-ensemble-*pour-vous*... de même que la considération dite objective de sa conduite est immanquablement une caractérisation de cette conduite (ne serait-ce que pour la qualifier — et même pour la qualifier d'absurde ou d'incompréhensible) par rapport à ce qu'elle signifie pour vous, par rapport au sens qu'elle aurait eu pour vous si vous l'aviez eue vous-mêmes, et finalement encore à ce que signifient ces circonstances pour vous.

Me voici par exemple, en compagnie de deux Français, à une quarantaine de kilomètres de BRAZZAVILLE au CONGO. Là, la route goudronnée s'arrête et la piste commence. Sur le bord de la route, il y a une pompe à main plantée sur un tonneau de fer contenant de l'essence, ce qui nous permet de compléter le réservoir de l'auto. Malgré l'insolite, nous reconnaissons ces ensembles de significations et nous avons, pour y répondre, un ensemble de réactions culturelles habituelles. Nous demandons à l'indigène qui pompe si nous pouvons trouver à boire, car il fait assez chaud. Il nous conduit à sa maison à quelques pas de là et nous découvrons une salle qui ressemble à un bric-à-brac de pièces détachées et de bidons divers, et dans un coin un énorme réfrigérateur ultramoderne qui, dans ses entrailles illuminées, nous permet de voir, à notre émerveillement, des bouteilles de bière, de Coca-cola, de jus de fruits, d'eaux minérales. Nous continuons donc à nous mouvoir dans un univers de significations reconnues. La jeune fille de la famille indigène débouche les bouteilles avec grâce et adresse. Nous payons en francs locaux... Mais voici que l'un de nous, avec force gestes, mimiques et déclarations verbales, demande à la jeune personne, tout à l'heure si aimable, de venir devant la maison pour qu'il puisse prendre une photo d'elle. La vue de l'appareil de photo déclenche une conduite de panique. On insiste. Cela indispose toute la famille. Nous battons en retraite devant la colère générale.

Visiblement « être prise en photo » a eu pour la jeune fille une signification inattendue. Dans cet univers de choses, d'êtres et de comportements reconnaissables pour nous jusque là, surgissait brusquement un aspect de l'univers de significations magiques de ces indigènes, exprimé par leur conduite en la circonstance.

Malgré notre effort pour comprendre que, dans un certain contexte de croyances magiques, l'image de quelqu'un possédée par un autre permet à cet autre d'exercer une influence indirecte sur l'existence du sujet devenu captif par son image, nous ne pouvons nous empêcher de trouver, entre nous, cette réaction complètement absurde. Pourtant cette réaction, rapportée à la signification de l'incident pour l'indigène est parfaitement *cohérente*, au point que c'est elle qui nous permet d'induire ces significations, très imparfaitement « comprises » dans la mesure où nous ne les situons pas dans l'ensemble de leur contexte culturel, et même dans la mesure où nous ne les partageons pas.

Cet exemple culturel est, en quelque sorte, un exemple privilégié car nous finissons par avoir l'habitude de nous dire que chaque peuple a ses croyances, son monde de significations propres et donc ses conduites spécifiques. Notre « objectivité » se satisfait de l'acceptation que les choses, les circonstances, les événements, les relations humaines, etc... *peuvent* avoir d'autres sens que le sens qu'ils ont pour nous.

Nous sommes nettement moins « compréhensifs » avec nos propres congénères.

Voici une jeune maman qui, trouvant que sa fillette de 7 ans n'est pas assez avancée en calcul, se met en devoir de lui apprendre « le principe de la soustraction ».

« *Oter*... tu ne comprends donc pas ce que veut dire *ôter* », dit la mère avec fureur, « c'est incroyable ! Tu es idiote, tu me fais devenir enragée ». La fillette, fascinée par les mouvements du visage de sa mère qui passe de l'indignation au désespoir, est absolument figée sur place et, visiblement, le sens des mots pour elle n'est plus celui que leur donne sa mère. Elle se sent grondée, coupable, en instance de rejet définitif. Elle est inquiète et comme paralysée. Passant à ce qu'elle pense être une méthode pédagogique active, la mère ordonne à la petite fille de mettre les mains dans les poches de son tablier. La fille obéit après plusieurs rappels. Aussitôt, la mère dit impérativement « ôte-les! ». Comme la fille tarde, la mère lui met impulsivement les mains hors des poches, et la regardant avec un air de suprême concentration, lui dit d'une voix tranchante « Qu'est-ce que tu as fait? ». La fillette est d'un mutisme pâle. La mère s'indigne. On recommence. Même scénario. A la troisième fois, devant le même comportement, la mère donne à la fillette une gifle...

Le psychologue décrira facilement les deux ensembles inconciliables de significations : celui de l'adulte, centré autour d'une intention « pédagogique » et percevant les réactions de « l'élève » comme une bêtise doublée d'une mauvaise volonté,... et celui de l'enfant, centré autour d'une accusation angoissante et mystérieuse de la part d'un être qui détient une puissance illimitée.

Notons de nouveau que les deux conduites sont parfaitement « logiques » par rapport à leur ensemble respectif de significations. Et c'est encore en observant le déroulement du comportement que nous saisissons les significations correspondantes qu'il exprime.

Cependant là encore nous pourrions dire que « les idées modernes » tendent à faire admettre que l'enfant vit dans un monde d'enfant où les choses n'ont pas le même sens ni les mêmes valeurs que dans le monde des adultes.

Prenons un troisième exemple, tout aussi banal que les précédents. Deux époux se disputent : Monsieur affirme à son épouse, chiffres en mains, qu'elle n'a pas besoin de travailler, qu'il gagne largement la vie du ménage, que « la présence de leur mère au foyer est indispensable aux enfants, et spécialement à la dernière qui a quatre ans seulement ». Madame riposte en disant qu'elle n'a pas « fait sa licence pour passer sa vie à faire la vaisselle et à laver le linge », qu'elle refuse « d'être considérée comme une bonne à tout faire », et que, même si son salaire doit passer intégralement à payer une femme de ménage et une bonne d'enfants, elle préfère avoir un rôle social, utiliser ses aptitudes intellectuelles et ses diplômes... Deux conceptions de la vie de famille, des rôles respectifs, des droits et devoirs de chacun s'affrontent et se heurtent. Quand le mari croit parler « à la mère de ses enfants », son épouse l'entend parler « à la bonne de Monsieur »; il croit dire que, par son statut social et ses revenus, il peut la dispenser de la lutte pour la vie; elle perçoit qu'il veut la condamner à une infériorité dégradante. Il tient pour néant les diplômes et les qualifications intellectuelles de sa femme, elle brandit ses titres comme une revendication de supériorité; il veut détenir l'autorité dans le couple et dans l'organisation de la vie familiale, elle refuse de se soumettre à son autorité et à son point de vue; à l'arrière-plan se profile chez elle une revendication masculine, un refus de sa condition de femme et de mère...

Les mêmes paroles enregistrables sont différentes et changent de sens, en entrant dans l'oreille du partenaire. Sont-ce « les mêmes paroles » d'ailleurs, autrement que par une illusion matérialiste, puisqu'elles ont une signification pour celui des deux qui les prononce, et une autre pour celui qui les entend? La communication est illusoire; les réactions de chacun, fonctions de son univers clos, sont définies et interprétées par l'autre en fonction de son propre univers clos; il y réagit à son tour, et ainsi de suite.

Ainsi nous sommes tous et toujours prisonniers des significations. Dans certaines conditions et par une certaine méthode, on peut modifier les significations de notre Univers, et, du même coup, modifier cet Univers, mais on n'échappe pas au fait que nous baignons inévitablement dans des significations du moment même que nous vivons. Et il s'agit toujours de significations-pour-tel-sujet-qui-les-perçoit-et-les-vit. Il n'y a pas de signification objective. Il y a des significations partagées, des significations échangées, mais il n'y a pas de significations sans un sujet — ou plus générale-ment un être vivant — pour qui elles existent.

L'essentiel psychologique est donc au niveau des signifi-cations-vécues-par-un-sujet, et il est incongru de se poser la question philosophique de savoir si quelque chose d'objectif correspond ou non à ces significations.

Une telle question serait symptomatique du sujet même qui la pose, puisqu'elle aurait un sens-pour-lui, exprimant sa recherche interrogative et inquiète d'un autre-réel et d'un autre-soi plus stables ou moins incertains, ce qu'elle est effectivement, à l'insu même de sa conscience et de sa bonne foi.

Nous nous heurtons à plusieurs niveaux de significations dès que nous ouvrons les yeux sur notre monde, dès que nous parlons, dès que nous écoutons, dès que nous agissons, et, somme toute, dès que nous existons.

Si vous lisez ces lignes, vous êtes aux prises avec un sens et la question « qu'est-ce que cela signifie ? » retentit très loin puisque au-delà du sens de cette phrase ou de cette page, existe, comme instance ouverte de significations, ce que je voudrais dire dans cet ouvrage.

Mais pour vous, lecteur, cette lecture même, le domaine dans lequel s'inscrit cette lecture (la Psychologie), le rapport qu'elle soutient avec votre existence ou vos buts (loisir ? travail ? critique ?...), sa place dans votre situation présente...

et tant d'autres aspects de votre action présente, tout n'est qu'un nœud de significations personnelles quelle que soit la direction qu'on explore. En jugeant le sujet futile ou important, vous lui donnez un sens tout en lui donnant une valeur négative ou positive.

Autour de vous, les objets n'existent qu'avec leurs significations multiples. Cette potiche a déjà un sens puisque vous la nommez, elle a par là un sens culturel (pour-vous-en-tant-qu'appartenant-à-un-certain-type-de-civilisation); elle a ou peut avoir beaucoup d'autres sens (elle embellit tel endroit de la pièce, elle fait la paire avec telle autre, elle est un souvenir, etc...). Si l'objet que vous contemplez (...mais déjà « contempler » a un sens-pour-vous) est un objet « exotique », il a, parmi d'autres significations, au moins celle d'être exotique, avec tous les retentissements personnels que vous éprouvez devant lui, et il ferait partie d'un autre ensemble de significations pour un individu du groupe ethnique ou culturel qu'il évoque.

La lecture des informations quotidiennes vous apporte un autre afflux de preuves du même phénomène. Chaque information véhicule un sens immédiat, qui est son contenu, et autour de ce premier sens, plusieurs couches de significations se développent concentriquement jusqu'à des zones obscures de la perception.

Tel journal du matin titrait naguère en première page sur 5 colonnes à propos d'une manifestation dans la région nantaise : « Les C.R.S. tirent sur la foule et tuent un père de famille ». Un autre journal, d'opinion gouvernementale, titrait : « Manifestation ouvrière en ville », et, en petits caractères et en sous-titre : « un manifestant tué par une balle perdue ».

On saisit facilement sur cet exemple (et vous pouvez en

trouver des quantités d'autres du même genre tous les jours) comment le sens direct immédiat du contenu (« il y a eu un mort au cours de la manifestation ») implique, par la présentation de l'information, des résonances secondaires de significations plus subtiles, et les réactions des lecteurs sont déterminées (intentionnellement de la part des rédacteurs) par ces significations moins apparentes. Analysons brièvement ces ondes de significations : que ce soit, dans le premier cas, en première page et sur 5 colonnes, et dans le second en sous-titre plus discret, détermine déjà un sens : celui de la « taille » de l'information, de son importance ou de sa minimisation. Chaque mot de la première formule projette une gerbe de sens et des images implicites les expriment, telles que « répression policière préméditée et brutale », « conflit grave annonçant la révolte », « crime commis impunément sur la personne d'un être sans défense auquel le lecteur s'identifie facilement », « indignation unanime attendue », « intensification légitime de la colère populaire après cet assassinat et cette provocation », etc... Tout cela est dit *aussi* dans la seule manière de présenter l'information.

Au contraire dans l'autre journal; on entend en écho, « minimisez », « accident consternant pour tout le monde », « mauvais sort désolant », « aucune intention offensive ni préméditation dans cette histoire », « il n'y a pas eu de bagarre réelle entre les « forces de l'ordre » et les manifestants », « ne manifestez pas dans la rue car un accident stupide est vite arrivé et pourrait *vous* arriver ».

L' « état d'esprit » du groupe d'appartenance du lecteur est l'impact de cette information, et l'information elle-même tout en prenant aussi du sens dans ce contexte psychosocial, modifie à son tour ce contexte, et c'est ce que vise le rédacteur.

Un état d'esprit de ce genre — que ce soit dans un groupe

ou dans un autre — apparaît comme un centre actif de diffusion de sens et en même temps un centre actif de sélection de sens dans l'information.

Le même processus se retrouve, sur une toute autre direction de recherches, dans la conscience morbide, chez l'aliéné. Toutes les significations du monde ont changé pour lui et sont devenues informulables ou incommunicables. Son comportement s'organise en fonction de ces sens « étranges » pour nous et étrangers à ceux de notre univers intellectuel et social, et cette conduite nous devient aussi opaque que sa conscience.

D'ailleurs l' « étrange », comme l'« absurde » ou l' « insignifiant » sont des catégories qui semblent dénuées de sens, mais c'est seulement par rapport à tel « contenu » que *nous* attendions, par rapport à *notre* système de références, ou, d'une manière plus générale, par rapport à un système de références caractérisé par leur exclusion ou leur non-assimilation.

C'est même là *le sens* de ces mots qui semblent des négations de signification, et c'est avec ce sens que nous les employons dans des phrases ou dans des jugements par lesquels nous voulons signifier quelque chose.

Si vous déniez le sens d'une proposition, d'un objet ou d'un comportement en les qualifiant d' « absurdes », vous entendez par là dire quelque chose. L'absurde est béant du point de vue de vos principes ou de la logique, vide, en instance de sens peut-être, mais restant instance et s'éprouvant comme tel, non assimilable ni rattachable à un ensemble connu, reconnu ou accepté. A moins que soudain, par la vertu d'un autre contexte, cette béance de l'Absurde ne signifie le Néant, « concept » intellectuellement vide mais affect chargé d'Angoisse, de détresse, de quête aveugle de l'Etre et du Sens de l'Existence. Dans ce cas, l'Absurde se remplit d'un sens existentiel, et, à ce titre, prend place, souvent d'une manière très rationalisante, dans un système philosophique.

L'Absurde se double aussi d'un sens dans d'autres cas, comme dans le mot de passe, le message secret ou chiffré, le rêve, la phrase ésotérique ou l'énigme. La béance instante de l'absurde recèle alors — on le soupçonne — un sens plein mais caché, connu de l'initié, activement reconstruit par le déchiffreur. Une signification est alors accordée à l'Absurde comme à l'Énigme, en tant que tels, avant même la découverte du sens directement intelligible.

L'insignifiant vrai n'existe pas. Pour tel sujet humain, les très nombreux aspects du réel qui sont vraiment insignifiants (c'est-à-dire qui ne sont pas l'objet d'un jugement, d'une négation de valeur, car ceci est autre chose et veut dire quelque chose) *ne sont pas perçus*, c'est-à-dire n'existent pas pour-lui, ne font absolument pas partie de son univers. Cela ne *sera* pour ce sujet que dans la mesure où cela prendra tout d'un coup une signification-pour-lui, surgissant de l'insignifiance pour exister.

Il arrive ainsi que nous nous rendions compte tout d'un coup de certaines choses que nous n'avions jusque là ni vues, ni entendues, alors qu'elles étaient « sous nos yeux » : la trahison d'un ami, l'amour secret d'une personne, le sens caché d'une proposition. Ce qui est évident pour notre voisin ou notre partenaire n'avait même pas effleuré notre conscience, et nous le *percevons* dès lors qu'a surgi son sens. Lorsque par contre nous disons que tel fait, tel signe, tel symptôme, telle preuve... sont « non-significatifs », nous donnons là un sens fort à notre constat, et c'est par rapport à un ensemble donné (supposé, lui, significatif) que *nous jugeons* ces choses pour les en exclure, sans nier pour autant qu'elles puissent avoir un sens d'un autre point de vue, c'est-à-dire par rapport à un autre *contexte*.

Il ne faut donc pas s'attacher à un « contenu brut » pour saisir le sens ou les sens, sinon le premier assemblage fortuit de lettres ou n'importe quel mot d'une langue étrangère ignorée, montreraient que quelque chose peut exister-pour-nous sans signifier. Il faut chercher et saisir le sens dans toutes les dimensions du vécu et du perçu, dans tout ce par rapport à quoi se situe le donné.

Une sorte de postulat semble s'imposer à l'entrée du domaine spécifique de la connaissance qu'est le champ de la Psychologie, et ce postulat se formulerait ainsi : « A l'origine est la signification ».

On ne peut avancer dans la compréhension d'un sujet humain, de ce qu'il dit, de ce qu'il fait... si l'on ne saisit pas d'abord les significations qu'il donne à ce qui l'entoure, à ce qu'il vise ou à ce qu'il exprime par ses dires ou par ses actes. Si l'on peut dire que tout perçu est porteur de signification et n'existe comme tel que par un réseau de significations, il faut ajouter que la généralité de cette proposition ne doit pas cacher la singularité de chaque signification puisque celle-ci est toujours relative à tel sujet humain ou, à la limite, à un sujet humain appartenant à tel groupe, culturel ou autre.

Ce halo permanent de systèmes de significations référentielles fait surgir chaque perception, chaque idée, chaque acte dans une véritable superposition de sens multiples pour tel sujet humain, et tous ces sens s'organisent et se stabilisent plus ou moins pour chacun de nous en un monde de perception et d'action qui par un certain côté s'ouvre sur des significations partagées par autrui (on est d'accord par exemple pour lire la même chose ou pour tirer la même conclusion des mêmes prémisses), mais qui par un autre côté se ponctualise sur chacun de nous seul et personnellement sans même que notre conscience claire en connaisse le principe, vécu-non-réfléchi.

C'est pourquoi une équivoque flotte toujours, comme une menace de malentendu ou d'incompréhension, dès qu'il y a communication entre les humains. L'émetteur d'une information veut signifier quelque chose, mais le sens de ce qu'il dit sera celui que percevra le récepteur (1). Il est banal et quotidien de constater que plus ce que nous voulons exprimer est de l'ordre des impressions personnelles, plus nous sommes incompris, trahis, non-entendus, puisqu'il s'agit de significations singulières que les mots eux-mêmes traduisent mal, étant faits pour des significations collectives.

A la limite, nos sensations les plus pleines de sens pour nous sont du même coup les plus offertes au malentendu et à l'incompréhension. Ainsi Kafka découvrant la couleur froide d'un carré de ciel d'hiver découpé par la fenêtre de sa mansarde, l'éprouve comme « un bouclier d'argent levé contre quiconque attend du ciel aide et protection » (2), et au-delà du sens que nous devinons se trouve quelque chose qui signifie Kafka lui-même dans la mesure où, dans cette sensation, se résume pour lui un monde de significations, par quoi celle-ci devient un symbole.

II

L'étude des langages en tant que moyens de communication inter-individuelle ou sociale, et tout spécialement les recherches linguistiques, ont attiré l'attention sur l'aspect dynamique de la présence de l'Homme au monde. Notre présence-au-monde n'est pas réception passive ou photographique d'une multiplicité d'éléments objectifs ayant entre eux des rapports ou des corrélations également objectifs. C'est par une illusion naïve que nous prenons pour réalité extérieure impersonnelle ce qui dépend essentiellement de notre manière personnelle de percevoir et d'exprimer.

Analysons ce qui se passe au niveau du langage, puisque nous « nommons » ces « éléments » soi-disant objectifs avec des *mots*, et que nous possédons, au niveau de l'expression parlée, un répertoire de mots articulables grâce à quoi nous voulons signifier quelque chose.

Un des premiers phénomènes que révèle l'étude comparée des langues est que les répertoires de mots disponibles (matérialisés par les dictionnaires et les lexiques de chaque langue écrite, par exemple) ne sont pas exactement superposables les uns aux autres. Apprendre une langue ne consiste pas à connaître seulement les correspondances entre les mots d'une langue et les mots d'une autre, car d'une part cette correspondance n'est jamais terme à terme, et d'autre part les mots n'entrent pas dans les mêmes structures de phrase. Si vous regardez comment se présente un dictionnaire de traduction d'une langue dans une autre, vous constatez que tel ensemble de représentations signifié par un mot donné ne recouvre pas de manière exacte l'ensemble représenté par le mot que l'on propose pourtant comme traduction du précédent.

Si par exemple, vous voulez traduire le verbe *résoudre* (une énigme ou un problème) en latin, vous disposez du verbe *solvere*, mais « solvere » signifie aussi : dénouer, délier, dételer, quitter le port (pour un bateau), se décomposer (pour un fromage), séparer ou se séparer, se mettre à distance, détacher, se détacher (idée de « coupure » que l'on retrouve dans l'expression française « solution de continuité » qui signifie rupture de continuité), etc... tous ces sens pouvant exprimer l'image simple de deux mains accrochées l'une à l'autre par les doigts repliés et se séparant lentement pendant que les doigts s'étendent. Toutes les fois que vous voudrez exprimer quelque action assimilable d'une manière concrète ou figurée à ce geste significatif, vous pourrez utiliser, en latin, le verbe *solvere*. En français, ce que regroupe ainsi le mot latin se trouve réparti sous plusieurs concepts, qui, respectivement, englobent d'autres sens.

Le verbe français « faire » se traduit habituellement par « to make » en anglais et par « machen » en allemand. On doit dire « habituellement », car « faire » entre, en français, dans des quantités d'expressions où ni « to make » ni « machen » ne peuvent le traduire, et inversement.

Sans prendre d'expressions figurées ni des gallicismes comme « faire de l'œil à quelqu'un », ou « lui faire son affaire », ou « faire le mort », ou « faire des provisions », « faire » proprement dit, traduit par *to make*, recoupe une partie de nos verbes « créer » ou « fabriquer », mais se traduit aussi par *to do, to work, to act, to form,...* alors que *to make* regroupe des ensembles de sens aussi différents pour nous que : construire, faire, fabriquer, créer, établir une connexion, aboutir à un résultat, arriver à, pousser à, se diriger vers, etc. (et cela dans sa seule forme transitive). Quant à « machen », le verbe allemand, il est encore plus polyvalent et recouvre un « domaine sémantique » original.

Les sens dits « figurés », les idiotismes de chaque langue, expressions réputées « intraduisibles », ne sont pas des cas particuliers aberrants, ils révèlent mieux que les autres de chaque langue le génie propre, qui est, en fin de compte, une certaine manière de découper le réel et de le percevoir.

Beaucoup de mots récents forgés par la civilisation technique (radio, auto, fusil, etc...) trouvent des correspondants ajustés (au point que certains mots s'internationalisent), mais le fond du langage parlé révèle l'Univers spécifique du peuple qui parle cette langue. « Chaque langue correspond à une organisation particulière des données de l'expérience. Apprendre une autre langue, ce n'est pas mettre de nouvelles étiquettes sur des objets connus, mais s'habituer à analyser autrement l'objet. » (3)

On peut dire aussi qu'au niveau de la prononciation (et là les alphabets écrits risquent de cacher le phénomène), le découpage articulatoire est chaque fois original; chaque langue a ses sons propres. Le fameux « th » anglais n'est ni notre *z*, ni notre *v*, ni notre *s*, mais un son intermédiaire imprononçable spontanément par un larynx habitué aux modèles articulatoires du français. Il est vrai que notre *u* pose aux anglais les mêmes difficultés, et ainsi dans toutes les langues...

La liste est inépuisable, les exemples abondent, et plus les différences culturelles sont grandes, plus les faits de ce genre sont nombreux et probants, plus cocasses sont également pour les autochtones les contorsions articulatoires de l'étranger qui veut prononcer les sons significatifs de leur langue.

Mais cet aspect linguistique n'épuise pas le phénomène. Outre le répertoire des sons et des signifiants, il y a aussi le contexte, c'est-à-dire le système des rapports entre les mots, grâce auquel se module la phrase et se précise le sens. A cette constatation, il faut ajouter que chaque langue, comme instrument de communication, est une certaine manière d'organiser les rapports entre les mots, ou plus exactement un système spécifique de matrices syntaxiques.

Saussure remarquait que l'anglaise disant « The man I love » s'exprime aussi complètement que la française qui dit « l'homme *que* j'aime ». Les professeurs d'anglais ont appris, à cette occasion, à des générations d'élèves que *le relatif n'est pas exprimé par la phrase anglaise et qu'il est sous-entendu.* Cette formule se réfère à la conviction naïve que notre langue rend compte des rapports *réels* et que toute autre langue doit user, au moins tacitement, des mêmes instruments grammaticaux. C'est évidemment une absurdité. Le français a un mot distinct pour exprimer le relatif dans cette phrase et la phrase française dans sa modulation spécifique serait inintelligible sans le pronom *que*. La phrase anglaise exprime le même sens et se passe, dans ce cas, du pronom. Il n'est pas plus « sous-entendu » que ne l'est en français la désinence spéciale qui marque, en allemand, en latin ou en grec, les fonctions de complément d'objet par exemple. Dira-t-on que le français sous-entend la déclinaison ?

Il y a des formes verbales que le français « n'utilise pas », ainsi seraient l'optatif (que le grec possède), le gérondif (latin), la forme progressive du participe présent (anglais) etc. Mais ces formes ne sont pas des moyens objectifs dont telle langue userait et que telle autre sous-entendrait ou remplacerait par une autre, ce sont des formes inhérentes au génie de la langue, *des organes qui modèlent l'expression selon une logique interne propre, dont le sujet parlant n'a pas conscience.* Ce qu'on appelle les « tournures de phrases » représente aussi des exemples de ces structures linguistiques spécifiques par lesquelles le sens est donné.

Ainsi entre l'entreprise de communication (intention particulière qui suppose l'existence d'une intersubjectivité, d'une relation interhumaine fondamentale) et la phrase intelligible, chaque langue utilise des « formes » linguistiques qui sont des modes de l'organisation dynamique des rapports entre les signes utilisés. Chaque langue a son système de structuration de la communication, son jeu de formes vides et de catégorisation des rapports. C'est le domaine propre des syntaxes, des constructions de la phrase, dont chaque langue a son jeu de modèles caractéristiques. Ce problème se rattache à ce qui a été dit ci-dessus de la langue comme organisation spécifique des données de l'expérience correspondant à chaque type de conscience collective et à chaque culture (et même à tout groupe homogène à l'intérieur d'une culture quelconque).

Il y a un premier effet propre du contexte qui est de déterminer le sens grâce aux relations intelligibles instituées entre les mots.

La preuve en est le désarroi de l'effort de compréhension (qui est recherche du sens) lorsqu'on est devant une phrase en désordre où pourtant les mots en tant que tels sont identifiés, souvent même très connus, où leur orthographe élimine certaines combinaisons possibles et dont cependant le sens est absent tant qu'on n'a pas trouvé l'ordre, tant qu'on n'a pas situé chaque mot par rapport aux autres.

Exemple. Voici présentée en désordre les mots d'une pensée de Guillaume APOLLINAIRE :

SOUVENIRS BRUIT VENT CORS DE CHASSE SONT MEURT DONT PARMI LES LE LE.

dont le sens reste insaisissable, malgré l'élimination relative des causes d'erreur, et par le seul effet du désordre (4).

Cependant la justesse de la construction de la phrase ne suffit pas à déterminer définitivement le sens. Un second effet du contexte intervient. « Le poisson s'évapore » ou « la lune est triangulaire » sont des phrases correctement construites, mais où les contextes sont aberrants pour chaque « élément ». Le contexte a une vertu propre, il a le pouvoir de spécifier un sens parmi les sens multiples virtuels d'un mot, sens multiples constituant ce qu'on a appelé le domaine sémantique de ce mot.

Ici, la fameuse « loi » des théoriciens de la Forme s'applique et se vérifie : « une partie dans un Tout est autre chose que cette partie isolée, ou dans un autre Tout » (5).

Le contexte permet d'abord de regrouper en mots des sons qui sans cela resteraient des signifiants ambigus. Les sons *é, lé, gan,* s'organisent en signifiés différents selon le contexte où apparaît « élégant » ou « et les gants », ou même en répartissant ces sons dans des phrases différentes, telles que « la police a arrêté *les gang*sters », ou « le médecin palp*ait les gang*lions », ou encore « transformation des donations *et legs en* rentes viagères ».

Les significations apparaissent donc grâce au contexte selon deux directions au moins, mais on n'en a jamais fini avec le contexte, car le plus souvent un contexte plus large se profile ou demeure possible, par lequel est offerte l'approximation permanente du sens.

Le plus souvent l'on se contente d'une approximation jugée satisfaisante, on s'en tient à un premier sens suffisant pour ce que l'on cherche, ou pour notre niveau d'attentes. Et ceci reste valable pour ce qui en apparence le contredit, comme le double-sens, les sous-entendus, les mots d'esprit, les allusions, les comparaisons et les nombreuses «figures de style » du langage écrit ou parlé. Toujours le sens, ou les sens, ne sont saisis que grâce à la conjonction de deux séries d' opérations : d'une part, la mobilisation des ensembles représentés par chaque mot ou chaque concept, et, d'autre part, la connaissance du contexte ou des contextes possibles.

En effet, il y a deux genres d'ensembles : les ensembles constituant les domaines sémantiques des mots, des concepts, des expressions, des signes; et les ensembles constitués par les rapports de contexte, où chacun des ensembles précédents se présente sous la forme d'un élément de la nouvelle organisation, ce qui fait enfin surgir le sens. Celui-ci est donc *fonction* à la fois de deux références, l'une renvoyant au répertoire (au vocabulaire, au dictionnaire, à l'organisation de l'expérience telle qu'elle est représentée par les concepts ou les mots), l'autre renvoyant, à travers la grammaire (les modèles de l'expression concrète, les « formes » dont le sujet dispose pour mettre en rapports formels, — pour « mettre en forme » —, les moyens sélectionnés dans son répertoire), au contexte de sens.

L'une et l'autre de ces structures renvoient à une sorte d'opération structurante qui est l'acte du sujet qui perçoit ou qui parle. Au niveau linguistique, cette opération n'est pas seulement individuelle, elle est en relation étroite avec un type de relations collectives, avec *une manière de percevoir, d'organiser l'expérience et de l'exprimer*, spécifique d'un groupe socio-culturel, et toujours inconsciente pour le sujet qui parle.

Mais le langage déborde le niveau des significations socio-culturelles et nous introduit dans d'autres niveaux de sens qu'il faut distinguer : d'une part, le niveau de la connaissance intellectuelle et scientifique ; d'autre part, le niveau de l'expérience subjective totale de la vie, pour chaque sujet humain. Nous constatons qu'un grand nombre de significations viennent d'une activité originale qui est celle de notre intelligence. Quoique, dans une large mesure, significations culturelles et significations intellectuelles soient intriquées, nous devons distinguer entre, d'une part, ce qui exprime une manière socio-culturelle de percevoir le Monde et de le vivre, et, d'autre part, ce qui exprime un effort de connaissance intellectuelle et une organisation rationnelle de notre Univers.

En passant aux extrêmes, nous ne confondons pas dans le même genre, la signification d'une cérémonie rituelle ou folklorique avec la signification d'un calcul mathématique.

La Science est une tentative permanente pour définir « l'objet » au-delà de ses significations antérieures, pour découvrir les relations nécessaires des « objets » entre eux, et pour formuler ces définitions et ces relations d'une manière dépourvue autant que possible d'ambiguïté. Savoir calculer l'âge d'un arbre en examinant sa section, ou l'âge d'un cheval en regardant ses dents, connaître les propriétés thérapeutiques des plantes et pouvoir reconnaître les symptômes d'une maladie, sont les résultats d'un effort de connaissance aussi certain que la découverte des ondes hertziennes ou celle de la vaccination, quoique l'Humanité n'y soit pas parvenue aux mêmes périodes de son histoire.

Il est vrai que l'on ne sait jamais, au moment d'une découverte scientifique ou d'une formulation intellectuelle théorique, ce qu'elles portent encore en elles de significations magiques ou subjectives comme obstacles non conscients à l'abstraction correcte. Seules les rectifications ultérieures, en épurant un peu plus l'ascèse de la Raison, dénoncent rétrospectivement l'erreur de son insuffisance. « La connaissance objective n'est jamais achevée » (6). Sans recourir au vieux texte d'Aristote sur les anguilles qui naissent de la vase des mares, dernier cri de la science de l'époque, citons pour le plaisir, des textes exhumés par Bachelard et datant du 17e et du 18e (7) sur les fermentations. Dans le *Cours de Chimie*, 7e édition, Paris 1680, Nicolas LÉMERY écrit : « La fermentation, qui agit comme le feu, écarte dans la production du métal les parties terrestres et grossières... Comme le métal est un ouvrage de la fermentation, il faut nécessairement que le soleil ou la chaleur des feux souterrains y coopèrent... La fermentation fait souvent élever jusqu'au haut des montagnes, les filets de mine pesante ».

La fermentation étant « découverte » au 18ᵉ siècle comme associée à la digestion, un savant médecin (Mac Bride, 1766) en arrive à prescrire « de faire prendre de l'exercice aux enfants à la mamelle », pour que par le mouvement s'accélère la fermentation-digestion.

Il y a dans nos cours de chimie d'aujourd'hui et dans nos traités de puériculture, des énormités du même calibre, mais seuls nos descendants le sauront, lorsqu'ils auront formulé la Science du 22ᵉ siècle.

La connaissance intellectuelle et scientifique est donc non pas un domaine acquis qui s'étend, mais plutôt une intention persistante, visant l'objectivation intégrale. Comme telle, les significations qu'elle dégage doivent être différenciées des significations vécues par un sujet ou un groupe, au niveau non réfléchi.

Si, sur le plan de l'Histoire des Sciences, la distinction est quasi impossible, sur le plan épistémologique on serait en droit, comme le suggère G. GRANGER, de séparer radicalement d'une part *un sens* qui renverrait à une *structure* (et ces mots seraient réservés aux résultats de l'activité intellectuelle scientifique), et d'autre part *des significations* qui renverraient à un *système* (et ces mots seraient réservés à la subjectivité individuelle ou groupale) (8). Ainsi le but final de la connaissance serait « le sens et la structure », comme position de l'objet proprement dit dans le réseau des relations objectivées qui le définit ; « telles seraient les relations exprimées par le mathématicien, le physicien, l'économiste, le sociologue etc... ». Les significations, qui se réfèrent au vécu d'un sujet ou d'un groupe, sont elles aussi relatives à un réseau de relations, mais cette fois, il s'agirait d'une organisation latente non actuellement réfléchie, constituant le système affectif-perceptif du sujet ou du groupe social considéré.

Ce détour par la linguistique a servi à rappeler d'abord comment la notion de structure s'est introduite efficacement dans les sciences humaines, mais au-delà de cette référence historique, il doit nous accoutumer à une certaine manière de comprendre les données psychologiques. Les mots, dans une langue, expriment des ensembles (leur domaine sémantique respectif) qui sont le résultat d'*une certaine manière de découper le réel*, c'est-à-dire d'une catégorisation active du perçu; d'autre part, chaque langue a ses structures de construction, c'est-à-dire ses *modèles spécifiques de structuration des contextes au niveau de l'expression*. Catégorisation active et modèles structuraux des rapports sont des opérations *absolument non conscientes* pour le sujet s'exprimant dans sa langue. Sans cette double activité, non consciente, de structuration, il n'y aurait pas d'expression possible, ni même de connaissance. La connaissance, depuis l'expérience subjective jusqu'à la visée des sciences, implique la mise en jeu de la même activité quoique, dans le premier cas, il s'agisse d'une structuration de la relation (égocentrique ou sociocentrique) du sujet humain au réel, et dans le second cas, d'un effort de structuration des rapports « objectifs », c'est-à-dire d'une rationalisation de la structure, ou encore d'une objectivation de la structure de la Raison.

III

Si nous revenons à l'Univers vécu par chacun de nous, nous devons constater que les significations existent d'abord en fonction de notre organisme. Il y a sans aucun doute, avant tout, en effet, une structure de l'organisme humain comme réalité spécifique qui correspond à un « monde » de significations générales caractéristiques de l'Homme, et qui fait par exemple que les dimensions et les distances, l'espace, le temps, la pesanteur, l'air, l'eau, les aliments, la chaleur, le jour et la nuit, les autres humains de l'un et de l'autre sexe, etc..., se trouvent dans une certaine « zone de significations » commune, malgré les différences culturelles et individuelles. Par là, il y a une écologie de l'Espèce Homme, comme il y en a une de toute autre espèce vivante. Nous ne pourrons jamais voir le Monde avec l'œil à facettes de la mouche ou le système perceptif des poissons aveugles vivant dans les profondeurs abyssales des océans. Nous ne pourrons pas percevoir la mouche comme la perçoit l'araignée, ni ce poisson comme le perçoit tel autre animal qui vit sur lui en parasite.

C'est à ce niveau humain général que se situent les « archétypes » des situations humaines spécifiques et fondamentales; ils sont transculturels par définition et correspondent à des « conduites » également archétypiques, appelées naguère « instincts ». Les situations de « danger » pour l'espèce Homme ne sont pas celles de telle autre espèce, et le clavier des conduites correspondant à ces situations est également spécifique.

Sur ce « fond » humain général auquel s'ajoutent les spécifications culturelles, « l'état de notre organisme » crée aussi des significations.

Si j'ai soif, ma soif se développe en même temps que se réorganisent pour moi les significations; des réalités de plus en plus nombreuses — au fur et à mesure que ma soif augmente — se départagent à la limite en deux *catégories* : ce qui peut être bu, et... le reste... qui est l'arrière-plan permanent, négativement signifiant (ce n'est pas buvable) sur lequel tend à se détacher immédiatement ce que ma quête perceptive me fait catégorier du qualificatif de « buvable ». Si la soif devient tourment, comme c'est le cas de ceux qui sont perdus dans le désert, elle devient obsession atroce, et tout sens critique disparaît. On sait que certains martyrs de la soif dans ces conditions, victimes de l'irrésistible attrait du « liquide », hallucinatoirement signifiant, en sont arrivés à boire leur urine ou l'essence des réservoirs.

L'aliment pour l'affamé, la liberté pour le prisonnier, le partenaire sexuel pour l'être assiégé par le désir, le tabac pour le fumeur, l'alcool pour le buveur, la piqûre de morphine pour le morphinomane… tout *besoin* quel que soit son niveau et quelle que soit sa valeur du point de vue moral, est, pour celui qui l'éprouve, l'avènement puis l'empire d'*une catégorie active* sélectionnant les « éléments » de l'environnement et, en même temps, d'un schème de comportement poussant à l'acte réalisateur, et organisant la conduite vers cet objectif final, par tous les détours nécessaires s'il le faut.

Car le besoin n'a jamais pour visée un objet individualisé. Il vise un « genre », une catégorie de réalités. Si j'ai pu hésiter hier soir, à l'heure de l'apéritif, devant les multiples boissons possibles (qui toutes déjà étaient catégorisables comme « apéritifs » dans notre milieu culturel, bien différentes de ce qu'on m'eût proposé au milieu de l'après-midi, de ce qu'on m'a proposé après le dîner, ou de ce que je cherchais à absorber ce matin après mon lever), c'est que je n'avais pas très soif, ce qui me donnait complaisance, hésitation, temps de réflexion, liberté de « préférer », puis de boire à petites gorgées espacées. Et je comparais mentalement ce personnage avec cet autre moi qui, pendant la guerre, après avoir été retrouvé blessé et passablement exsangue, demandait à boire à ses sauveteurs.

Le besoin, dans son essentiel vécu, vise « l'objet satisfacteur » dans sa qualité générale correspondante, « n'importe quoi » pourvu que cela réponde à la structure du manque ou du vide actif et béant, prospectant l'environnement ou attendant ce qui, partiellement ou totalement, le comble.

Le petit enfant frustré d'amour, s'attache, s'accroche, s'agrippe au premier adulte qui a, envers lui, un « comportement maternel ». La « vraie mère », la mère légale, n'est pas *mère* si elle ne répond pas à ce besoin à la fois très défini quant à sa « forme », et très indéfini quant aux contenus possibles, auxquels s'impose seulement l'exigence d'une qualité « essentielle » relative au besoin, puisque c'est par rapport au comblement du besoin de l'enfant, et à lui seul, qu'on saura si la réponse satisfactrice était « maternelle » ou non.

Les besoins varient donc avec « l'état de l'organisme ». L'âge, le sexe, le moment, interviennent. La tonalité significative de l'environnement change de la même manière et dans la même mesure, modulée par nos besoins successifs. Ainsi en un certain sens, l'organisme est donateur de sens. *Der Organismus ist Reizgestalter* comme le dit VON WEIZSÄCKER (9). La forme de l'excitant, c'est-à-dire sa signification, est créée par la manière même dont l'organisme « s'offre aux actions du dehors » (10), ou intervient activement dans son champ vital. Il ne s'agit pas seulement de la nature propre de ses « récepteurs », des seuils sensibles des centres nerveux, mais de ses besoins comme formes dynamiques donatrices de significations positives ou négatives. « L'environnement se découpe selon l'être de l'organisme » selon la belle formule de GOLDSTEIN (11).

La manière-d'être-au-monde, centre actif donateur de sens à ce qui nous entoure, peut s'entendre, bien au-delà des besoins archétypiques ou superficiels de notre organisme, comme réalité biologique et physiologique, à tous les niveaux du vécu.

« L'état mental » d'un sujet correspond à des significations qu'il donne à son environnement, au point que caractériser ces significations ou caractériser l'état mental est une seule et même chose.

« Ce que croit » le sujet est le plus important et le plus déterminant dans sa réaction organismique. Commençons par un « état mental » peu spectaculaire, qui est la suggestibilité. On sait que, dans ce domaine, les expériences les plus curieuses sont faites avec les « placebos ». On appelle « placebo », en médecine, un produit inoffensif, chimiquement ou physiologiquement inerte, mais doué, grâce à l'état mental du malade, d'une efficacité thérapeutique évidente. Décrivons une expérience de ce genre (12), effectuée pour étudier la composante psychologique de l'asthme : quarante sujets des deux sexes, âgés de 15 à 79 ans et souffrant d'asthme, sont soumis à des épreuves d'expiration forcée au cours desquels ils sont prévenus qu'ils vont recevoir une piqûre d'adrénaline (médicament qui lève efficacement la difficulté respiratoire en supprimant le spasme des bronches). Les sujets apprennent le mouvement respiratoire (inspiration profonde, puis expiration rapide et totale en forçant) qui doit être mesuré et comparé.

Après quinze minutes de repos, on fait faire le mouvement avec injection sous-cutanée d'eau distillée, puis quinze minutes plus tard encore avec injection sous-cutanée de la solution d'adrénaline. Les résultats sont les suivants : dans 24 cas sur 40, après l'injection d'eau distillée, les effets ont été presque les mêmes qu'après l'adrénaline : augmentation de la capacité vitale et amélioration du débit. Dans 16 cas, l'eau distillée est restée sans effets notables alors que l'adrénaline donnait des résultats nets.

Que signifie cette expérience, semblable à des centaines d'autres dans tous les domaines de la pathologie organique? Elle démontre qu'un « état mental » particulier, celui de ces sujets « placebo-sensibles », peut provoquer des effets aussi mesurables que ceux de l'adrénaline dans une de ses indications thérapeutiques. La signification « eau distillée comme placebo », qui est l' « experimenter event » selon la bonne expression américaine (13), c'est-à-dire qui est « signification *pour l'expérimentateur* » est devenue « médication efficace » *pour les sujets* au point que le symptôme fonctionnel disparaît. Tombant dans cet état mental de *suggestibilité* comme dans un « contexte » inconscient, actif et informant (donnant une « forme » et donc un sens à ce qui survient), une signification apparaît pour le sujet au niveau vécu non réfléchi, et la réaction est physiologiquement repérable.

Plus spectaculaires et plus faciles à découvrir, sont les « états mentaux » liés à des perturbations endocriniennes. Les changements d'humeur des femmes dans les périodes prémenstruelles confinent parfois à des bouffées psychotiques de mélancolie; de même, la ménopause a des traductions psychologiques où s'allient les effets propres du bouleversement hormonal et les réactions personnelles à ce qui est vécu comme une humiliation narcissique, une perte de la Féminité-Maternité. Plus généralement, la puberté, les grossesses, la sénescence, etc... sont des périodes de changement d'humeur et donc de changement des significations vécues.

L'humeur, comme phénomène plus général encore, caractérise à la fois un certain « état » global de notre vécu, à quoi correspond, du côté du « moi », « une disposition affective fondamentale » (14), et, du côté du « monde », une tonalité de toutes les représentations, des « valeurs » spécifiques que prennent les choses, les êtres et les situations. « La tristesse des choses » écrit MALDINEY, « ne vient pas plus de la mélancolie des hommes que la mélancolie des hommes ne vient de la tristesse des choses. Elle est dans le *à* de... *la présence à...* Tristesse ou joie, angoisse ou confiance, sont contemporaines de la phénoménalité des choses avant qu'elles n'aient cristallisé en objets » (15). C'est dire que la réalité première est celle d'une relation de l'être-humain et du monde, et que cette relation elle-même est thématisée. Elle s'explicite par l'apparition simultanée d'un « état d'âme », et, de l'autre côté, d'un « genre d'Univers ».

Sans entrer ici dans la polémique des psychologues sur le sens et la place de la notion de « caractère », nous devons constater qu'au sens large, une certaine tonalité habituelle de l'humeur est implicite dans la notion de caractère, et cela au sens le plus ancien auquel nous convie la tradition hippocratique.

Notre « tempérament » représente un style relativement stable de notre relation au monde, une sorte d'humeur fondamentale qui accompagne en permanence nos diverses conduites, ou plus exactement un certain « registre » de nos réactions affectives, une certaine manière de comprendre les situations et d'y réagir. On sait que, selon HIPPOCRATE, l'humeur, entendue dans cette acception, correspond à un style de caractère, à une morphologie du corps, du visage et des mains, à un certain degré de « chaleur » ou de « froideur », d' « humidité » ou de « sécheresse » (16), perceptibles aussi bien dans le « contact » interhumain (tonalité de la relation intersubjective) que dans le contact de la peau.

Notre « caractère » en effet, dans la mesure où il traduit une constitution (ou une certaine structure des rapports entre des centres nerveux corticaux et sous-corticaux), est une sorte de « régulateur » de notre conduite en même temps qu'un principe organisateur des significations de notre environnement.

Robert MEILI décrivait, dans une communication (17), les réactions typiques et expressives d'une disposition caractérologique fondamentale chez des bébés de quelques semaines.

« Dans nos études sur l'évolution caractérielle, dit-il, nous avons présenté aux bébés âgés de 3 à 4 mois un objet, par exemple une boule noire de 5 cm de diamètre, suspendue à une distance de 15 cm au-dessus du visage de l'enfant. Lorsque le bébé fixe cet objet, ses mouvements s'arrêtent pour un moment. Ces expériences ont été faites jusqu'ici avec près de 100 enfants que nous avons tous filmés. Or on constate qu'il est possible de ranger les enfants d'après leur mode de réaction d'arrêt moteur. Les uns reprennent les mouvements presque instantanément et leur figure s'éclaire, esquissant, dans les cas extrêmes, un léger sourire... A l'autre extrémité de la série, se trouvent les enfants qui restent figés, fixant l'objet avec une tension visible, et commençant parfois à pleurer... Nous avons répété la même expérience 4 fois à 15 jours d'intervalle chaque fois, et nous avons constaté une assez bonne constance individuelle dans la forme de la réaction. Elle est soumise à l'évolution générale, mais chaque enfant maintient sa position relative dans le groupe. *Ce n'est donc pas la réaction dans sa forme extérieure qui reste constante, mais quelque chose qui la détermine.* Nous pouvons élargir encore le champ d'observation. Durant la première année de leur vie, ces enfants maintiennent leur mode de réaction dans des situations semblables : devant des objets ou des situations quelque peu inconnues, ou, vers la fin de la 1re année, envers des personnes étrangères... Nous pouvons classer ces mêmes enfants jusqu'à l'âge de 8 ans, âge auquel se limite en ce moment notre étude longitudinale... en correspondance assez exacte avec le groupement obtenu entre 3 et 4 mois. »

Il est évident que cette « forme permanente » des réactions exprime une « catégorisation » affective ou vécue de l' « objet » correspondant, comme « attirant » ou comme « inquiétant », et la constance même de cette « attitude » renvoie à la notion de « caractère ». Dans un cas, nous avons « ceux qui ont une attitude positive envers les objets nouveaux, les situations nouvelles, imprévues ou changeantes », et, dans l'autre cas, « ceux qui, devant la nouveauté, l'imprévu ou le changement, ont une attitude négative, faite de crainte, de méfiance, de réserve et d'inhibition ».

Chaque caractère, de par sa structure même, opère dans le champ de l'environnement et *à un niveau non conscient*, un découpage des situations, leur regroupement dans des ensembles significatifs valorisés ou dévalorisés, et ceci en rapport permanent avec des types de comportements, disons des schèmes posturaux-comportementaux, qui représentent ses disponibilités d'action et de réaction.

Les sujets adultes du premier genre décrit par Meili chez les enfants (genre où ne retrouvent des « types » caractérologiques des nombreuses typologies : Sanguins d'Hippocrate, Toni-plastiques d'Allendy, Nerveux-Colériques-Sanguins de Le Senne, etc...) « aiment » la nouveauté, le changement, l'imprévu, donc donnent, d'une manière non réfléchie, à ces situations lorsqu'elles surgissent, des significations positives, attirantes ; ils recherchent et réalisent ces situations, fuient leurs inverses (la régularité, la monotonie, la routine, la stabilité de l'existence). Pour les sujets du second genre (où se retrouvent les Atrabilaires et Mélancoliques d'Hippocrate, les Atoni-aplastiques d'Allendy, les Sentimentaux — Flegmatiques — Apathiques de Le Senne, etc...), l'imprévu, l'improvisation, le changement, l'urgence, la décision rapide... sont des situations désagréables, évitées autant que possible, et donc vécues avec des significations négatives, dévalorisées, alors que leurs inverses (la règle, le calme, la réflexion, la familiarité de la situation, sa stabilité même routinière...) sont positives, satisfaisantes et recherchées.

Déjà par rapport à cette référence, toute une série de niveaux d'humeur se différencient. Le caractère peut être considéré comme une humeur de base, accompagnant en sourdine les moments et les mouvements de notre vie, et en corrélation avec les nuances de valeurs que nous attribuons aux divers ensembles de l'environnement. Mais c'est aussi par rapport à ce système donateur de sens et de valeurs que nous sommes de telle ou telle humeur passagère à l'occasion d'un événement ou d'une circonstance dans lesquels nous nous sentons impliqués. Si l'on veut m'obliger à sortir alors que j'ai envie de rester à la maison pour achever un travail intéressant, je me mets en colère et, dans mon caractère, quand je suis en colère, cela se voit de toutes façons. Une personne moins démonstrative jugerait même « excessives » mes réactions ; chez elle, dans la même occasion de contrariété, la réaction, par exemple, eût été beaucoup moins bruyante mais plus durable.

En relation avec ce cadre limité de références qu'est le caractère, l'expression de nos réactions d'humeur passagères sont compréhensibles aussi en fonction des modèles culturels de notre appartenance à des groupes sociaux.

Mais le phénomène Humeur déborde le cadre de référence caractérologique et culturel. Il a aussi des racines dans les structures acquises de l'affectivité. Les maladies mentales montrent à quel point les significations vécues par le sujet, son humeur et son comportement général sont des aspects foncièrement corrélatifs.

Dans la maladie mentale, l'humeur domine le tableau et, s'intensifiant autant qu'elle s'organise de manière rigide, submerge tous les moyens rationnels d'appréhension du réel, tous les moyens intellectuels critiques de rectification et de contrôle, et ruine de ce fait l'adaptation.

Dans la psychose maniaque, le malade « colle » à toute personne rencontrée, anéantit toute « distance » normale entre le moi et le non-moi, dans une sorte d'incorporation ou d'assimilation fantastique aussi bien que dans une « extravasion » que traduit l'écoulement incontrôlé de ses idées et de ses paroles. Son humeur est caractérisée par une exubérance débridée, joviale et bruyante, une expansivité revendicative et versatile, capable de « dévorer » toutes les situations indistinctement, quelles que soient leurs « différences significatives » pour un sujet normal.

Il en va de même, quoique l'Univers soit d'une tonalité totalement différente, dans la psychose mélancolique. Le comportement du malade l'exprime. Il est muet ou avare de paroles, prostré sans pouvoir dormir, immobile ou très lent, sombre, distant, avec une posture de profond découragement associée d'ailleurs à une sensation physique d'immense fatigue. Les idées noires tournent autour de thèmes morbides de culpabilité, de désespoir, de suicide nécessaire. Son humeur dépressive-mélancolique correspond à une détérioration de toutes les significations. Le Monde se réduit au leit-motiv de l'existence inutile ou nuisible, et « tout le lui prouve », tout est interprété à l'aide de ce leit-motiv signifiant, et, de ce fait, tout ce qu'il voit, entend, pense ou imagine, le signifie.

Les maladies mentales sont peut-être toutes des maladies de l'humeur et les plus graves correspondent sans doute à des lésions ou de dérèglements diencéphalo-hypophysaires (18). L'essentiel est de constater que l'humeur est non seulement une certaine manière d'être au monde, mais encore une thématisation active de l'Univers vécu, pouvant aller jusqu'au naufrage de la réflexion critique et de la Raison, dans l'illusion d'une lucidité parfaite sur soi et sur le Monde.

Toute thématisation de l'existence semble aboutir à des phénomènes analogues aux effets des dérèglements psychotiques de l'humeur, ou tout du moins analogiques. En totalité les significations du Monde cristallisent autour de leitmotive clés, et l'ensemble tend à se systématiser, à peu près comme une théorie hypothético-déductive se construit à partir d'axiomes de base.

La thématisation du vécu est une structure acquise de l'affectivité. Tout se passe comme si notre histoire personnelle, c'est-à-dire nos expériences telles qu'elles ont été vécues dans le passé et fonction de tout ce qui composait alors leurs contextes, finissait par construire et par fixer un certain nombre d'*attitudes affectives*.

Analysant les thèmes d'un ensemble de déclarations d'une malade, MINKOWSKI (19) essaie de déchiffrer la structure des plaintes et des idées de ruine de l'existence que le sujet accumule sous des formulations diverses. En classant ces formulations, l'auteur voit surgir trois thèmes.

1. « Un sentiment d'impuissance générale, s'exprimant de façon particulière par l'affirmation qu'elle ne peut pas passer par la fenêtre, ni par les toits des maisons voisines, qu'elle ne peut pas emmener les gens chez elle, qu'elle n'a rien, etc... » Le thème constant, analysable à partir des expressions verbales employées est celui de « Je ne peux pas », « je n'ai pas les moyens », « je manque de... ».

2. « Une impression que l'ambiance s'en va, s'éloigne par rapport au moi... » exprimée par un autre ensemble de formules telles que « les gens ont l'air de déménager », « tout le monde prend le train », « on s'en va »... « on dit au revoir »... « c'est vendu le fonds ici ? ».

3. « L'impression que soi-même, tout en étant sollicité à participer au mouvement ambiant, on est incapable de le faire ». « Je ne connais pas de gare, où voulez-vous que j'aille,

pas de chemin de fer »... « Je ne suis jamais sortie de chez moi »... « que voulez-vous que je fasse avec quarante sous ».

« Il est à peine nécessaire, dit Minkowski, d'insister sur le fait que ces trois facteurs sont intimement liés, dans les dires de notre malade et forment, au fond, un tout indivisible. »

Essayons de formuler plus nettement encore ce « tout indivisible » *qui n'est pas une totalisation mais une sorte de thème des thèmes* : « Tout le monde fuit et me fuit, et je reste impuissante, seule, désorientée, dans l'ignorance de ce qui se passe et de ce que je vais devenir ».

Voilà une attitude affective dont les mots marquent trop peu l'énorme charge de vécu qu'ils représenteraient pour le sujet; c'est à partir de cette structure du vécu que l'on peut intégrer l'ensemble des opinions, des croyances et des affirmations du sujet, l'ensemble des discours qu'elle tient. Or *c'est cette même structure* qui s'exprime dans les perceptions que le sujet a de son Univers, quoiqu'il n'ait pas conscience de cette structure latente.

Le phénomène fondamental de structuration-thématisation de l'Univers perceptif est évidemment très net chez les malades mentaux du fait des processus morbides déjà signalés à propos de l'humeur, et du fait de l'*unicité rigide* de la structure. Le malade ne peut plus induire un principe nouveau à partir de son expérience, car sa raison est précisément réduite à l'impuissance ou absorbée par le développement du thème morbide qui en met les vestiges automatiques à son service. Au contraire, toute expérience ne peut plus qu'alimenter la structure qui l'informe.

« Les notions de coïncidence, de hasard, d'acte non intentionnel, d'acte inconscient n'existent plus » (20). Pour le paranoïaque, atteint du délire de persécution, « le moindre fil sur sa route y a été mis exprès, les chevaux se mettent de la partie en déposant du crottin devant les fenêtres de sa

chambre; un passant fume une cigarette... c'est un signal;
il y a une panne d'électricité, cela a été fait exprès... Sa
pensée ne s'arrête pas à la valeur concrète des objets, elle ne
découpe pas les contours précis de chacun d'eux... L'objet
n'est que le représentant du sens général... Tous les objets
ainsi se confondent et se ressemblent; les différences, liées
toujours à l'aperception de la valeur individuelle de chacun
d'eux, s'effacent. La similitude est l'unique point de vue
duquel ils sont envisagés. La « pensée », procédant par
analogie, découvre des ressemblances qui nous échappent
d'habitude et le malade leur attribue au contraire une grande
importance. »... « Tout, pour le malade, parle un même
langage clair... Son attitude détermine un tableau précis
de l'Univers qui vient ensuite se refléter dans toute
l'ambiance ».

Sans doute objectera-t-on que l'exemple de la paranoïa,
plus encore que celui de la manie ou de la mélancolie, tend
à mettre au premier plan les notions de *système* et de systématisation de l'Univers perceptif-interprétatif. Cependant
chacun peut vérifier dans son expérience propre à quel point
toute attitude affective rencontrée chez un partenaire ou un
interlocuteur devient agent de « transformation des significations » (ceci par rapport à notre point de vue, c'est-à-dire
à *notre* ensemble de significations) et vire rapidement à la
partialité de l'opinion. Présentez la défense d'un homme
que vous jugez sympathique à un autre qui l'exècre...
Discutez avec un Mormon si vous êtes catholique,... ou avec
un catholique si vous êtes anticlérical...

Cette remarque relève de la psychologie quotidienne et ce
phénomène a été vu par tous les observateurs objectifs.
Frédéric PAULHAN écrit (in *L'activité mentale*, cf. aussi
ci-dessous, p. 250) : « Lorsqu'une idée tient aux systèmes
fondamentaux qui constituent la personnalité même, c'est

en vain qu'on essaye de l'ébranler. On ne saurait guère, par exemple, convertir par des raisonnements abstraits ou par des discussions philologiques et historiques, une personne qui a fondé sur la religion tous ses actes et toutes ses croyances, qui a associé à la religion ses affections les plus chères. Il est des cas où l'évidence ne convaincrait pas. »

Et PAULHAN montre bien que cette systématisation résistante, inhibitrice des expériences inassimilables, n'est pas seulement une réalité « sentimentale » mais un phénomène où se retrouvent indissociablement ce que la psychologie classique rapportait à la sensibilité, à l'intelligence, à la volonté ou à l'imagination.

Le côté le plus plaisant des « Tribunes » et autres « Tête-à-tête » dont la Télévision nous offre le spectacle, est la radicale imperméabilité des opinions respectives dont on sent bien les liens, souterrains mais puissants, avec des principes vécus et avec des attitudes affectives qui n'ont rien de rationnel, et qui ne sont jamais mises sur le tapis.

BION prête à Mélanie KLEIN l'idée que la psychose constitue le fond de l'affectivité des hommes dans la mesure où des fantasmes mystifiants agissent dans toutes les circonstances que les sujets humains vivent en y étant profondément impliqués. Les « Univers privés » semblent effectivement receler tous, plus ou moins, des zones chargées où des certitudes bizarres thématisent l'existence.

En un sens, on peut dire que tout sujet, dans la mesure où il se comporte en fonction des significations qu'il donne affectivement à ses situations existentielles, est « mystifié ». Ceci du fait même que son système affectif, système donateur de sens, est enraciné dans des fantasmes ou constitué à partir d'attitudes affectives dont la conscience est dupe puisqu'il s'agit de centres organisateurs de croyances jamais mises en question, de certitudes passant pour des évidences de par la longue fréquentation qu'il en a,... de par le reflet qu'il en trouve toujours *dans ce qu'il pense être l'objectivité de sa perception.*

Une attitude affective est une structure qui oriente à la fois la perception et l'action, elle opère comme agent de thématisation de la perception, de sélection de l'information et d'organisation du comportement. Les « sentiments », à quoi l'on a si longtemps réduit l'affectivité (il est vrai qu'on y mettait aussi le plaisir et la douleur, les émotions et les passions) ne sont que des sortes de reflets-pour-la-conscience de nos attitudes. Celles-ci sont en fait la préfiguration permanente de tous nos sentiments à un niveau non réfléchi, comme si la conscience, laissée à ses propres moyens, pouvait toujours « réfléchir » des « contenus » variés et variables sans pouvoir saisir le moule commun qui les façonne, la matrice dynamique qui les produit.

L'on pourrait appliquer aux structures de signification, *mutatis mutandis*, les lois que les théoriciens de la Gestalt ont présentées pour la perception des formes spatiales et des structures sensorielles de corrélation : « L'effet de la répétition de la figure A (allusion à une forme particulière qui, détachée d'un contexte et mis dans un autre, prend une signification perceptuelle originale) est nul ou en tout cas tout à fait incapable de vaincre les forces dues à la solide organisation des figures B dans un sens différent de la figure A... Chaque figure B offre sa résistance propre à la perception de la figure A qu'elle contient » (21). Chaque Gestalt offre un certain degré de résistance à sa propre transformation. Dans la zone des croyances et des significations affectives, de même, chaque sujet humain se montre incapable de percevoir une nouvelle organisation structurale de la situation lorsqu'elle est imprégnée d'une certaine autre organisation.

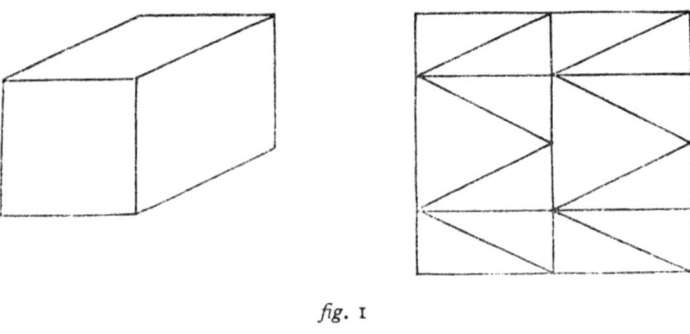

fig. I

A   B

La figure B contient la figure A, mais l'organisation de B empêche d'y voir A.

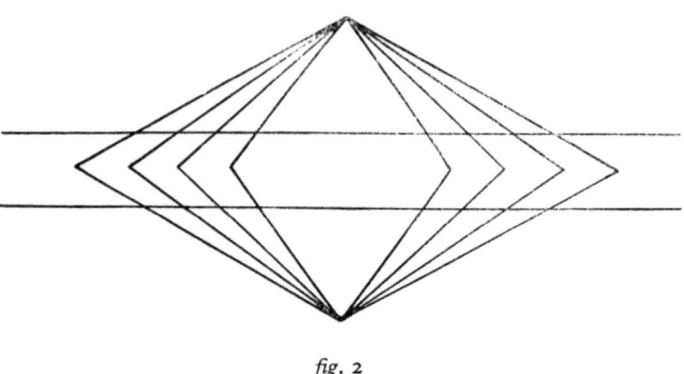

fig. 2

Les lignes horizontales sont parallèles mais leur courbure résiste à cette certitude intellectuelle de la construction.

IV

Le comportement est en relation nécessaire avec les significations perçues. La psychologie traditionnelle découpait les chapitres « Affectivité », « Volonté », « Intelligence », elle distinguait les principes de la connaissance et les principes de l'action. RIBOT cependant avait envisagé la réalité motrice des « états affectifs », et Pierre JANET avait montré d'une manière convaincante, que l'image est une esquisse de mouvements coordonnés.

De ce point de vue, la théorie du champ de Kurt LEWIN (22) rassemble ces idées éparses, et définit le comportement comme fonction de la situation vécue par le sujet, c'est-à-dire de l'ensemble des significations *actuelles* formant son champ psychologique.

A première vue, on est tenté de dire qu'il y a une « correspondance » entre l'organisation de la perception et celle de l'action..., que les significations perçues entraînent, causent, ou mettent en branle des comportements naturels ou réactionnels. Ce serait prendre la logique du discours ou du raisonnement pour la réalité. William JAMES se demandait ainsi s'il ne fallait pas dire « je vois l'ours, je tremble, j'ai peur » au lieu de « je vois l'ours, j'ai peur, je tremble » pour respecter un ordre d'apparition des phénomènes psychologiques. En fait, pour un sujet qui a tout particulièrement peur des ours, le surgissement de la situation de danger vital (donc de significations) et la peur avec ses manifestations et expressions diverses typiques de ce sujet dans ce genre de situation, *sont une seule et même chose*. Comme l'ont dit les phénoménologues, l'avènement de la situation émouvante et l'émotion (la conscience émue) sont une seule et même chose. Ajoutons qu'*un comportement se présente en même temps,* car une émotion pur phénomène « de conscience » n'existe pas comme émotion.

Lorsque LEWIN dit que le comportement d'un sujet en situation est la résultante des forces situationnelles s'appliquant sur lui, il formule une remarque capitale avec une rare maladresse, car il n'y a pas de « forces » s'appliquant « sur le sujet », sinon par une métaphore didactique.

Dans le dessin célèbre où l'objet O_1 est doué d'une « valence positive » (c'est-à-dire « attractif pour le sujet ») et où le sujet S « reçoit » l'impact de la force O_1 qui tend à le rapprocher de l'objet (fig. 3), il faudrait dire : l'apparition de O_1

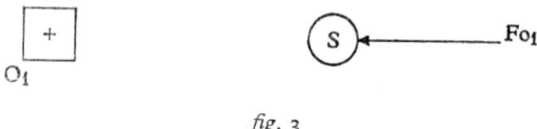

fig. 3

comme « désirable » et la force O_1 sont *une seule et même donnée.* S n'est pas le sujet, car le sujet est aussi bien dans le + affecté à l'objet O_1, celui-ci étant attractif par hypothèse pour ce sujet-là. S n'est pas plus le sujet que la force O_1 ou que la positivité de la valence de l'objet O_1. Cette valence est une signification de l'objet pour le sujet, et la soi-disant force O_1 est une qualité de cette signification.

Qu'est-ce que S dans ces conditions ? Rien d'autre que les schèmes moteurs dont le sujet dispose, arbitrairement représentés à part. Le mouvement du sujet vers O_1 et la signification « désirable » de l'objet sont les deux faces d'un même donné. On peut à la rigueur parler de « tension » du champ ainsi créé, mais seulement dans la mesure où l'apparition de l'objet désirable éveille le schème moteur correspondant à l'appropriation active. Si la situation est réduite à cela, l'appropriation active se déroule et se développe inévitablement, la tension étant seulement celle du besoin dans le temps de l'accomplissement le satisfaisant. L'impossibilité de toute autre « solution », comme dirait KOFFKA, est du même ordre que l'impossibilité pour l'eau de remonter la pente au lieu de la descendre.

Ici GUILLAUME donne une formule plus adéquate que celle de LEWIN : « Il y a toujours un rapport direct entre les caractères intrinsèques de l'acte et ceux de la situation, tels qu'ils se manifestent dans la perception ; ces deux termes ne sont pas simplement « liés » l'un à l'autre, mais la structure de l'un dépend directement de la structure de l'autre... Quand les réactions changent, c'est que la situation a changé, soit par l'effet des premières réactions, soit subjectivement par une réorganisation qui montre l'objet sous un nouvel aspect » (23).

Vous montrez son gâteau préféré à un enfant qui a faim et qui ne vous craint pas (car ici il faut au moins neutraliser les autres « éléments » du champ pour laisser paraître l'objet désirable) : il « fait mouvement automatiquement » vers le gâteau.

Inversement vous montrez ce même gâteau à un autre enfant qui hésite et reste immobile ; vous devez pouvoir en déduire nécessairement que la situation pour le second n'est pas la situation pour le premier. Il n'y a que deux solutions à ce problème : ou bien le gâteau n'est pas « de valence positive » nette (satiété, gâteau inconnu ou expérience antérieure ambiguë), ou bien votre signification négative personnelle met en « balance » l'attraction du gâteau. Essayez de tendre un sucre à un chien que vous avez battu la veille et vous observerez un comportement qui vous révélera combien pèse la peur de vous pour ce chien.

Mais n'en restons pas à des exemples mineurs qui pourraient prêter à suspicion.

Un étudiant décrit ainsi son changement brusque d'attitude affectivo-motrice dans une situation qui est restée « objectivement » la même pour l'observateur : Dans le hall de la Faculté, deux hommes derrière une longue table, sur la table un étalage de romans policiers à bon marché, des livres de poche usagés, des revues d'occasion. Deux vendeurs « font l'article » aux étudiants qui passent...

Ici commence le compte rendu de l'introspection expérimentale de l'étudiant concerné : « Dès mon arrivée, je ne saurais dire pourquoi, j'ai éprouvé une sensation d'aversion, un refus intérieur de cette situation, une non-acceptation. Je me suis surpris à examiner avec irritation les vendeurs, à les critiquer et je n'avais absolument aucune envie de m'approcher de leur étal... Puis survient un camarade à qui je veux faire part de mon indignation croissante. Il me devance en m'apprenant que ces hommes étaient là dans le cadre de la F.A.O. et qu'ils étaient volontaires pour vendre ces livres recueillis au cours de la campagne pour la Faim, l'objectif étant de pouvoir acheter, avec l'argent correspondant, des vivres et des vêtements. Subitement les significations antérieures ont changé de sens quoiqu'il n'y ait eu aucun effort de ma part. L'antipathie irréfléchie devient sympathie, l'aversion attrait, la critique approbation... Je me suis senti attiré par les vendeurs et je me suis approché rapidement de la table ».

Les situations quotidiennes sont souvent plus complexes. Une tension d'un second genre peut naître dans le « champ psychologique », provenant du blocage du mouvement soit par une inhibition pure (vigilance, surprise, attente), soit par l'effet de contre-mouvements opposés aux premiers.

On connaît la formulation Lewinienne de *la situation de récompense-punition*, dite situation pédagogique traditionnelle. Faisons cette observation sur un cas typique.

Soit un sujet à qui une « autorité » propose une tâche T qui est pour le sujet chargée négativement (donc « à éviter », désagréable, répulsive) (fig. 4).

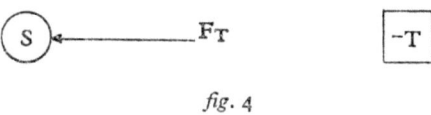

fig. 4

Le mouvement expressif de cette valence, sera l'évitement, d'autant plus rapide que la valence est plus chargée et que le champ psychologique est plus dépouillé d'obstacles. Une accélération manifeste de la fuite peut se produire si ailleurs, en sens opposé à la tâche, une distraction chargée positivement apparaît ou existe dans le champ.

Mais l'autorité veille, naturellement soucieuse de forger les volontés et les cœurs (sic). Elle met habituellement une récompense R, chargée positivement par hypothèse, en arrière de la tâche T, et une menace M, chargée négativement puisque c'est une menace (généralement ayant déjà fait ses preuves comme menace et donné satisfaction à l'autorité).

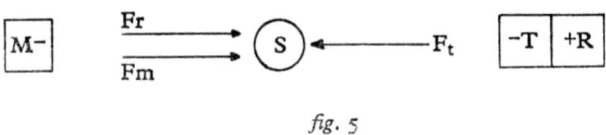

fig. 5

Le sujet mis dans cette situation sans autre élément du champ va nécessairement « fuir » *latéralement* pour éviter la menace *et* la tâche, ou même, si les conditions de la situation totale sont favorables, essayer d'obtenir ou de prendre R ou un équivalent, en évitant T et M.

Il y a une tension intérieure pour le sujet, tension transcrite et matérialisée par le conflit des flèches sur la figure 5, et la fuite latérale représente la possibilité psychologique qui lui est offerte, de sortir de ce champ, d'éviter cette situation et cette tension.

Or cette « issue » n'est elle-même une conduite absolument déterminée et prédictible que si la fuite latérale est possible dans la situation. Il suffit que des obstacles ou un obstacle s'opposent à cette fuite pour qu'elle devienne un nouveau problème. Quel obstacle ? Ce ne peut être que la signification négative de la fuite elle-même pour le sujet.

Inversement si la fuite comme telle devient attirante (chargée de valence positive pour reprendre le langage de Lewin), elle va être surdéterminée, le sujet va s'y jeter avec précipitation. Ce sera alors une fugue.

Mais supposons que l'autorité contraignante extérieure, voyant l'esquisse de mouvement de fuite ou le détour vers la récompense, « ferme » les issues latérales en posant ce que Lewin appelle des « barrières » (fig. 6).

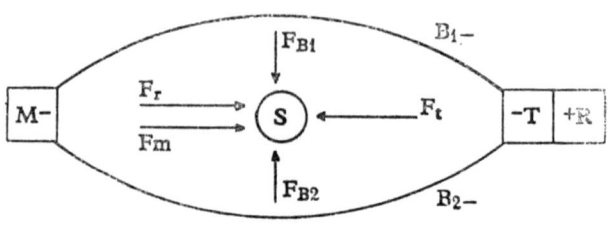

fig. 6

Barrières matérielles (par ex. enfermer le sujet jusqu'à ce qu'il ait accompli la tâche), barrières physiques-humaines (rester là à le surveiller avec une attitude menaçante), barrières morales (dire que l'évitement serait « contraire à l'honneur », ou serait « faire de la peine à ceux qui vous aiment », ou « un péché » ou « encourir une vengeance de Dieu »), barrières sociales (éviter la situation serait « se mettre en dehors du groupe », « ne pas être comme les autres », « compromettre son avenir social », etc...).

Cette situation étant close, *le comportement va exprimer la résultante des significations* en même temps que la *résolution de la tension* créée par leur conflit. Cette tension fait que telle quelle, la situation ne peut être vécue longtemps et l'action va se déclencher « pour en sortir ». Lewin, énumérant les « solutions » possibles, en voit cinq :

1. Mouvement vers la tâche, ce qui devient une autre situation ; ce mouvement est attendu par l'autorité, car il signifie acceptation-soumission.

2. Mouvement vers la menace, pour l'affronter. Ce mouvement représente une sorte de surcharge négative de la tâche T que le sujet essaie d'éviter en payant le prix, c'est-à-dire en acceptant la punition prévue en M. Ce qui crée une autre situation de panique pour l'autorité, laquelle généralement se met à enfler la menace pour lui conserver sa valeur négative et donc pousser le sujet vers T.

3. Assaut contre les barrières. Appel à l'extérieur, test de leur résistance réelle, mise en question des valeurs, révolte contre l'autorité qui pose les barrières. L'épreuve de forces commence, ce qui est aussi une autre situation, englobant l'affrontement de la punition et signifiant insoumission.

4. Enkystement sur place. Apathie réactionnelle. Indifférence, immobilité ou passivité, défense contre la tension intérieure en cessant de s'impliquer dans la situation ou en la vivant comme « action impossible ».

5. Explosion émotionnelle : crise de larmes, crise de nerfs ou crise de fureur, ou à la limite rupture des possibilités

d'adaptation, dissociation du moi. Décharge de tension, agression de bouc-émissaire, actions d'exutoire émotionnel.

Bien entendu, il est absolument exclu que ces cinq issues soient offertes à un « choix » du sujet ou à sa « liberté ». Chaque cas particulier se traduisant par des significations définies dans la situation telle qu'elle est vécue par tel sujet, son comportement exprimera la résultante de leur conflit.

Quant aux significations affectivo-motrices en jeu, elles sont considérées et doivent être considérées dans leur actualité-pour-le-sujet. Le « poids du passé » ou « l'expérience du passé » ou « les conflits œdipiens réactivés » chers aux psychanalystes, n'existent que dans la mesure où ils sont actualisés dans la situation et, dans ce cas, ils sont exprimés par et dans les significations *actuelles*.

Inversement — et c'est ici qu'il convient d'aller plus loin que LEWIN dans la même voie — les significations pour-le-sujet et leur conflit exact pourront être induits ou déduits à partir du comportement observable, puisque *celui-ci est non pas l'effet des significations mais leur réalité motrice elle-même.*

Prenons d'autres exemples : un gradé me dit en parlant d'un colonel : « Cet homme a des attitudes divergentes incompréhensibles ; il manifeste dans beaucoup de circonstances un courage réel en prenant des risques importants et « physiques » : il saute en parachute avec ouverture retardée, il fait des concours hippiques où il monte des chevaux qu'il ne connaît pas et sur des parcours d'obstacles difficiles, il est champion d'escrime à l'épée et de tir au pistolet, ce qui dénote beaucoup de sang-froid. Or sur les champs de bataille, je l'ai vu manifester une peur incoercible. Le bruit de la bataille le plonge dans un tremblement pénible pour tous ceux qui l'entourent. Dès que le bruit et le bombardement cessent, il retrouve toute sa superbe ».

Si le principe de la cohérence nécessaire entre conduite et situation-comme-structure-de-significations est vrai, on peut en conclure qu'ici *l'incohérence n'est telle que pour l'observateur.* Elle peut exister aussi pour la réflexion du sujet lui-même lorsqu'il se considère tel qu'il est, et s'il accepte ses états successifs comme des faits. Il dira alors « Je suis comme ça », sans avoir conscience de la structure déterminante.

Mais nous pouvons, en partant du comportement observable, supposer que les deux genres de situation, qui paraissent assimilables l'une à l'autre pour le gradé qui le juge (et qui se rangeraient toutes deux pour lui sous la catégorie « risques de blessures et de mort ») sont vécus *par le sujet* de manières absolument distinctes et avec des significations diamétralement opposées, aussi opposées que la réaction de « sang-froid » et la réaction de « tremblements de peur impossibles à cacher à ceux qui l'entourent ».

Suivons dès lors l'analyse psychologique existentielle dans sa démarche concrète pour retrouver les catégories vécues par le sujet. En classant comparativement les situations correspondant aux deux conduites, on doit trouver à la fois les thèmes respectifs, c'est-à-dire leurs structures de significations, et leur caractéristique différentielle qui fait de l'une la contradictoire de l'autre. La différentielle apparaît immédiatement comme une tonalité contradictoire du danger vécu : dans un premier ensemble de situations, le danger est non localisable, aveugle, contraignant le sujet à l'attendre dans l'incertitude de son impact, il plane au-dessus de lui dans le bruit qui en manifeste la présence instante et l'imminence (bruit de la bataille, des canons, des mitrailleuses, des sifflements de fusées etc...); dans le second ensemble de situations, le danger est connu, précis, affronté dans une action entreprise volontairement. Dans le premier ensemble la réaction est panique et angoisse; dans le second, elle est maîtrise de soi et lucidité. Le premier genre plonge le sujet dans une infériorité pénible, le second lui apporte un sentiment de supériorité qu'il exploite à fond (et sans doute de manière compensatoire) comme le prouve la recherche active de ces situations et l'intention compétitive.

La « superbe » que l'observateur signale après le bombardement et après la bataille serait une réaction à la réaction, un effort d'annulation de la peur antérieure et du ridicule qu'elle comportait devant autrui.

Autre exemple : un étudiant en PCB d'une Faculté des Sciences est dans les conditions d'existence suivantes : 25 ans, sérieux, jeune marié depuis quelques mois (épouse enceinte), il a entrepris ces études après plusieurs années d'arrêt depuis son baccalauréat, délai augmenté encore du fait du service militaire. Pour faciliter cette reprise des études liée à un désir de promotion sociale jugé louable, les parents de chacun des époux (les familles respectives résident dans la campagne) ont payé un appartement dans la ville de Faculté, tous les meubles, une voiture au jeune homme, et sont convenus de verser une mensualité confortable au jeune ménage pendant la durée des études...

Remarquons ce qui se passe dans l'esprit d'un observateur étranger qui prend connaissance de ces conditions de vie. Il les découvre en leur attribuant une certaine signification, par exemple « chance exceptionnelle ainsi offerte » ou « effort rare des parents pour favoriser le départ du jeune couple dans la vie » ou « niveau social de grande bourgeoisie offrant une existence outrageusement favorisante par rapport à la condition moyenne des étudiants », etc... etc... Tout le système des opinions, des principes, des catégories et même des préjugés peut être mis en branle. Le point de vue des parents sur ces conditions est celui d'un « sacrifice consenti pour permettre un bon départ et favoriser les intentions du jeune homme ». Le point de vue des camarades de Faculté doit nécessairement être empreint de leur situation comparative. On s'attend à un dynamisme décuplé de la part du jeune mari, surtout avec la perspective de la prochaine responsabilité paternelle.

Or le garçon a, au cours des Travaux pratiques, des tremblements qui le gênent dans l'exécution des tâches de dissection et des manipulations; il se plaint aussi d'une sorte de blocage intellectuel qui l'empêche de faire attention aux leçons magistrales et d'apprendre dans les livres. Il s'enferme dans le mutisme, ne parle presque plus à son épouse « de peur d'éclater en sanglots devant elle », dit-il, « tellement il a honte de lui-même ». Il a des pensées de suicide. Tout a commencé avec l'entrée en Faculté.

Appliquons ici encore l'analyse du comportement pour y trouver les significations vécues qu'il exprime. Ce comportement est un ensemble coordonné de réactions d'angoisse panique, d'inhibition et d'isolement, de sentiments de culpabilité et d'échec. Ces mots ne sont pas des « interprétations », ils désignent ce que le sujet dit ressentir.

La situation est donc, pour le jeune homme : angoissante et inhibante, paralysant ses aptitudes ainsi que ses moyens intellectuels et manuels, rendant l'existence insupportable, détériorant la communication avec sa femme; il se sent seul dans une situation perçue comme inavouable et culpabilisante.

Les conditions d'existence que l'on espérait dynamisantes sont vécues sur un mode oppressant, et la perspective des études et de l'examen est chargée d'une angoisse d'échec associée à un sentiment vif et dominant de culpabilité.

Analysée sous cet angle (les aptitudes du jeune homme n'étant pas mises en doute, ni son orientation volontaire vers ce genre d'études puisque ceci fait partie des données), la situation est visiblement déterminée par la manière dont le sujet éprouve les conditions exceptionnelles qui lui ont été faites. Pour y réagir de cette façon, il faut nécessairement qu'il les éprouve dans une signification d'étouffement, c'est-à-dire à la fois comme une faveur qu'il ne mérite pas, comme une confiance énorme engendrant la panique de désillusionner autrui, et comme une dette écrasante dont le prix est l'examen, ainsi chargé d'une valeur affolante. Dans ce contexte, les difficultés universitaires banales, quoique augmentées du fait des années d'arrêt, prennent des proportions gigantesques; l'échec est à la fois construit comme auto-punition et redouté comme ruine de la confiance et de l'avenir. Il ne « sait » rien de ces significations, il en vit la valeur fantasmique.

L'accumulation brutale des responsabilités (mariage, paternité en vue, reprise des études, dette morale envers les parents) semble avoir débordé les possibilités d'adaptation du jeune homme.

Les exemples sont aussi nombreux que les comportements observables. De trois personnes parlant de l'*absurde*, dont la première dirait « l'absurde, cela m'angoisse », la seconde « l'absurde, cela me révolte », la troisième « l'absurde, cela me fait démissionner et fuir », on pourrait dire que dans les trois cas l'absurde (intellectuellement défini par les trois comme « non-sens », « inintelligibilité », « contraire au bon sens ou à la Raison », « dont on ne voit pas le sens ni l'opportunité, ni le but ») est vécu comme « insupportable ». Cependant notons que les significations vécues sont exprimées par des réactions affectivo-motrices différentes (angoisse, révolte, démission-fuite), ce qui marque nettement, au niveau de l'expression directe, la différence des comportements, et, d'autre part, les différences entre ces comportements permettent de définir la tonalité précise de cet insupportable existentiel pour chacun des trois.

Ainsi nous pouvons dire que la signification d'un élément du champ psychologique, ou élément du vécu, est fonction de la situation totale, elle-même organisée par une structure de significations, et que les significations ne sont pas des « représentations de la conscience », ce sont des réalités affectivo-motrices, c'est-à-dire déterminant des mouvements, des comportements, ou plus exactement s'exprimant dans et par des actions et réactions, à l'insu de la conscience claire du sujet qui peut très bien « ne rien comprendre » à ce qui lui arrive.

Il semble qu'on ne puisse échapper à cette loi générale selon laquelle *le comportement exprime les significations vécues par le sujet-en-situation*, et, de ce fait, aucun comportement ne peut être dénué de sens, et aucun comportement ne peut être complètement artificiel ni énigmatique. J'ai souvent remarqué cela dans des occasions où les sujets humains essaient de composer artificiellement leurs comportements (et cela se produit particulièrement dans les groupes et les réunions de groupe). Ce qui trompe l'observateur superficiel, c'est qu'il ne rapporte pas les conduites observées à la signification que le groupe lui-même, dans la situation totale où il se trouve (conditions générales, historiques, spatiales, temporelles, de composition, d'observation étrangère etc...), a à chaque instant pour chaque participant (dans l'ici et le maintenant), à un niveau vécu excluant la conscience claire actuelle.

Le mutisme d'un participant, par exemple, mutisme à l'abri duquel ce participant croit « ne rien laisser paraître de ses sentiments et opinions », exprime en toute lumière et par sa tonalité propre (rapportée aux autres éléments de l'attitude générale), comment il éprouve la situation actuelle. Si ce mutisme s'accompagne d'un retrait esquissé (légère mise à distance de la table autour de laquelle se trouve le groupe), le sujet exprime de manière visible, observable, ouverte, qu'*il veut se placer en position d'observateur critique et non de participant*. C'est cela son « sentiment actuel ». Je ne connais pas les opinions qu'il veut cacher,... mais celle-la, il l'exprime irrésistiblement et il l'étale sans le savoir*. De ce point de vue, on peut inventorier : des mutismes d'observation par refus de s'impliquer, des mutismes hostiles d'agressivité contenue, des mutismes pour attirer l'attention, des mutismes d'angoisse inhibante, des mutismes de découragement, des mutismes traumatiques, des mutismes de retrait dans l'indifférence, des mutismes stratégiques attendant l'occasion d'intervenir pour s'assurer du succès. Tous correspondent à des attitudes parfaitement observables. Il en va évidemment de même pour toutes les formes de participation.

Mieux encore, si l'on savait définir la structure de signification « ici et maintenant » de la situation pour le sujet considéré, structure à laquelle se trouve lié son mutisme du moment, alors on pourrait dire sans crainte de se tromper que le système de cette structure de significations et de cette structure de comportement *est une des constantes de l'existence de ce sujet partout et toujours*.

On conçoit à quel point le sujet qui croit dissimuler ses sentiments exprime au contraire les dynamiques permanentes de sa personnalité. *Il est vrai que sa « conscience » est toute occupée des « contenus » et ne peut pas réfléchir les structures*, du moins quand elle est livrée à ses propres moyens.

---

* Autrement dit, il croit concentrer sa volonté dans la dissimulation de ce qu'il pense, et il « dit » ouvertement par son comportement observable ce qu'il éprouve, et sans avoir à parler. C'est comme si un joueur cachait soigneusement des cartes dans sa manche sans s'être rendu compte que le tissu dont il est habillé est transparent.

Ainsi donc notre comportement est aussi prisonnier des significations. « Le sens, écrit MALDINEY, (24) est celui du *comment* de la présence au monde, et non pas le *quoi* d'une représentation ». C'est parce que le sens est présence de la personnalité du sujet dans son univers et dans ses perceptions, qu'il est non pas une représentation mentale *mais une conduite*. Ce point est très important à souligner, car la signification, ainsi entendue, « tient » à la conduite, et n'est pas « une pensée », ni même « une sensation » de type qualitatif. Le sens, ou plus exactement, le système donateur de sens (par lequel les choses ont un sens), est un certain style de l'être-au-monde, un vécu de la relation avec les êtres et avec l'environnement. Il serait temps de faire disparaître la confusion entre « perception » et « représentation » si l'on veut rendre à la signification, constitutive de la perception, sa valeur de déterminant de la conduite.

Par là se comprend pourquoi tous les conseils que vous pouvez donner à toutes les personnes qui vous entourent restent vains (sauf dans le cas où il s'agit pour elles de vous faire plaisir, ce qui crée une autre situation déterminante), lorsque vous vous efforcez d'obtenir *directement une modification de leur conduite*. « Ne faites donc plus comme cela, faites comme ceci »... « Changez radicalement de comportement ! »... « Réagissez ! »... « Changez d'attitude ! »...

Tant que les significations que le sujet éprouve de sa situation particulière persistent pour lui, son comportement persiste dans sa forme fondamentale et dans ses orientations existentielles. Il répondra « c'est plus fort que moi »...

Là aussi gît la cause de l'échec des psychothérapies « de soutien » ou « de conseil » qui essaieraient de modifier la structure de la conduite par une intervention directe sur elle.

« Vous n'avez jamais pu approcher une femme ? » dit tel médecin psychiatre à son client de 40 ans qui vient le consulter pour cette inadaptation mal supportée. « Eh bien, laissez-vous embarquer dès ce soir par une prostituée, et faites une expérience!... », conseil accompagné d'une tape amicale et « compréhensive » sur l'omoplate.

Et le sujet — voulant obéir, ou se faire « comprendre davantage » — revient après l'essai infructueux : « J'ai bien suivi la fille pendant un moment, dit-il, mais j'ai fini par m'enfuir », ou bien « Je vous ai obéi, docteur, mais une fois dans la chambre, j'ai eu une réaction idiote, je me suis mis à pleurer sur ses genoux ».

C'est que pour changer le comportement d'un sujet, il faudrait nécessairement *et uniquement* changer les significations vécues qu'il éprouve dans les situations de son existence; cela pose un tout autre problème, requiert une toute autre méthode, puisqu'il s'agirait d'intervenir au niveau des structures de l'affectivité, qui échappent à la conscience réfléchie, centrée sur des « états », sentiments, opinions, croyances ou idées, c'est-à-dire sur des « contenus ».

Lorsqu'un sujet ne dispose pas d'une certaine catégorie de significations, il ne peut pas prendre l'attitude correspondante. Cette « attitude appropriée » que vous jugez « adaptée » selon votre manière de comprendre la situation, le sujet ne peut pas « la prendre » dans la mesure même où la catégorie signifiante ne fait pas partie de son vécu.

Il y a donc bien « réciprocité entre les sentiments du sujet et les propriétés affectives des objets dans son champ phénoménal ou champ de comportement » (25), mais on doit ajouter qu'il y a réciprocité entre ce comportement et les propriétés affectives de ces mêmes objets du champ. Ce « champ comportemental » est notre vécu, il n'est pas une réalité physique, objective, extérieure, ou sociale, comme l'ont dit les premiers théoriciens de la Forme. Il est chargé de sens, porteur, dans toutes ses directions, de valeurs positives et négatives orientant les efforts, et en lui s'accomplissent les actes.

Le champ perceptif et comportemental d'un sujet est singulier. La signification, par exemple, d'une situation vécue à deux ou à plusieurs (comme dans une famille) n'est pas pour chacun ce qu'elle est pour les autres. Un système de références serré donne à chaque détail un sens qu'il a pour le seul sujet armé de ce système ; ce même détail est perçu par autrui avec un autre sens parce qu'il est intégré à un autre système. Lorsque ce système se reflète pour lui-même dans la conscience d'un sujet, il s'éprouve sous forme de sentiment enveloppant un contenu actuel, mais, essentiellement, ce système est formel, structure vide et dynamiquement structurante, liée à un mode d'action et de réaction.

Le sens n'est donc pas un objet de contemplation, ni un contenu de conscience ; il est esquisse active d'une posture, attitude ou conduite, dans la mesure où il éveille un schème ou une catégorie *du vécu* ; il meut ou tend à *mouvoir* autant qu'à *émouvoir*, comme le suggère l'étymologie.

Dans leur étude sur « la signification psychologique des types de conceptualisation », KAGAN, MOSES et SIGEL (26) démontrent qu'il y a une certaine stabilité individuelle du type de conceptualisation, et qu'il y a corrélation entre ce style et les dominantes du comportement. Quelle que soit la théorie à laquelle on se réfère, écrivent-ils, le fait semble prouvé que le comportement est lié à la signification des stimuli et que cette signification est immédiatement et consubstantiellement liée à la perception. Analysant ce qui est donné en même temps dans la perception, ces auteurs y découvrent :

– le degré de vigilance,

– la qualité émotionnelle de la vigilance, et l'action de préperception,

- l'humeur ou tonalité personnelle globale (à quoi nous rapporterons les structures de l'Univers privé),
- la mémoire,
- l'activité conceptualisante,
- le style de l'appréhension perceptivo-conceptualisante,
- la culture (et ses patterns propres),
- le niveau intellectuel et l'âge affectivo-mental,
- l'image non consciente du corps propre et de ses possibilités.

Ainsi tout est dans la perception, activité basique, effort premier de l'orientation de la conscience vers un monde sur lequel il lui faut nécessairement, vitalement, avoir prise... phénomène fondamental de la relation au monde... tension vers le monde, inévitable projet vers l'environnement... porteuse des structures structurantes de l'être, en quête active d'une information déjà préformée selon certains axes et certaines catégories... éveil corrélatif des schèmes moteurs ou affectivo-moteurs que commandent ces mêmes structures ou ces mêmes catégories.

2

Je voudrais voir le Monde avec l'œil à facettes de la mouche ou le cerveau de l'orang-outang.

Anatole FRANCE,
Le Jardin d'Epicure

En quête de l'information

I

Tout être vivant, du fait même qu'il est vivant, est non seulement en relation avec son milieu, mais encore mène un incessant débat avec son milieu. Son immersion dans le milieu de vie lui est donnée en même temps que la vie même, et sans échappatoire. La permanence du débat est la constante fondamentale de son activité et l'oriente. Toute activité du vivant, polarisée par l'impératif obscur de « survivre », est une activité ayant des buts successifs proches, des moyens de réalisation de ces buts et une possibilité ontologique d'y parvenir, en ce sens qu'à la structure spécifique de l'organisme vivant répond une relative stabilité du milieu, ou tout au moins un certain ordre naturel permettant le repérage indispensable. Dans un pur chaos, l'adaptation et la survie seraient impossibles, radicalement impraticables. La survie et l'adaptation sont réalisées au contraire dans la mesure où un équilibre est trouvé entre l'organisme et son milieu.

« L'intentionnalité » du vivant vers son monde me paraît un concept trop neutre pour signifier le vouloir dévorant d'être au monde, sorte d'impétueux et d'impérieux besoin de survivre. Les formes réactionnelles les plus pathologiques sont, dans un certain nombre de cas, une existence a minima, organisée économiquement pour survivre, et donc encore une adaptation à un Univers insupportable (ceci pourra, entre autres, expliquer la résistance des sujets névrotiques à la guérison).

Or ce vouloir-vivre, cette intentionnalité, est d'abord et nécessairement une quête d'information. Le « monde extérieur » est en permanence prospecté, analysé, inventorié à plus ou moins de distance et de délai, selon les moyens dont dispose l'être vivant pour chercher et traiter cette information.

Dès le règne végétal, on constate des phénomènes déjà rattachables à ce principe biologique général. On sait par exemple que les plantes disposent d'un pigment sensible à la lumière, phytochrome riche en protéines très concentrées, leur permettant de « mesurer » un des facteurs les plus fondamentaux de leur rythme vital : la durée des jours et des nuits (photopériodisme). Au début du mois de Septembre, les analyseurs photosensibles du saule, recueillant la diminution photopériodique, déterminent l'arrêt de la formation des bourgeons et l'apparition d'écailles qui enserrent son méristème terminal. Si, dans certaines conditions — et les expériences de ce genre sont courantes au Phytotron de Gif-sur-Yvette — on règle artificiellement l'éclairement à 10 heures par jour, le saule se met à perdre ses feuilles quel que soit le mois effectif de l'année... Les fleuristes savent, par empirisme, qu'en couvrant d'un voile noir les plants de chrysanthèmes entre 6 heures du soir et 8 heures du matin, on fait fleurir en été, ces plantes qui ne fleurissent « naturellement » qu'en automne.

Vers 1909, dans un ouvrage désormais célèbre en psychologie animale, *Umwelt und Innenwelt der Tieren*, J. VON

UEXKÜLL ruinait la vieille théorie qui faisait, des réactions animales, le résultat des causes physico-chimiques, et ouvrait la voie à *l'écologie*, étude des milieux de vie des espèces vivantes, de leur *Umwelt* spécifique, corrélatif d'un *Merkwelt* (univers perceptif) et d'un *Wirkungswelt* (univers de leur action).

Le milieu de vie *(Umwelt)* d'un organisme est l'Univers des valeurs vitales de cet organisme, celui par rapport auquel ses actions et réactions ont *un sens*. Cet univers spécifique est évidemment en relation avec le type morpho-structural de l'animal, comportant un type de système nerveux, une structure des organes sensoriels et des moyens organiques d'action.

C'était l'avènement au niveau de la Science, et donc de la recherche méthodique, des innombrables connaissances empiriques des pêcheurs, oiseleurs, chasseurs, braconniers, dresseurs d'animaux et observateurs d'insectes... et de tous les paysans du monde.

Les travaux de Konrad LORENZ, dès 1935, ont à leur tour fait progresser la psychologie animale, révolutionnant la conception de l'instinct et du signal. Pour résumer, disons que Lorenz substitua à la notion d'instinct et à celle de signaux-éléments, la notion de répertoire de schèmes de conduites naturelles ou réactionnelles, intrinsèquement *incorporés à l'organisme animal* vivant dans son milieu écologique. Car le comportement de l'animal n'est signifi-catif, dit Lorenz, que dans son cadre naturel, là où on peut le saisir en relation avec les informations qu'il sélectionne dans son univers qualitatif, spécifique et irreprésentable.

L'Univers d'un animal est un monde de *signaux*, dit Lorenz, c'est-à-dire de stimuli évocateurs d'une conduite formée de séquences ayant une signification biologique.

Qu'est-ce qu'un signal? Il faut considérer d'abord ce qu'on appelle *la spécificité du signal*, puisque chaque espèce a des organes sensibles de structure différente, ce qui est un des éléments du vaste ensemble que représente la structure de l'organisme en relation avec l'Umwelt écologique. Cet aspect du problème est bien connu, il est évident, et cependant les difficultés demeurent grandes pour les expérimentateurs.

Ils ne savent pas comment l'animal perçoit ce qu'ils appellent le stimulus (*l'experimenter event*), ni s'il le perçoit, ni s'il ne perçoit pas autre chose qu'eux dans le même signal.

Au Congrès international de Physiologie de 1953, Voronine (de l'école pavlovienne) donne quelques exemples des difficultés « désagréables » des expériences en se plaignant de ce que « les poissons et les tortues aient un système nerveux incapable de conserver trace des stimuli qui réussissent si bien avec le chien et le singe ». Birioukov, dans une communication au même Congrès, raconte que le castor de rivière réagit à la simple lumière, au craquement de branche, à l'odeur de castoréum, mais ne réagit pas au « stimulant puissant » qu'est l'acétone. « Stimulant puissant » ? pour qui...?

Étudiant, après Von Hess, les aptitudes des abeilles à distinguer les couleurs, Tinbergen (1) remarque qu' « une certaine réaction peut être déclenchée par une lumière d'une certaine longueur d'onde, tandis qu'une autre réaction, chez le même insecte, sera déterminée par l'intensité indépendamment de la longueur d'onde. N'importe qui, observant la première réaction, conclurait que l'animal peut percevoir les couleurs, alors qu'un chercheur se bornant à étudier la seconde, le jugerait insensible à la couleur ».

Les différences des organes récepteurs modifient aussi la qualité sensorielle; l'œil de l'oiseau a une acuité visuelle supérieure à l'œil du mammifère. Certains animaux sont apparemment « sourds » (escargots, mouches...), d'autres capables d'entendre des sons inaudibles pour l'oreille humaine (chiens, sauterelles, chauves-souris), ou de sentir des odeurs non perceptibles pour nous. On sait que les hiboux de l'espèce Strix varia, sont capables de voir à deux mètres une proie et de se précipiter sur elle, alors que la lumière est, au sol, de $7/10\,000\,000^e$ de bougie au décimètre carré, c'est-à-dire plus de 50 fois moins que le seuil de visibilité pour l'homme, autrement dit lorsque pour nous c'est la nuit la plus noire et que nous ne verrions pas du tout un objet à dix centimètres de nos yeux. « Il n'y a pas deux espèces qui possèdent exactement les mêmes capacités », disait VON UEXKÜLL dès 1921, en introduisant la notion de *Merkwelt* (univers perceptif spécifique).

D'autre part, pour une même espèce, le signal n'est pas forcément perçu de la même façon par deux individus. Il varie en effet en fonction de quatre données au moins.

1. Le sexe. Les stimuli n'ont pas le même « sens » selon les sexes. L'exemple le plus immédiat est l'attaque du mâle rival et les comportements de « séduction » envers la femelle, chez un mâle en période de recherche d'accouplement et sur son territoire...

2. L'état interne de l'individu et les variations neuro-endocrino-humorales. La saison, le moment, l'état de tel ou tel besoin, rendent l'animal sensible, moins sensible ou insensible à tel stimulus spécifique. « La faim fait sortir le loup du bois » dit la sagesse populaire et au cours de certains hivers rigoureux, des animaux sauvages s'aventurent en des zones généralement évitées, et prennent « des risques » nouveaux sous l'empire de la faim (attaquer l'homme, par exemple, chez des animaux qui, d'ordinaire, le fuient).

3. Le type nerveux. Ici les conclusions de Pavlov trouvent place (2). Il isole trois propriétés fondamentales distinguant des « types de systèmes nerveux » par leur combinaison : ce

sont, d'une part, « la force ou la faiblesse des processus nerveux » (capacité plus ou moins grande d'intégration des excitations et de résistance aux tensions); d'autre part, « l'équilibre ou le déséquilibre des processus d'excitation et d'inhibition » (égalité opératoire de l'excitation et de l'inhibition, ou déséquilibre selon les deux genres, prédominance de l'excitation ou de l'inhibition); et enfin la « mobilité des processus » (rapidité ou inertie dans l'adaptation au changement).

4. Le « passé » de chaque individu, apportant les grandes différences selon les apprentissages et l'acquis sous toutes ses formes (learning et traumatismes).

Du fait de toutes ces « conditions de signification » du signal, on peut dire que le monde d'un animal ne dépend pas seulement de ce que ses organes des sens peuvent ou non percevoir, il dépend aussi de facteurs internes et individuels. On connaît l'exemple célèbre de TINBERGEN : l'épinoche mâle, dont le ventre devient rouge en période d'activité sexuelle, réagit à la femelle dont l'abdomen est gonflé par les œufs, en commençant la fameuse danse en zig-zag, qui doit amener cette dernière à le suivre sur le nid qu'il a façonné. L'épinoche femelle réagit durant la même période au stimulus « ventre rouge » et à ce comportement du mâle. Un autre épinoche mâle, dans la même période, s'aventurant sur le territoire du premier, déclenche par contre la conduite de combat.

Ainsi, comme le souligne TINBERGEN, « le monde perceptuel de l'animal est en continuel changement et dépend de l'activité instinctive qui est mise en jeu » (3).

Lorsque le signal apparaît dans le champ vital où toutes les conditions externes et internes sont réunies, la réaction posturale ou comportementale est rigoureusement déclenchée.

Or tout se passe apparemment comme si le signal était un stimulus *isolé de l'ensemble du champ perceptif,* comme si

fig. 7

Certains signaux spécifiques, présentés par le leurre ou « fantôme » de la « mère », déclenchent le comportement complémentaire chez le petit singe.

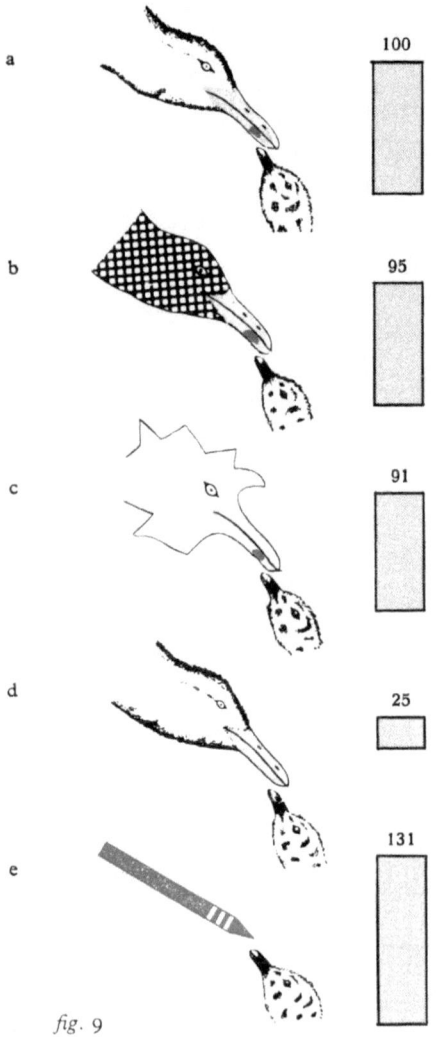

(a) : le petit donne des coups de bec (une centaine) à un simple mannequin représentant une tête normale de mouette adulte.

La couleur (b) et la forme (c) de la tête n'ont qu'une faible influence sur le comportement de l'oisillon.

La marque rouge du bec par contre est important : 25 coups de bec seulement lorsqu'elle fait défaut (d).

Une petite baguette rouge cerclée de blanc (ici un crayon) est même plus attirante pour le petit que le mannequin représentant une tête normale, et motive 131 coups de bec (e).

fig. 9

fig. 10 A

fig. 10 B

Certains papillons, tel ce *Galligo Atreus*, présentent sur la face ven-
trale, ces ocelles imitant la tête de chouette (fig. 10 A). Cet ornement
constitue un moyen de défense efficace : en déployant brusquement leurs
ailes, ces papillons parviennent à effrayer les oiseaux prédateurs et même
certains singes insectivores. On notera la Gestalt analogique entre les
deux « signaux », le vrai et le leurre, utilisé comme camouflage défensif.

l'animal, tout en étant sensoriellement capable de percevoir d'autres éléments du milieu ambiant et donc un contexte certain, négligeait ces données, apparemment (pour l'observateur humain) tout autant perceptibles, pour réagir seulement, uniquement, aveuglément, à un stimulus précis, à un détail de son environnement.

Le coléoptère nommé Dytique, par exemple, qui a des yeux composés parfaitement développés et qui peut être dressé à réagir à des stimuli visuels, ne réagit pas du tout à des stimuli visuels quand il capture une proie (un têtard). La preuve en est que si le têtard lui est présenté dans un tube de verre plein d'eau dans lequel cette proie remue et se déplace, le Dytique n'attaque jamais. Sa recherche de la nourriture ne peut se déclencher que par l'effet de stimuli chimiques et tactiles : un extrait liquide de viande déclenche immédiatement l'activité de chasse et de capture de n'importe quel objet solide qui en a été enduit. BRUCKNER, expérimentant sur les poules, constate que la mère poule réagit aux appels de détresse du poussin, et non à ses mouvements. Quand il attache par la patte un poussin à un piquet en le plaçant derrière un écran qui en cache la vue à la mère, celle-ci réagit intensément dès que le poussin crie (elle accourt, le cherche, s'agite). Mais si le poussin, dans les mêmes conditions de détresse, est placé sous une cloche de verre, tout près de la mère de telle sorte que celle-ci le voie se débattre mais n'entende pas ses cris, la poule reste complètement indifférente.

DUYN et Van OYEM ont vérifié ce phénomène de puissance déterminante (ou prégnance) d'une perception-signal isolée dans le champ perceptif virtuel. Prenons la curieuse et facile expérience sur les sauterelles (de l'espèce Ephippiger) : les femelles à l'époque du besoin d'accouplement sont attirées par les mâles qui chantent, et se dirigent vers eux. En observant ce phénomène en milieu naturel, on pourrait se demander quel est le signal (visuel, auditif, tactile, olfactif etc?). L'expérience permet de répondre : les femelles se mettent en route vers les mâles invisibles qui chantent à une distance de dix mètres et plus; elles ignorent complètement les mâles silencieux, même s'ils sont tout proches. Pour réduire les mâles au silence, il suffit de coller ensemble leurs ailes. Les mâles ainsi « préparés » sont incapables d'attirer une seule femelle. Le stimulus-signal est donc de nature auditive; il n'est certainement pas visuel.

TINBERGEN relate que la position accroupie de la femelle disposée aux rapports sexuels est le stimulus-signal le plus important pour l'oiseau Bonasa Umbellus. Les mâles distinguent bien les sexes, mais dans l'acte en cause, ils réagissent à une particularité du comportement au lieu de différences de formes ou de couleurs. Un autre mâle accroupi, ou un cadavre dans cette position déclenchent la réaction d'accouplement uniquement parce que le mâle ne peut résister à un stimulus-signal puissant. Il serait faux d'en déduire, avec ALLEN, que le mâle en question ne fait pas la différence entre les sexes.

A cela, il faut ajouter la distinction entre stimuli déclencheurs et stimuli directeurs. Exemple : les daphnées nageant dans une eau où il y a du gaz carbonique, se dirigent vers la surface. On prouve que c'est la teneur de l'eau en gaz carbonique qui les met en mouvement, et que c'est la lumière qui les oriente, car si on éclaire à ce moment-là le bocal par en dessous, elles vont vers le bas.

L'aboutissement de ces recherches a été l'analyse de l'action des « leurres » et la découverte des « stimuli-évocateurs supranormaux ». C'est ce nouveau chapitre de la Psychologie animale, qu'a ouvert Niko TINBERGEN à partir de la théorie de « l'empreinte » et des modèles, de LORENZ.

De là d'ailleurs me paraît découler une conception très structuraliste du comportement animal dont nous verrons toutes les conséquences dans l'étude des conduites humaines.

Par exemple pour la femelle du canard sauvage, le mâle est un oiseau au col vert. Si on arrache au mâle ses plumes vertes, il sera repoussé par toutes les femelles; les autres canards sauvages mâles, par contre, cesseront de l'attaquer, et au contraire, le prendront, semble-t-il, pour une femelle.

S'il existe des stimuli-signaux isolés puissants dont la perception détermine de manière irrésistible le comportement de l'animal, il devient évident qu'un signal de ce genre, fabriqué par l'expérimentateur, et présenté dans le champ perceptif de l'animal, si les conditions de saison, de moment et d'état organique interne sont convenables, déclenchera automatiquement le comportement correspondant.

Si ce comportement est déterminé successivement par un signal-déclencheur et un signal-directeur, il faudra prévoir l'apparition du second au moment opportun.

Voici un rouge-gorge mâle qui attaque un autre rouge-gorge mâle entrant dans son territoire. A quoi réagit-il ? Pour le savoir, on présente au mâle combatif (expériences de LACK, 1943) différents « modèles » comportant ou non tel élément du réel. On constate qu'une simple et immobile touffe de plumes rouges au bout d'un fil de fer déclenche le comportement, alors qu'une imitation parfaite de rouge-gorge mais avec poitrine de couleur brune ne provoque rien (indifférence).

Voici un petit singe qui cherche sa mère et s'agrippe à elle. La « mère » provoque, chez le petit, des réactions et doit donc être considérée comme un stimulus. Mais qu'est-ce que « la mère » pour ce petit singe ? Que cache ce mot humain dans l'Univers de l'animal ? Pour le savoir, les expérimentateurs ont cherché à simplifier le tableau complexe représenté par « la mère » et en ont analysé les éléments évocateurs. C'est par l'étude des « fantômes » ou « leurres » que l'on arrive à ce résultat, en fabriquant des stimuli complexes auxquels manque tel ou tel élément. On s'aperçut alors que certains « fantômes » étaient « efficaces » (déclencheurs ou directeurs), d'autres non (fig. 7, en hors-texte),

Le procédé se généralisa. En étudiant les comportements de fuite par peur chez les volailles, on s'aperçut que ces animaux réagissaient à un modèle très précis (forme et direction) (fig. 8).

Les leurres ne sont pas seulement des artifices expérimentaux ou pratiques, ce sont des réalités naturelles, comme on s'en rend compte par les divers « instincts » de camouflage animal.

Par exemple, la vision stéréoscopique des animaux organisés pour la chasse des proies rapides (hiboux, faucons, lynx, chats) est développée généralement grâce à la disposition des yeux situés côte à côte. Cette disposition des yeux devient *Gestalt*-signal et déclenche chez les proies des dispositifs d'alerte et de défense qui sont eux-mêmes différents selon les espèces. Mais d'autres animaux utilisent cette Gestalt-signal comme protection et comme camouflage : « On a constaté que de petits oiseaux mangeurs d'insectes abandonnent la poursuite et fuient, lorsque le papillon sur lequel ils s'apprêtent à se jeter, déploie ses ailes : celles-ci comportent des ocelles contrefaisant les yeux des prédateurs, chasseurs de ces oiseaux » (cf. fig. 10 A et B).

On trouve dans l'observation des habitudes de chasse, de pêche ou de capture d'animaux par piège, chez les indigènes de toutes les régions du globe, et spécialement dans les rituels de chasse de certaines tribus primitives, des illustrations multiples de ces recherches scientifiques modernes.

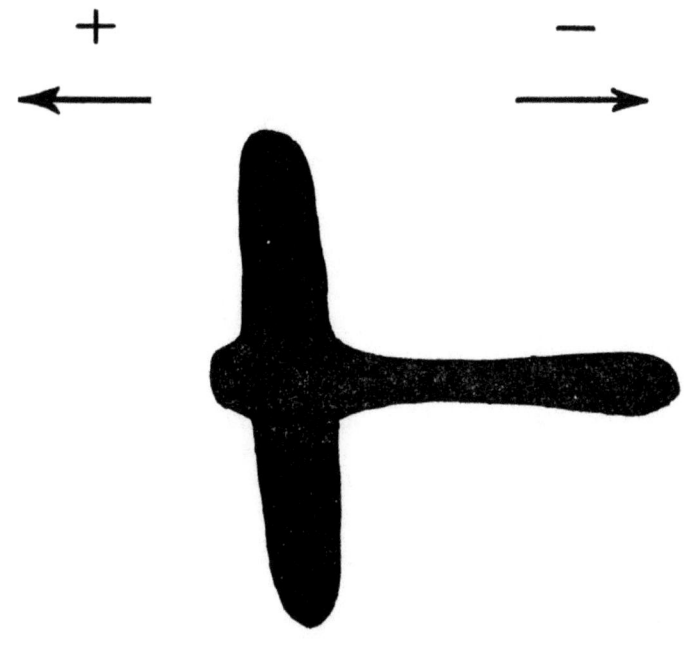

fig. 8

Leurre d'oiseau de proie (Tinbergen, 1948). Ce leurre ne déclenche pas de réactions de fuite chez les poussins de gallinacés, canards et oies..., si on le fait voler vers la droite. Il les déclenche automatiquement si on le fait voler vers la gauche.

Ce n'est donc pas seulement la silhouette qui agit comme stimulus-signal mais l'ensemble significatif Forme et mouvement.

Actuellement, dans la pratique, on utilise les leurres dans des buts précis : dans la fécondation artificielle, par exemple, on présente un leurre au mâle pour obtenir soit l'éjaculation, soit la saillie lorsque la femelle n'est pas de la même espèce que lui.

Puis les recherches de simplification de la stimulation réelle complexe aboutirent à la découverte des « stimuli-signaux supra-normaux ». On appelle ainsi les signaux évocateurs dont le pouvoir de provocation est *supérieur au signal naturel*. Rappelons ici encore une des plus célèbres expériences de TINBERGEN (3). Ayant découvert que les petits de la mouette argentée donnent des coups de bec sur le bec de leurs parents, becs qui sont jaunes avec une tâche rouge, en avant et en bas (ce picotement agit comme déclencheur pour le parent qui, alors, régurgite la nourriture), Tinbergen chercha à fabriquer le modèle qui déclenchait ce comportement spécifique de l'oisillon. De nombreuses « maquettes » ou simulacres furent construites, dont l'efficacité était facile à mesurer puisqu'il suffisait de compter les coups de bec réactionnels des petits. En considérant comme unité de base la moyenne des coups de bec déclenchés par la reproduction exacte de la tête parentale, avec sa tâche rouge à un certain endroit du bec jaune, Tinbergen obtint un picotement de 0,25 avec la même tête où manquait seulement la tache rouge au bec, de 0,9 avec le bec naturel associé à une tête de forme insolite, (ce qui « localisait » le déclencheur dans un contraste au niveau du bec) et un picotement de 1,35 (soit 35 % d'efficacité de plus) avec un leurre de forme apparemment non réel : un crayon cylindrique rouge avec 3 bandes circulaires blanches à son extrémité (fig. 9, en hors-texte).

TINBERGEN avait découvert le stimulus supra-normal. On multiplia ce genre de recherches, dont voici quelques échantillons : l'oiseau Pluvier à collier préfère des œufs blancs avec taches noires à ses propres œufs qui sont bruns à taches plus brunes (expériences de Kohler et Lazarus). L'oiseau de rocher nommé Huîtrier est plus attiré par des œufs géants que par les siens. Il va plus vite vers un groupe de 5 œufs que vers un groupe de 3, alors que son espèce n'en pond que 3. Le papillon du saule réagit plus fortement à un leurre noir qu'à un leurre gris alors que le gris est la couleur déclenchante de la réaction naturelle, etc...

A la lumière de ces expériences, deux hypothèses simultanées peuvent maintenant être formulées :

– d'une part, le signal est lui-même une certaine « Gestalt », c'est-à-dire une structure, une certaine configuration;

– d'autre part, cette Gestalt-signal, a, dans l'ordre écologique naturel, une valeur symptomatique (et même pathognomonique) d'une structure situationnelle écologique déterminant un comportement structuré (fig. 10 A et B, en hors-texte).

Expliquons ces deux points :

1. Le signal est une Gestalt, c'est-à-dire qu'il est, non pas une qualité sensorielle isolée comme telle, mais une *forme* dont la présence ou le surgissement dans le milieu ambiant écologique évoque (au sens fort de faire apparaître) dans certaines conditions de moment et de besoin, une réaction automatique de la part de l'animal. Ce n'est pas à la tache rouge comme telle que réagit le petit de la mouette argentée, mais à un certain rapport de couleurs dans une configuration spatiale précise. Ce n'est pas à la couleur de ses œufs propres que réagit le Grand Pluvier à collier, mais au rapport des couleurs entre le fond et les taches. Lorsque ce rapport est accentué dans le leurre, épuré et détaché des variables « réelles » non significatives et non perçues, alors la puissance évocatrice du simulacre s'accroît, ce qui nous donne les stimuli supra-normaux.

Dans des cas simples, comme celui du rouge-gorge, la Gestalt se réduit à « touffe-de-plumes-rouges-à-une-certainehauteur-par-rapport-au-support », mais n'est pas pour autant une simple qualité sensorielle.

Le caractère configurationnel, ou structural, du signal est tellement évident dans les expériences qui en montrent la perception sélective, que TINBERGEN en est amené à supposer *l'existence d'un mécanisme neuro-sensoriel spécial qui repérerait la Forme en question et déclencherait l'automatisme réactionnel.*
Dans certains cas particulièrement nets, cette hypothèse semble vérifiée.

Voici de jeunes grives d'environ 10 jours. On construit un leurre optimum de « mère » susceptible de provoquer la réaction d' « ouverture-du-bec-cou-tendu-bec-en-l'air + cris » : c'est un objet cylindrique quelconque de plus de 3 millimètres de diamètre — donc une branche, un crayon, un doigt — qui bouge, et qui doit être au-dessus du plan horizontal passant par les yeux des jeunes oiseaux. Promenez votre doigt *au-dessous* de ce plan, les oisillons le suivent des yeux mais le comportement ne se déclenche pas, faites monter le doigt au-dessus du plan des yeux, le comportement se déclenche aussitôt.

On sait que SPITZ a réalisé des expériences du même genre avec des bébés de 3 mois, chez qui il étudiait les conditions d'apparition du sourire. « J'ai établi, écrit SPITZ (4) que ce que l'enfant de trois mois perçoit n'est pas un partenaire, n'est pas une personne, n'est pas un objet, mais seulement un signal. Il est vrai que ce signal est le visage humain, mais... ce n'est pas l'entier du visage humain qui forme le signal, c'est au contraire une Gestalt privilégiée... Cette Gestalt privilégiée consiste dans l'ensemble front-yeux et nez, le tout en mouvement... Quiconque (et non pas seulement la mère) peut provoquer le sourire s'il remplit les conditions du signal...

On peut faire une expérience fort simple pour se convaincre qu'il s'agit d'une Gestalt-signal : on prend contact avec le nourrisson en lui présentant le visage en souriant et en faisant des mouvements affirmatifs de la tête, ce qui provoque la réponse-*sourire* chez l'enfant. Si, à ce moment, on tourne le visage lentement de profil, tout en continuant le hochement et en souriant, le sourire de l'enfant cesse immédiatement. Il prend un air ahuri... Les enfants sensibles semblent éprouver un choc... A cet âge, l'enfant sourit aussi bien à un masque qu'au visage humain, et il cesse son sourire également si l'on tourne le masque de profil ».

Ainsi le signal est lui-même une Forme, une certaine configuration signifiante. La preuve en est que l'on peut matérialiser cette forme dans et par un simulacre, leurre ou fantôme, qui conserve la puissance de déterminer la réaction lorsque les conditions nécessaires annexes sont remplies.

Cependant une telle analyse n'a pas épuisé les problèmes posés par le signal, dans la mesure même où l'argument antistructuraliste peut continuer à souligner l' « isolement » de la structure signal par rapport au contexte.

2. Même si l'on admet que le signal est lui-même une Gestalt, il resterait que son surgissement déclenche le comportement *quelle que soit la structure du champ vital à ce moment-là*. Mais à ceci il convient de répondre en dénonçant l'artifice. Le signal ainsi défini est un signal isolé *artificiellement* par la méthode de l'expérience scientifique, et, pour le comprendre davantage, il suffit de le resituer effectivement dans le champ vital naturel de l'animal ou du sujet considéré.

Ne revenons pas sur les conditions internes de l'efficacité du signal, conditions qui démontrent l'existence d'une structure dynamique de l'organisme par rapport à laquelle le signal prend sa valeur de déclencheur ou d'orienteur du comportement. Insistons plutôt sur l'autre aspect, sur le rapport du signal avec une situation écologique parfaitement définie. Le phénomène central qui est à considérer, c'est justement le fait que la perception du signal *se substitue à la perception de l'ensemble situationnel.* C'est la perception sélective (au point que le sujet devient « aveugle » aux composantes artificielles de la situation) de la Gestalt-signal, qui lui donne sa caractéristique de « signal ». Et ceci ne peut se produire que parce que, dans les conditions naturelles, le « signal » est un « symptôme » pathognomonique d'une situation signifiante, d'un genre écologiquement déterminé de situation, par rapport auquel il apparaît comme index, économisant la perception implicite de l'ensemble, résumant ou évoquant irrésistiblement la totalité actuelle de la situation et, par là, il est un symbole. La réaction au signal permet donc le déclenchement précoce, vitalement raccourci, du comportement de réponse.

L'épinoche mâle, dans son territoire et en période de nidation, répond automatiquement à la Gestalt « ventre gonflé » par la danse en zig-zag, et à la Gestalt « ventre rouge » par le comportement de combat. Ces signaux, dans les conditions naturelles locales et internes où ils existent comme tels, résument nécessairement, représentent et signifient — on pourrait dire symbolisent en parlant du simulacre — d'une part la présence de la femelle à séduire, d'autre part, le rival à combattre. Nier cela serait nier que le leurre soit un artifice.

Dans beaucoup de cas, le rapport est direct et évident : ainsi par exemple les punaises et moustiques (insectes qui se nourrissent du sang des animaux à sang chaud) sont attirés vers leurs victimes par le dégagement de chaleur de celles-ci ; leur appareil sensoriel est organisé pour la discrimination de la chaleur radiante. Le signal (perception de chaleur à distance) est directement significatif de la présence d'une proie possible, lorsque le degré de cette chaleur se situe entre certaines limites.

Du même genre sont les deux organes latéraux calorisensibles dont dispose la vipère à fosse, organes qui lui permettent d'une part par leur sensibilité de détecter la présence de petits animaux vivants et d'autre part par leur position latérale de prendre exactement et efficacement la direction médiane vers la source de cette chaleur significative.

Par contre les signaux sociaux comme la danse circulaire ou la danse frétillante des abeilles nous paraissent des signaux plus indirects, mais c'est sans doute parce que *nous* n'en percevons pas immédiatement la signification écologique. Une situation typique est cependant en relation avec ces signaux (orientation du vol à effectuer, distance, genre de nourriture découverte).

SPITZ écrit, après le passage cité ci-dessus : « Il s'agit bien d'un signal, mais ce signal fait partie et est dérivé du visage de la mère ; il est lié à la situation de nourriture, de protection et de sécurité » (4).

On peut donc dire que tout se passe donc comme si le signal, Gestalt mineure, n'avait acquis de valeur propre (ce qui est son critère de signal) qu'à cause de sa relation essentielle et nécessaire avec la Forme situationnelle, réellement vitale pour l'animal. Il y a certainement un critère de constance dans l'association entre le Signal et la Forme, critère qui est intelligible seulement par référence à une stabilité de l'univers écologique. Le signal permet aux analyseurs sensoriels de repérer rapidement et économiquement la présence de la Forme situationnelle exigée et pour ainsi dire « attendue ». Par là il est essentiel sur le plan de l'organisation des conduites animales.

Le monde de l'animal est un monde de formes et de signaux. Dans la mesure où les signaux sont aussi des Formes privilégiées, symptomatiques d'une Forme situationnelle plus globale, on peut conclure que *le monde écologique de l'animal est seulement un monde de Formes.*

Conséquence importante et jamais encore soulignée quoique toutes les observations de psychologie animale y conduisent : aucun animal ne percevrait jamais une situation dans son contenu singulier et pour ainsi dire individualisé (cette perception serait seulement possible pour la conscience humaine), il ne pourrait que percevoir des « genres », des Gestalten, et, en un certain sens, des abstractions. Je veux insister, par ce mot insolite à première vue, sur une réalité irreprésentable dans notre univers de perceptions humaines réfléchies.

Comment comprendre cet univers de formes? Reprenons quelques expériences bien établies. KOHLER (5) a dressé des singes et des poules à réagir à un gris clair et à ne pas réagir à un gris foncé. Évidemment toutes les précautions expérimentales étaient prises pour que cette différence de couleurs *pour nous* fût le seul critère utilisé. Le dressage fut considéré comme réussi lorsque les animaux ne commirent aucune erreur au cours de dix choix consécutifs. Mais en quoi consistait ce dressage du point de vue « psychologique »? GUILLAUME dit ici, après KOHLER et en rapportant à son tour l'expérience, que « l'on pouvait faire deux hypothèses : ou bien la teinte gris clair avait pris une valeur positive et la teinte gris foncé une valeur négative, chacune des réactions de l'animal répondant à une *qualité absolue* de l'excitant; ou bien l'animal réagissait à une certaine relation entre ces deux teintes, à un rapport de clartés, indépendamment des qualités absolues », c'est-à-dire indépendamment de ce que nous, nous percevons.

L'expérience pouvait décider entre ces deux hypothèses. Dans les épreuves critiques, au gris clair G_1 déjà utilisé, fut ajouté un gris encore plus clair G_0, complètement nouveau pour les animaux d'expérience. Si la première hypothèse était vraie, ils devaient continuer à réagir positivement au gris clair G_1 comme avant. Si la deuxième hypothèse était vraie, ils devaient « choisir » G_0 qui, bien que nouveau, était dans la couple des couleurs, « le plus clair des deux », et négliger G_1 qu'ils avaient jusqu'ici choisi pour la même raison.

La seconde hypothèse se vérifia. Dans 20 épreuves contre 2 et dans 19 épreuves contre 1, au cours de deux séries parallèles d'expériences, les animaux « choisirent » G_0.

Autre exemple encore plus instructif. Kohler dresse des singes à distinguer entre deux caisses dont les dimensions respectives sont de $9 \times 9 \times 12$ et $12 \times 12 \times 16$, et à choisir constamment la seconde. Dans les expériences dites « critiques », il leur propose le choix entre deux caisses de $12 \times 12 \times 16$ et de $15 \times 15 \times 20$. Le problème est analogue au problème de la différence des gris, mais il s'agit ici de volumes géométriques. Même lorsque les deux caisses sont toutes deux nouvelles pour lui, l'animal choisit « la plus grande », et non pas celle à laquelle on pouvait croire qu'il avait associé le choix précédent.

Il est vrai que Kohler, et Guillaume à sa suite, en concluent que *l'habitude* répondait donc au repérage d'une *forme transposable* indépendante des valeurs absolues des qualités qui avaient servi au dressage. Il nous semble que l'on peut aller plus loin et admettre qu'*au niveau de la perception animale*, ce n'est jamais la « qualité absolue » (c'est-à-dire la qualité sensorielle individualisée) qui est perçue, mais déjà une relation, c'est-à-dire une certaine structure. Si la même expérience échoue avec des sujets humains attentifs, c'est que la conscience humaine éclairée par *l'intelligence qui catégorise d'une autre façon*, rompt l'automatisme de la perception immédiate des Formes et le remplace par l'individuation du sensible actuel, ce que Guillaume appelle « la qualité absolue ». On sait aussi que dans certaines expériences de psychologie humaine — les fameuses illusions perceptives — on peut bloquer cette opération et faire resurgir, au niveau neuro-sensoriel, la prégnance des formes immédiates.

Comme le souligne très justement Guillaume, l'idée que la « qualité absolue » posséderait une sorte d'antériorité psychologique et générale, est une absurdité contredite par l'expérience. Il affirme avec raison que « de telles fonctions structurales sont très primitives, des remaniements ultérieurs pouvant y faire apparaître des qualités absolues et leur rapport ».

Mais on peut ajouter que plus on descend dans l'échelle animale, plus la perception se fait au niveau des formes, et de formes de plus en plus élémentaires, c'est-à-dire de plus en plus générales. Le processus mis en jeu au niveau biologique est comparable, dans sa dynamique propre, au processus logique de la catégorisation, mais la différence essentielle est que dans la catégorisation opérée par l'intelligence humaine, il y a une opération de conceptualisation qui est repérage de la structure essentielle propre de l'objet (du moins dans l'orientation de cette opération intellectuelle), alors que, dans cette sorte de « conceptualisation-catégorisation » *biologique* à l'œuvre dans la perception animale, c'est par rapport au « besoin » et donc à la structure de l'organisme que l'opération s'effectue, déterminant *un comportement* et non pas *une connaissance*.

Ceci permettrait de réinterpréter le pseudo-phénomène de généralisation, sur lequel tant de travaux ont été publiés.

On appelle *généralisation du signal,* une opération hypothétique par laquelle le sujet d'expérience, après plusieurs opérations, se montre capable d'étendre sa sensibilité à des stimuli du même genre que le stimulus provocateur.

Ainsi si on apprend à un chien à réagir au battement du métronome sur un rythme défini (par exemple : soixante battements par minute), on s'aperçoit ensuite qu'il réagit de la même façon à *tout* battement. On dit qu'il a « généralisé ». Si l'on tient à conserver la valeur de signal au rythme de 60 battements/minute, il faut alors forcer l'animal à une nouvelle discrimination par un nouveau conditionnement, en utilisant le processus cérébral connu sous le nom d'inhibition (on lui apprend à ne pas réagir pour les rythmes inférieurs ou supérieurs, compte tenu de ses limites propres de discrimination, et à ne réagir positivement qu'au seul rythme 60/minute).

En fait, il semble que ce qui se passe soit à la fois plus complexe et plus simple. Dans la masse des rapports ambiants, l'animal apprend à reconnaître une Forme. Sa discrimination est généralisante d'emblée parce qu'il ne perçoit que des *genres.*

Par inhibition, on croit lui faire isoler un type précis de battement de métronome, mais en fait on l'oblige à varier la Gestalt. Il fixe alors le rythme 60 par minute comme un genre nouveau. La preuve en est qu'après ce second conditionnement, il réagit très vite et sans apprentissage spécial à *une lumière* scintillant sur le rythme 60 par minute.

Les expériences sur le « second système de signalisation » prouvent la même loi, transposée au niveau du langage humain. On conditionne un sujet humain à deux mots (ex. tigre et rossignol), l'un des 2 mots étant régulièrement associé à un choc électrique, l'autre non. L'apprentissage étant fixé par la répétition, on prend les précautions d'usage pour mesurer la réaction émotionnelle au choc (par l'appareil de mesure du réflexe psychogalvanique, sensible à l'humidité réactionnelle de la paume de la main), et on fait passer des mots différents et variés. On constate que le sujet réagit involontairement à tous les mots appartenant au même ensemble générique. S'il a été conditionné à « tigre », il réagit positivement et sans autre préparation à « lion, léopard, panthère » etc...

Si tout d'un coup il reçoit de nouveaux chocs sur des mots qui sont étrangers à la catégorie « fauves », tels que « souris » et « vache », l'ensemble discriminé se réorganise à partir de cette information, et c'est la catégorie « animaux à poils » qui se dégage, différenciée de « animaux à plumes » et ainsi de suite.

Nous voilà loin du système atomistique S. R., cher aux behavioristes et à SKINNER, et même de la théorie de TOLMAN qui, tout en découvrant l'importance de la signification situationnelle, ne reconnaissait pas les structures et les Formes.

Soit dit déjà ici au passage, la généralisation *de la réponse*, bien mise en lumière par J. F. RICHARD (6), relève du même principe, en apportant en outre une preuve supplémentaire de la valeur essentiellement posturo-motrice des significations, ou plus exactement de l'existence d'une relation nécessaire entre les structures de significations et les structures du comportement.

Mais revenons encore au signal, et distinguons-le, le mieux possible, de la qualité sensorielle *isolée*. Un stimulus imposé comme « isolé », ainsi que l'a montré BUYTENDIJK (7) est au contraire toujours une surprise et son caractère insolite est un facteur de désorganisation du comportement. Lorsque au contraire, on évite l'insolite et si l'on préserve les catégories fondamentales de vie chez l'animal... par exemple : si, dans les expériences sur le rat, au lieu du labyrinthe et de ses portes marquées, on utilise un dispositif rappelant les valeurs écologiques et tenant compte de la structure sensori-motrice de l'animal (tel que le passage sur des lattes où l'obstacle est l'insécurité du support qui cède sous la patte exploratrice), on s'aperçoit que le rat devient capable d'apprendre des discriminations sensorielles artificielles comme choix des couleurs, ou droite-gauche, ou lisse-rugueux... Sur un parcours de lattes parallèles coupées en tronçons de couleurs alternantes, et dans lequel une des deux lattes cède sous la patte exploratrice (déclenchant le passage sur l'autre qui est stable), l'animal « apprend » à choisir toujours les tronçons de lattes peintes d'une certaine couleur plutôt que les autres, « *après un petit nombre d'expériences et même après une seule* » (7).

Cela prouve que lorsque l'expérience permet le repérage d'une Gestalt bien référée, par certains aspects, aux structures de l'organisme animal, à ses modes de vie ou d'action fondamentaux, celui-ci est capable de fixer la nouvelle Forme très vite et donc de « généraliser » si l'on peut dire, à la première expérience. « Le comportement se réorganise aussitôt, s'ajuste, sans choc et sans conflit » dit BUYTENDIJK.

Beaucoup de résultats prennent un sens de ce point de vue. Par exemple le phénomène de « résistance à l'extinction », si consciencieusement étudié, à partir des hypothèses traditionnelles, par TOLMAN, MILLER, WITHING et CHILD, SEARS, FESTINGER, BARCLAY MARTIN (8); il s'agit de l'observation du retard d'apprentissage lorsque le même comportement est tantôt puni, tantôt récompensé (ceci dans des limites évitant la situation de névrose expérimentale), phénomène comparé à la fixation infantile envers les parents instables dans leurs sanctions. On peut se demander en effet si, dans ce cas, il n'y a pas tout simplement *alerte prolongée à la différenciation*, c'est-à-dire prolongation et intensification de la quête anxieuse de l'information jusqu'à ce que soit trouvée (ou apparaisse) la Forme de l'expérience, faute de quoi le comportement ne peut pas s'organiser. Par construction, en effet, le stress Punition n'est pas suffisant pour déterminer le comportement négatif (évitement automatique), et la Récompense (nourriture ou sécurité), élément de même importance vitale, échappe aussi à son repérage structural situationnel. Il s'ensuit nécessairement que, dans le cadre du « vouloir-survivre », le système de différenciation est mis en alerte : le sujet ou l'animal cherche à différencier, ou, si l'on veut, à organiser le comportement adapté. Ceci, à un certain niveau de stress, « excite » sa vigilance. De là cet effet « dynamogénique » qui a troublé les chercheurs-observateurs.

On peut comprendre aussi comment les conditions de stress un peu plus contraignantes et sauvages, aboutissent à la désorganisation complète du comportement, c'est-à-dire à la névrose expérimentale (9). Deux facteurs paraissent fondamentaux dans la pathogénie de ces situations :

– ou bien le *trauma par surprise*, celui-ci pouvant consister en renversement brutal des significations, aussi bien qu'en surgissement brusque de significations nouvelles inintégrables ;

– ou bien le *conflit* entre des significations ambiguës, dans une situation incatégoriable.

Bien entendu la condition supérieure constante doit être le caractère de « sans-autre-issue-que-de-subir-la-situation », condition de captivité vitale dans la situation.

On voit en quoi consiste alors l'impossibilité d'organiser le comportement par suite de l'impossibilité de repérer la Forme, ainsi que les phases, bien connues depuis PAVLOV, de la désorganisation pathologique du comportement : effondrement des valeurs différentielles ou de la capacité de différenciation (phase d'égalisation), désorganisation de l'excitation (phases paradoxale, ultra-paradoxale), paralysie progressive par blocage (phase narcotique et phase d'inhibition complète).

On arrive, par ce chemin, à l'étude des limites d'intégration des structures, c'est-à-dire, dans le point de vue proposé ici, aux conditions expérientielles bloquant la perception de la Forme situationnelle (et donc de la Forme organisatrice du comportement), soit parce que l'expérience est au-dessus des capacités de renouvellement des catégories acquises, ou des capacités discriminatoires du système nerveux central, soit parce que l'on rend impossible la discrimination de la structure par télescopage de situations très structurées (par exemple : création d'une situation intermédiaire, ou renversement de signaux bien connus : ce qui était positif devient négatif et inversement), ou par déclenchement de systèmes réactionnels contradictoires (par exemple : supporter la brûlure pour manger, chez l'animal affamé).

Dans les conditions « normales », le repérage de la configuration de l'expérience, la reconnaissance de la forme de la situation, permet par ailleurs de mesurer les limites de ce qu'on appelle grossièrement *l'intelligence animale*, et de comparer les possibilités selon les espèces.

Exemples techniques : on essaie d'apprendre au rat à « reconnaître » la « bonne boîte » (celle qui contient l'aliment quand il est affamé) d'après sa position spatiale : par exemple « toujours-celle-du-milieu » parmi 5 boîtes, ou « toujours-celle-de-droite », ou « alternativement-celle-de-droite-et-celle-de-gauche ». Les animaux « supérieurs » y parviennent très bien. Le rat « le plus intelligent » ne peut arriver qu'à fixer « toujours vers la droite » ou « toujours vers la gauche ».

Dans un labyrinthe spécial, il n'arrive pas à distinguer « la seconde porte en partant de la gauche », alors qu'il apprend très bien à aller « toujours vers la dernière porte à gauche ». Dans les expériences de ATKINJ et DASHIELL, on veut apprendre au rat à aller vers « la-première-porte-qui-s'éclaire-dans-l'éclairage-successif-des-portes », la succession de l'éclairage pour les autres portes se faisant au hasard et seule une même porte étant éclairée la première. Le rat échoue toujours; d'autres animaux (le singe par exemple) repèrent le système.

Ainsi, à travers les problèmes expérimentaux posés par l'apprentissage, on remarque la capacité — ou les limites de la capacité — des animaux à *discerner la structure* des situations plus ou moins complexes dans lesquelles on les oblige à vivre pour survivre.

Ce qui est appris, ce qui doit vitalement être repéré par l'animal, c'est la structure situationnelle. Or, il est impossible d'admettre que ce repérage surgisse à la longue tout armé, après accumulation de perceptions; il se conduit dans le tâtonnement, et c'est cela que le système nerveux, dès la première expérience, analyse activement dans la perception même de l'information, en se portant vers cette information avec déjà des catégories actives à « essayer », catégories issues de la structure de la relation écologique organisme-milieu (ce qu'on a appelé ses instincts), ou de l'état actuel de tension de l'organisme par rapport à ce milieu (ce qu'on a appelé ses besoins), ou de ses acquisitions antérieures (ce qui est son apprentissage ou dressage).

« Il est extrêmement important dans les recherches sur l'apprentissage », écrit Jérôme S. BRUNER (10), « de comprendre systématiquement *qu'est-ce qu'un organisme a appris*... Il a appris un certain *schéma formel* qui peut être rempli par diverses informations et qui peut être utilisé pour organiser les informations nouvelles ».

Ainsi plusieurs principes peuvent être formulés :

1. L'organisme semble capable de percevoir la structure ou les structures possibles d'une situation vécue;

2. Il semble capable d'apprendre par discrimination probabiliste au cours des essais et erreurs, la structure formelle, et capable de la fixer, ceci dans les limites des possibilités discriminatives du système nerveux central;

3. Il semble capable de manipuler ces classes, catégories et *formes* comme des structures opératoires et dynamiques lui permettant d'élaborer l'information ultérieure.

Dans ces conditions, le fameux problème du *transfert de l'apprentissage* est facile à résoudre, et cela dans la perspective déjà découverte par les théoriciens de la Gestalt.

On appelle « transfert d'apprentissage » la facilitation de l'apprentissage d'une certaine activité par l'apprentissage antérieur d'une activité différente. Exemple : des rats qui ont « appris » la séquence formelle droite-gauche-droite-gauche, dans un labyrinthe, transfèrent facilement l'apprentissage dans le labyrinthe qui exige le même type de déplacement, mais « en miroir », gauche-droite-gauche-droite.

Dans l'apprentissage de l'écriture chez les enfants, il y a amélioration du rendement de la main droite par des exercices graphiques appris avec la pointe du pied retraçant les lettres sur le sol.

MUNN (11), après avoir différencié 3 sortes de transferts (transfert bilatéral ou croisé, transfert d'une activité à une activité similaire — telle la conduite d'automobiles différentes —, transfert à une activité différente par son contenu mais similaire par les méthodes ou les principes) conclut que, dans le dernier cas, la réussite du transfert est de 100 %. Qu'est-ce que ce « principe », dont le repérage *assure* le transfert? C'est encore la perception de la Forme, son intégration, sa reconnaissance dans la situation nouvelle qui le présente.

Même dans l'expérience citée par BRUNER sur les rats du labyrinthe, le transfert en miroir prouve que ce qui a été appris, c'est non pas une série de détours particuliers successifs, ni même la séquence D – G – D – G –, mais, de manière encore plus « abstraite », la Gestalt « alternance spatiale simple ».

La Forme qui représente ce *schématisme opératoire à contenus variables* est la structure des rapports abstraits entre les éléments de l'expérience. C'est l'intégration des éléments d'information à une structure de ce genre, servant de grille ou de catégorie dynamique pour l'appréhender, qui donne aux « éléments » une signification. Bien entendu au schématisme de la perception active ainsi compris, correspond consubstantiellement le schématisme affectivo-moteur de la réaction de l'organisme; et la formation d'un « pattern » nouveau affecte à la fois l'organisation des formes déjà existantes et l'acquisition des patterns ultérieurs.

II

Tout être vivant se trouvant, par la vie et pour survivre, engagé dans un environnement avec lequel il est en relation inévitable, dans lequel il doit puiser sa nourriture, se défendre, agir et réagir, est nécessairement contraint d'analyser « l'information spécifique » qu'il reçoit et qu'il recherche. *L'analyse de l'information* est l'opération cruciale et vitale sans laquelle il n'y a pas d'utilisation possible de l'information, c'est-à-dire pas d'information du tout.

La notion d'« information » nous est venue de la cybernétique. On appelle « information » en cybernétique toute « **action** physique » s'exerçant sur un récepteur capable d'en retenir la signification. De ce fait, la cybernétique est amenée à définir plus précisément :

a) le « support » de l'information (à quoi les cybernéticiens donnent le nom de « forme » dans le sens de « modalité », ce qui n'a rien à voir avec les Formes-Gestalten dont il est question dans cet ouvrage), qui est « ce qui véhicule » le sens. Cela peut être le langage, la mimique, un ensemble de signaux lumineux, etc. ;

b) la « sémantique » de l'information, terme emprunté à la linguistique et exprimant la structure de signification, ou si l'on veut, le « contenu significatif » de l'information, c'est-à-dire *son sens*;

c) l' « information » proprement dite, ensemble d'un support et d'une sémantique.

C'est évidemment la « sémantique » qui constitue l'essentiel d'une information. En effet si le même message est reçu par des voies différentes, avec des mots différents, dans des codes différents, il n'est précisément *le même* (malgré la diversité des supports qui la véhiculent ou la « convoient ») que parce que la sémantique est la même. Les informations ayant même sémantique sont dits « équivalentes ». Inversement « une phrase formée de mots ayant séparément un sens, et d'autre part structurée conformément aux lois de la grammaire, est cependant *dépourvue de signification* si elle ne peut recevoir aucune sémantique » (12). Ainsi il apparaît que seule la sémantique donne un sens à l'information.

Mais comment définir davantage cette « sémantique » qui est autre chose que les signes utilisés et cependant inaccessible sans eux ? COUFFIGNAL, rejoignant ici GREY WALTER, dit qu'il s'agit d'un « pattern produisant un effet psychique ». Dépassons cette pauvre conceptualisation du processus. Constatons que la sémantique est une structure de significations, sans laquelle l'information n'a aucune *valeur* d'information (donc n'existe pas comme information). Cette sémantique existe seulement pour le récepteur ou le chercheur de cette information. L'information est donc nécessairement « traitée » par le « récepteur » pour qu'il dégage la sémantique de son support. C'est au prix et au terme de cette *opération* que le sens de l'information est « reçu ». Il y a donc une activité opératoire (ou opérante) de la part du « récepteur ». Cette « réception » n'a rien de passif sinon le récepteur ne pourrait, au mieux, n'être qu'un agent virtuel de transmission ou de relais, mais jamais « informé ». Il n'y a d'information que pour un récepteur capable d'analyser l'information pour y repérer la sémantique, c'est-à-dire le pattern ou structure-de-sens-pour lui. Or, ceci ne peut se faire que si l'analyseur dispose d'un clavier de *modèles de sémantiques* possibles, et d'une sorte de capacité de différenciation, armée de critères de différenciation.

Les organes des sens de tout être vivant sont des récepteurs-prospecteurs de l'information. On les nomme, à juste titre, depuis PAVLOV, *des analyseurs externes*, et il paraît évident aujourd'hui que ces analyseurs sensoriels sont des instruments biologiques de réception ou de recherche d'informations, susceptibles de répondre à des besoins ou de dicter un comportement... ces deux expressions étant superposables.

Le mollusque marin *Buccinum undatum*, relate TINBERGEN, prélève ses échantillons du milieu ambiant en pointant son siphon et en aspirant un mince filet d'eau. Ce filet est dirigé sur des cellules chémoréceptrices et, de cette façon, le Buccinum peut, en prélevant successivement des échantillons provenant de différentes directions, *disséquer* son environnement chimique et percevoir la répartition de ces éléments chimiques dans l'espace.

On sait que le système analyseur des chauves-souris consiste après émission d'ultra-sons, à recueillir les « échos » éventuels, à la manière d'un radar, pour localiser les obstacles et évaluer leur distance. Le même système apparenté au radar a été retrouvé chez des poissons. Certaines espèces tropicales (Mormyrides et Gymarchides) qui évoluent dans l'obscurité totale ou dans des eaux troubles, possèdent des organes « électriques » qu'ils utilisent pour émettre autour d'eux d'une façon continue et sous faible voltage une sorte de champ électrique uniforme. Tout objet qui pénètre ou se déplace à l'intérieur de ce champ le modifie; des analyseurs discrimateurs spécialisés détectent ces altérations et « reconnaissent » la proie à la qualité de perturbation du champ.

BYKOV a montré, à partir d'expériences précises, que les analyseurs sensoriels de la langue humaine étaient capables d'analyser la composition chimique des aliments dans la bouche et ainsi se déterminent des compositions différentes *de la bile* pour organiser à l'avance la digestion de ces aliments.

N'importe quel appareil inventé par les hommes est construit sur le même principe fondamental. Un thermomètre, un baromètre, un compteur Geiger, un papier tournesol, un radar..., fonctionnent comme des analyseurs, et par là apportent à l'homme, qui les utilise, une information codée.

Cette information, on le voit, est recueillie ou cherchée par des analyseurs obéissant à des contraintes spécifiques de structure (le thermomètre ne peut donner les renseignements que donne le compteur Geiger, etc...) répondant à un besoin d'information dans un certain domaine (informations d'un certain *genre*) et dans le cadre de référence bio-écologique des relations non moins spécifiques entre l'organisme et son milieu.

Un rapport étroit, et bien connu aussi depuis Pavlov, existe entre ces analyseurs externes et l'état de l'organisme, analysé simultanément par des organes sensibles particuliers (les analyseurs internes) capables à chaque instant de « percevoir » l'état des constantes du milieu intérieur. Par exemple, des appareils baro-sensibles existent dans le corps humain, capables de « percevoir » l'état de la tension artérielle. Par des réflexes internes appropriés, des réactions organiques sont mises en jeu pour ramener la tension à la normale. Il en est de même pour la teneur du sang en gaz carbonique ou en sucre, pour la température du corps, etc...

La tension de déséquilibre sur un des facteurs nécessaires à l'équilibre intérieur humoral, détectée par les analyseurs internes, « oriente » les analyseurs externes vers la recherche des « éléments » du réel ambiant susceptible de corriger ce déséquilibre.

Un rat en état d'avitaminose (carence en vitamines) artificiellement provoquée, se montre capable de jeter son dévolu sur la nourriture contenant la vitamine qui lui fait vitalement défaut, et cela en « choisissant » parmi une gamme d'aliments. Si on enlève chirurgicalement à l'animal d'expérience ses capsules surrénales, ce qui a pour effet de faire baisser le sodium cellulaire et sanguin, la « sensibilité » du rat par rapport au sel s'intensifie; il recherche les aliments contenant du sel et en mange de plus grandes quantités que les rats du groupe témoin non opérés.

L'analyseur externe, disent les chercheurs de l'École de Moscou, est anatomiquement, physiologiquement (et structuralement) en relation avec l'analyseur interne. La structure globale de l'organisme animal, de même que la structure écologique de son *Umwelt*, sert de toile de fond constante à des variations relatives, selon les stades de développement et de maturation, selon les instants successifs corrélatifs de l'état de l'organisme évalué par les analyseurs internes. L'ancienne notion de besoin, de désir ou de pulsion est à réinterpréter comme la dénomination approximative globale d'un processus automatique en quatre phases :

1. Détection du déséquilibre ou de la tension d'écart par les analyseurs internes spécialisés, éveil du schème postural comportemental correspondant au satisfacteur;

2. Excitation accrue ou nouvelle de l'analyseur externe dans son balayage sensoriel de l'*Umwelt*, balayage « informé » par la catégorie transmise des analyseurs internes, laquelle fait partie du clavier spécifique;

3. Repérage de la catégorie dans l'*Umwelt*, parmi les informations codées au fur et à mesure (détection du signal correspondant),

4. Déclenchement du schème postural et comportemental en instance, et mouvements ou attitudes correspondants, dans la relation au genre satisfacteur.

Ainsi des « besoins » « s'allument et s'éteignent » subjectivement selon les moments du développement ou de la journée, modifiant l'Univers vécu dans lequel des signaux sont sélectionnés (pendant que d'autres sont non perçus), signifiant quelque chose par leur référence au système et déclenchant des types de comportement.

Entrons un peu plus avant dans les hypothèses de fonctionnement des analyseurs que sont les organes sensoriels spécialisés, autrement dit essayons d'entrer dans les secrets de la perception animale.

Tout semble indiquer que l'information est codée activement par les analyseurs. « Un système de codage », écrit Jérome S. BRUNER (13), « peut être défini comme un jeu de catégories non spécifiques, reliées et connectées de manière contingente : c'est la manière individuelle de grouper et de connecter l'information sur l'univers. Le système de codage est constamment sujet à changements et à réorganisation. Le système de codage décrit ici est une hypothèse opératoire. Il est inféré des expériences... Par exemple, dans l'expérience précédemment citée sur les rats, l'animal apprend à trouver son chemin à travers un labyrinthe (dans lequel la route de la nourriture exige la reconnaissance d'une séquence) en gauche-droite-gauche-droite. *Je cherche à découvrir comment est codé l'événement* (la situation vécue). Je transfère l'animal dans un labyrinthe en D.G.D.G. Il transfère ses « connaissances » avec une économie de temps très marquée. Je conclus qu'il a codé la situation précédente comme « alternance simple ». Mais je dois continuer l'expérience pour mettre à *l'épreuve la généralité du système de codage utilisé*. Est-ce alternance en général ou alternance positionnelle-spatiale ? Pour mettre cette idée en expérience, je présente à l'animal une situation dans laquelle le labyrinthe contient un parcours défini par les couleurs alternantes par paires blanc-noir, les directions spatiales étant nouvelles et fortuites (neutralisation de l'aspect « mouvements dans l'espace » de l'alternance précédente). Si l'animal réussit plus vite dans ce nouveau labyrinthe, on peut conclure que l'apprentissage était codé comme *alternance en général* et non comme alternance positionnelle-spatiale ».

Il semble donc bien que l'analyseur, en jeu dans la perception, opérant à partir de catégories disponibles ou en alerte, code les informations, c'est-à-dire « classe » les informations par genre, les organise selon les catégories, trie, sélectionne et discrimine l'information à l'aide d'une grille de catégories utiles. Les auteurs, en psychologie animale, parlent couramment de « capacité discriminative », de « différenciation cognitive ». Les analyseurs seraient donc des « analyseurs-discriminateurs-cognitifs ». Une activité de prospection est la leur, en fonction toujours de la structure organique-écologique, capable de percevoir des rapports significatifs abstraits dans leur réel, d'analyser le contenu du réel.

Rejetons au passage toute accusation d'anthropomorphisme : malgré le vocabulaire utilisé, qui porte les traces des exigences de la raison humaine, il faut admettre que l'homme est un être de la nature, voué aussi avec ses moyens actuels, comparables *mutatis mutandis* à ceux des autres espèces, à un univers source de l'information permanente dans lequel il reconnaît des significations pour lui.

Plus justifié, apparemment, serait l'argument selon lequel les analyseurs, internes et externes, opéreraient une *décomposition*. Cette conception suppose une image de l'univers où des éléments sont juxtaposés, l'organe analyseur effectuant une sélection. Mais dans ce cas, il resterait à accorder cette explication avec les phénomènes de reconnaissance de Gestalten, avec la notion de prégnance des formes et avec la sensibilité aux modifications de formes quand les éléments restent constants.

« Nous devons concevoir », écrit encore BRUNER, « que l'organisme est capable de ranger les choses dans des classes d'équivalence, capable d'apprendre la relation probabiliste entre des événements appartenant à des classes variées, et comme capable de manipuler ces classes ou catégories en utilisant un certain système formel de codage ».

C'est d'ailleurs aussi la technique que nous utilisons pédagogiquement. Lorsque nous entraînons un enfant de 6 ans à l'addition, nous essayons de lui faire fixer, coder, et mémoriser non pas les chiffres particuliers dont nous sommes obligés de nous servir, mais la « forme » de l'acte d'additionner, la structure opérationnelle de l'addition comme intention et acte. Ceci suppose qu'*à travers le concret informationnel utilisé, il est capable de saisir la Forme dynamique abstraite de l'opération.* L'objectif de l'instruction, écrivait WERTHEIMER dès 1945, est que l'enfant apprenne le code générique utilisable... Si nous ne faisons pas cela, nous dirons que l'enfant a appris de manière « mécanique » plutôt que par « compréhension » *(Insightful).*

Les réalisations cybernétiques d'animaux-robots sont construites selon ce même modèle : GREY WALTER (14) écrit à propos de ses robots : « Le système élaboré ici comprend deux principaux groupes d'opérations, l'un sélectif, l'autre constructif. Dans ce dernier groupe, le changement d'état provoqué par une série de coïncidences observées ne ressemble en aucune façon aux coïncidences elles-mêmes ; c'est un changement formel, symbolique, un signal de signaux. Lorsque plusieurs mécanismes semblables opèrent ensemble en parallèle ou en série, un nouvel aspect du processus constructif surgit : l'abstraction. Les multiples circuits d'apprentissage *extraient* réellement d'une sélection d'événements, les traits qui leur sont communs dans le temps et dans l'espace. En fait, *ils reconnaissent un pattern.* Dans un chapitre précédent, nous avons découvert que le pattern est difficile à définir, sauf comme quelque chose susceptible d'être mémorisé ».

Je ne peux m'empêcher d'évoquer ici le vieux texte de RIBOT (15) : « L'assimilation est la conscience des ressemblances, manifestation primordiale de la faculté de connaître que l'on constate même chez les animaux et les petits enfants, source originelle de l'abstraction et de la généralisation. Cette aptitude spontanée à saisir les ressemblances est un travail qui n'a rien à voir avec l'association * ». Encore faut-il préciser

---

* On appelait « association des idées » (ou des images) à l'époque de Ribot, un processus automatique ou automatisable par lequel un élément

que ce travail d'assimilation suppose aussi un travail de différenciation, et que le « travail » lui-même est en fait une sorte de calcul probabiliste : « le cerveau doit tranquillement, discrètement, incessamment, supputer les chances qui sont en faveur d'un événement ou d'une série d'événements en impliquant un autre » comme l'écrit GREY WALTER. Disons qu'à travers les tâtonnements, les hasards et les risques, le travail d'assimilation-différenciation consiste à chercher la forme stable et significative permettant de construire à la fois la connaissance et l'action.

L'analogie structurale des événements, des données de l'expérience successive, des situations vécues, est ce à quoi sont sensibles les organismes vivants, dans et par leur perception la plus élémentaire de leur *Umwelt*. Perception, intelligence, mémoire sont des « facultés » artificiellement séparées entre elles et artificiellement séparées des schèmes organisateurs du comportement. De même que la « généralisation du signal et de la réponse » (6) n'est que l'expression de la *perception immédiate de la forme générale* de l'événement ou de la situation, et de son lien organique avec les formes innées ou acquises du comportement... de même la notion de « transfert d'apprentissage » est une notion artificielle car, à proprement parler, *rien n'est transféré*. La Forme, Gestalt ou Pattern, analysée et fixée à travers le contenu de l'expérience, est mise en œuvre automatiquement pour coder et traiter les événements ou situations dont l'analogie est repérée en fonction du même système opératoire.

Apprendre, c'est construire et stabiliser une forme générale. Celle-ci construite, elle devient opératoire en faisant partie du nouveau système d'analyse de l'information

perceptif en évoque un autre lorsqu'il y a entre eux un rapport de contiguïté, de succession ou d'habitude.

et du nouveau clavier des schèmes comportementaux disponibles. Une même Forme s'impose à des contenus variés qui représentent, pour le sujet, une analogie de structure susceptible d'être reconnue. C'est sur ce principe que sont fondées les expériences pédagogiques nouvelles tant au niveau de l'éducation primaire (avec le Pr. DIENES) qu'au niveau des rééducations (16, 16 bis, 16 ter).

En psychologie animale (comme en psychologie humaine) beaucoup de faits qui ont été jusqu'ici rapportés au *transfert d'apprentissage* peuvent être considérés comme des cas d'application (aux événements ou aux situations qui se présentent) du système de codage appris.

Voici une amibe qui retire son pseudopode au contact fortuit de la goutte d'acide mise sur son chemin : une sensibilité élémentaire mais indispensable à la survie a codé l'événement comme « danger vital à fuir ».

Voici un cheval de manège qui fait un formidable écart désarçonnant son cavalier novice et partant au grand galop parce qu'il a soudain remarqué, dans sa prospection vigilante, un chapeau qui vient d'être placé par hasard au sommet d'un piquet, à deux pas de la piste familière. Que signifie *pour lui* cet ensemble perceptif que nous ne pouvons absolument pas nous représenter ? Quelque chose qui a déterminé la peur et la fuite, donc codé dans la catégorie « danger » du fait de son caractère inconnu et insolite.

Voici un enfant complètement désemparé devant la première soustraction où l'un des chiffres du bas est plus élevé que celui du haut. Son schème opératoire mémorisé ne reconnaît pas la structure habituelle et il n'a pas le schème de traitement, le code, la catégorie où ranger cette « forme de soustraction ». L'apprendre, c'est pouvoir ensuite la mettre en œuvre, quand une soustraction présentée sera perçue comme faisant partie de cette catégorie nouvelle dont l'émergence perfectionne et complique (en en étendant l'usage) le schème plus simple précédemment extrait des contenus de l'expérience scolaire. La meilleure instruction consisterait donc, à l'inverse, à lui faire d'abord découvrir le schème le plus général, l'ensemble le plus fondamental dont il faudra ensuite tirer les différenciations (16 bis, 16 ter).

Les études modernes sur la conceptualisation comme opération de la connaissance retrouvent les mêmes processus, avec cette différence que dans l'analyse de contenu réalisée par les analyseurs perceptifs de l'animal (qui sont aperception structurante, par l'action d'un mécanisme d'élaboration probabiliste), les formes reconnues, reconnaissables ou cherchées, n'existent que par référence à l'organisme de l'animal au moment considéré et à la vie de l'espèce.

III

L'étude de la perception humaine semble confirmer les hypothèses que la psychologie animale est amenée à proposer quant à l'existence et au fonctionnement d' « analyseurs de formes ». Ces analyseurs seraient capables de coder l'information selon une grille de catégories innées ou acquises et, par ce codage, capables de « catégorier » l'information.

Les conclusions de la psychologie animale rejoignent les principes constructeurs des robots de la cybernétique. Cependant jusqu'ici, on avait tendance à séparer en deux niveaux le phénomène *perception*. Au niveau purement sensoriel se situerait une « réception » des stimuli extérieurs, à un niveau « central » se situerait une « élaboration » des stimuli. On reconnaît là une sorte de résurgence de la vieille théorie (que la phénoménologie croyait avoir définitivement détruite) selon laquelle les significations sont le résultat d'une élaboration supérieure, interprétant, mémorisant, comprenant, objectivant, les données sensorielles.

Il faut non seulement admettre, sous la pression des expériences, que l' « organisme joue un rôle actif dans l'élaboration des stimuli », et que « l'excitation n'est jamais l'enregistrement passif d'une action extérieure, puisqu'elle est une élaboration de ces influences par les normes de l'organique » (17), mais aussi qu'il n'y a pas d'élaboration *séparée de la perception*, celle-ci étant l'activité même des analyseurs externes et internes, catégoriant l'information.

« Sans doute » écrivait MERLEAU-PONTY, « les récepteurs sont-ils aptes — eux-mêmes ou leur projection centrale — à enregistrer *les propriétés de forme* des stimuli qui beaucoup plus que le lieu et la nature de l'excitant, décideraient de la réaction ».

C'est cette hypothèse qui se confirme, et l'on comprend mal la difficulté des chercheurs à aller jusqu'au bout des conséquences de cette idée. L'obstacle vient, nous le verrons, du caractère *strictement inconscient* de ce mécanisme dans la perception *humaine*, et de ce que les psychologues considèrent trop exclusivement les propriétés spécifiques de la conscience humaine, uniques dans l'évolution, à savoir la perception du présent et du « contenu qualitatif du présent » comme tel, du présent « individualisé » à la fois dans le déroulement du temps et dans la subjectivité d'un Moi.

Revenons à l'hypothèse prudente de Merleau-Ponty et conduisons-la jusqu'au bout : *les analyseurs* (anciennement nommés organes des sens ou récepteurs) *sont aptes à détecter et à enregistrer les propriétés de forme de l'information cherchée ou reçue ; ce sont ces formes qui décideraient de la réaction.*

Ceci expliquerait déjà que les réflexes typiques soient en nombre limité, car le « contenu » des excitations peut varier

sans que la réponse varie elle-même lorsque leur « forme »,
leur structure (leur genre-par-rapport-aux-catégories-de-
l'organisme) est la même. On a trouvé que, sur l'oreille du
chat par exemple, il n'y avait d'agissant que 5 genres d'excitations, correspondant à 5 réponses-réflexes différentes.
Tout organisme procède de manière analogue à tous les
niveaux de son adaptation (le niveau « instincts et réflexes »
correspondant à la structuration biologique spécifique des
relations organisme-milieu). Tout organisme possède, dans
son intentionnalité de vivant, c'est-à-dire dans sa relation
biologique avec le milieu, des « analyseurs de structure des
informations » par l'action desquels les stimuli ont *un sens*
pour l'organisme si élémentaire soit-il. C'est cela que
SHERRINGTON constatait et nommait « la valeur biologique
du stimulus ». C'est pour cela que le *stimulus adéquat* ne peut
se définir en soi et indépendamment de l'organisme. Il n'est
pas, en effet, une réalité physique, mais une réalité vécue.
« L'excitation de l'organisme est déjà une réponse », selon
la formule de MERLEAU-PONTY (17bis), parce qu'elle est une
catégorisation active et en même temps une esquisse du genre
de réaction. Par là doit être dépassée l'hypothèse purement
physique de la Gestalt-théorie dans sa formulation historique
première, qui réduisait les récepteurs à être des enregistreurs
passifs.

WERTHEIMER, dans la deuxième de ses *Untersuchungen zur
Lehre von der Gestalt*, donnait d'abord une définition objec-
tiviste des divers facteurs facilitant la structuration des
données perceptives : pour la plus grande partie, ces facteurs
(tels que la proximité, la ressemblance, la continuité de
direction, la clôture, la symétrie, la régularité, etc.) sont
donnés par des caractéristiques d'ordre phénoménal, c'est-
à-dire par des propriétés objectives, physiques, de configuration et de structuration (fig. 11). Mais WERTHEIMER

EXEMPLES DE STRUCTURES DE CORRÉLATION

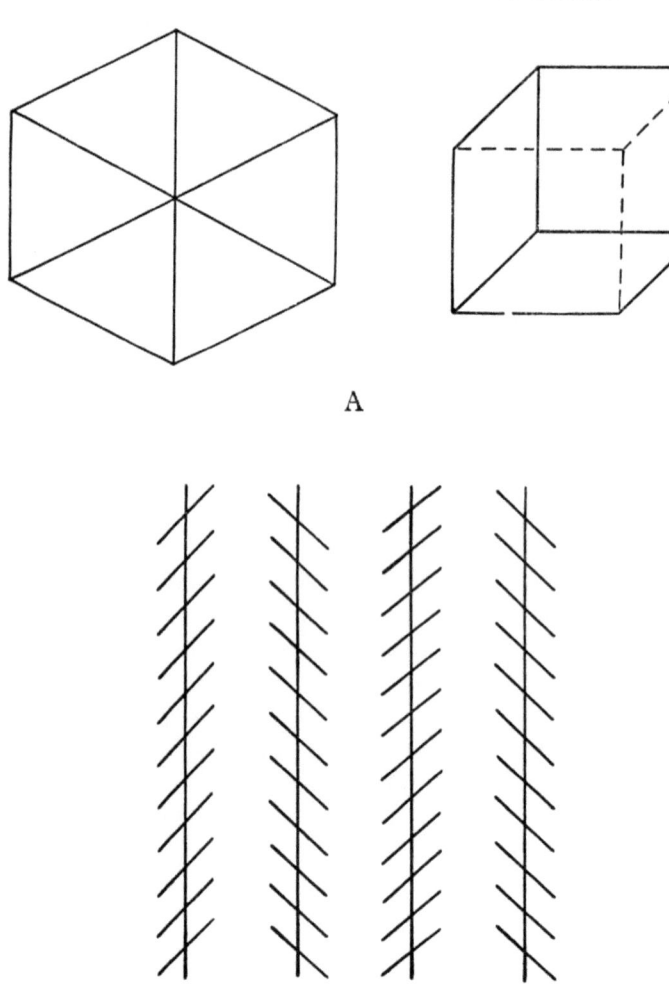

A

B

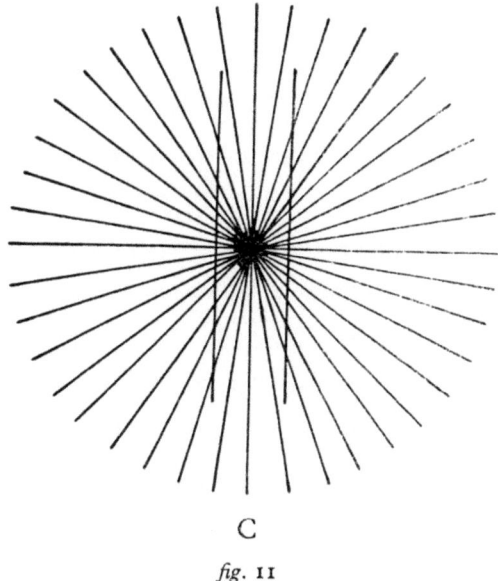

C

fig. 11

A. Deux cubes. La Gestalt « hexagone régulier » domine dans la figure de gauche.
B. Illusion perceptive. Les lignes verticales sont, par construction, parallèles.
C. Illusion perceptive. Les lignes verticales sont, par construction, parallèles.
L'organisation du champ perceptif est structuration active dès le niveau apparemment le plus caractérisé par une réception passive.

évoquait aussi un autre facteur, *Faktor der Erfahrung,* facteur représentant l'expérience : « toutes choses égales par ailleurs, écrit-il, des structures qui sont *habituelles* dans notre expérience s'organisent dans le champ perceptif plus facilement et mieux que d'autres ». KOHLER, lui, parle de « champ », annonçant par là LEWIN, mais il ne fait mention que de structuration physique, de segmentation naturelle. Or, il est évident, si l'on veut bien mettre entre parenthèses les a priori métaphysiques, que c'est le sujet lui-même qui est l'agent de structuration du champ, ou plus exactement de son champ vécu.

« C'est l'activité de notre perception qui structure le champ, ceci en fonction de tendances, dont la première est la tendance à l'identité comme constante perceptive engendrant la stabilité des formes » écrit MUSATTI (18). On pourrait dire que l'identification active des formes, la discrimination catégoriale des informations, est une « tendance première » ou plus exactement l'opération fondamentale des analyseurs, correspondant non seulement à la stabilité de l'adaptation au milieu, mais pour cela et grâce à cela, à une *économie biologique*. Qu'il y ait des formes réelles extérieures, cela ne semble pas niable car sans cela l'effort d'adaptation serait impossible. Mais dans ce monde de formes, chaque être découpe ses ensembles significatifs en fonction de ses catégories spécifiques ou individuelles, et par là s'effectue et se stabilise une organisation économique de l'existence.

Restituée dans son contexte réaliste d'activité prospective de reconnaissance, la perception exprime l'effort permanent de repérage de la structure du vécu, sans lequel la survie (la réaction adaptée) n'est pas possible une seule minute. Par un processus de feed-back permanent, les catégories probabilistes utilisées s'ajustent dans la stabilisation d'un système formel de situations-comportements.

Les très nombreuses lois de la perception, actuellement découvertes, reflètent et codifient les modalités variées de cet effort de discrimination utile. Donnons-en plusieurs échantillons au hasard.

Dans les expériences de GOTTSCHALDT, il est démontré que la connaissance d'un objet distinct comme forme séparée ne peut pas tenir lorsque cet objet ou cette forme est intégré dans un contexte tel qu'une segmentation nouvelle de l'image perceptive est produite. La technique militaire et animale du camouflage en est la preuve. Gottschaldt apprend à des sujets humains à reconnaître une forme isolée, puis il « déguise » cette forme en la noyant dans un ensemble organisé structuralement de manière originale et différente. Si le « déguisement » est valable, l'ancienne forme n'est jamais reconnue (alors qu'elle est sous les yeux du sujet), et cela quelle que soit la dimension de l'habitude acquise. Ceci prouve que la perception découpe ses formes selon les prégnances du champ perceptif. Mais si on prévient le sujet de la présence, dans le champ, d'une forme antérieurement isolée, alors une « attente spécifique » est créée qui contre-balance la prégnance du camouflage. Cette attente active informée « retrouve » dans le réel la forme isolable. C'est le principe des « devinettes en images » qui ont amusé notre enfance. Lorsque nous portons ainsi dans la prospection d'une image-devinette notre attention informée par une catégorie formelle préalablement alertée, nous devons et nous pouvons isoler tout ensemble susceptible de « répondre » à cette quête orientée. De là les expériences de « résistance au changement » du réel quand l'attente ou la recherche d'une forme est très active (cf. fig. 12 et 13).

De même, dans certains systèmes affectifs, nous verrons que des thèmes mobilisés en permanence comme catégories actives de la perception, sont capables de « reconnaître » leurs structures dans l'information provenant de l'environ-nement, pour peu que la structure offerte s'y prête. En cas d'activation extrême, *ces mêmes formes peuvent thématiser n'importe quel réel donné* et le sujet croit percevoir (ou plus exactement perçoit avec une impression de certitude intime d'objectivité) ce qu'il attend (espère ou redoute).

On a établi aussi que l'expérience humaine de la douleur et de l'échec provoquait un changement net dans l'activité perceptive des analyseurs des structures du donné situationnel. Ce changement semble organisé lui-même par la fonction de protection et de prospection adaptatives qui est l'intentionnalité obscure et biologique de toute perception.

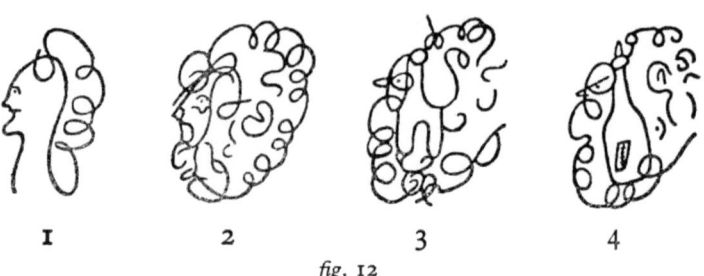

I   2   3   4

fig. 12

Selon que le sujet voit ces 4 images successivement de 1 à 4 ou de 4 à 1 l'image du visage ou celle de la bouteille persistent plus longtemps sur la 2ᵉ et la 3ᵉ image.

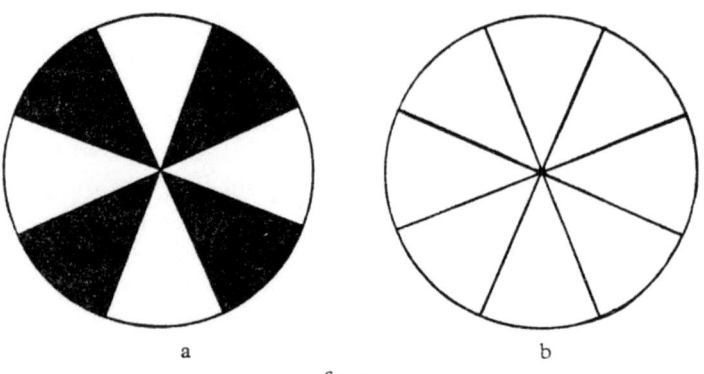

a   b

fig. 13

La coloration en *a* crée un phénomène de « figure-fond » qui n'est pas perçu en *b*.

fig. 13 B

Illustration classique de figure-fond : coupe ou deux profils ?

On constate expérimentalement que la douleur relativement modérée accélère la perception ultérieure en alertant les analyseurs vers une structure particulière, spécialement lorsque les conditions de l'expérience permettent au sujet d'éviter ou d'atténuer le choc en percevant rapidement. La douleur plus sévère, ou le choc qui ne peuvent être ni anticipés ni évités, provoquent une perturbation de la perception, comme si le sujet était freiné par la peur.

Reprenant les expériences de BRUNER et POSTMAN, VERNON (19) définit, de ce point de vue, deux types de sujets : les « sensibilisés perceptuels » qui perçoivent plus vite, et les « défensifs perceptuels » qui perçoivent plus lentement. Aux différences « objectives » de l'intensité du choc ou de la douleur s'ajoutent en effet des différences individuelles de « seuil » du douloureux par l'effet duquel les sujets passent plus ou moins vite de l'alerte discriminatoire accélérante, à la défensive inhibante.

L'échec a des effets également curieux : POSTMAN et BROWN (20), dans une expérience déjà ancienne (1952) ont montré que la catégorie même de succès ou d'échec était mobilisée après des succès ou des échecs vécus. Ils mettent leurs sujets humains dans une situation de tension par rapport à une tâche valorisée, en leur demandant d'estimer à l'avance leur performance. Puis on divise ensuite (après les épreuves) les sujets en deux groupes : ceux qui ont sous-estimé la difficulté et ceux qui ont réussi. On présente alors aux deux groupes, des *mots* au tachistoscope *. Cette liste comporte des mots relatifs au succès (tels que *réussite, excellence, gagner, parfait*), des mots relatifs à l'échec (tels que *échec, difficulté, perdant, incapable*) et des mots neutres. Les sujets perçoivent plus vite au tachistoscope les mots correspondant à l'appréciation de leurs résultats. Si on remplace le tachistoscope par une épreuve de mémoire de mots divers, on constate que les mêmes sujets retiennent d'abord les mots du genre de leurs résultats.

Dans cette expérience, le tachistoscope était réglé pour que la vitesse de passage de chaque mot soit de l'ordre de la lisibilité rapide. L'expérience se corse quand on fait passer les stimuli à une vitesse telle que la lisibilité attentive est rendue impossible, comme dans les recherches de LAZARUS et Mc CLEARY (21) :

On conditionne par choc électrique les sujets humains à certaines syllabes *sans signification*, d'autres syllabes sont apprises sans choc. Puis on présente au tachistoscope, réglé *en deçà du seuil de lisibilité*, les deux listes mêlées, les sujets ayant les mains prises dans l'appareil psychogalvanique **

---

* Appareil de projection d'images sur un écran, permettant de régler le temps de projection en « descendant » jusqu'à 1/1000e de seconde. Quand l'image « passe » trop vite, le sujet humain opère une sélection et une distorsion dont on étudie les lois.

** Appareil permettant de constater et de mesurer la réaction physique émotionnelle de peur du choc électrique qui a servi au conditionnement. L'humidité des paumes est en effet la réaction organique et l'appareil enregistre l'accroissement de conductibilité de la peau.

pour mesurer la réponse émotionnelle. On constate qu'une réponse psychogalvanique est donnée au passage des syllabes ayant fait l'objet du conditionnement.

Il apparaît donc qu'il y a, pour l'existence humaine, une possibilité de différenciation des données *antérieure à la perception consciente*; une activité d'analyse de contenu se joue au niveau non conscient et semble être suffisante pour distribuer les données entre deux catégories « danger-non-danger ». Les syllabes sans signification (par rapport au langage) avaient ainsi pris une signification par et dans leur appartenance à l'une ou l'autre de ces catégories, par suite du codage opéré par l'analyseur au moment du conditionnement.

Nous reparlerons ci-dessous de ces expériences sur *le niveau précognitif de la perception* qui ont, depuis 10 ans, contribué puissamment à l'étude de la personnalité profonde.

Outre la douleur et l'échec, des recherches ont été entreprises pour évaluer l'influence des besoins sur la perception humaine, et des résultats tout à fait comparables à ceux de la psychologie animale ont été énoncés, en ce qui concerne la dynamique opératoire de catégories ou codes inconscients.

Dans certaines expériences (22), les images variées comportant plusieurs objets familiers et, parmi d'autres, de la nourriture, étaient montrées à divers intervalles après le dernier repas. On constate que le nombre d'objets en relation avec la nourriture augmente à partir du délai de 6 heures après le dernier repas, puis décroît ensuite pendant qu'augmente l'absence de réponse. Si l'on projette (23), parmi d'autres mots, des mots relatifs à la nourriture et à la boisson devant des sujets privés de manger et de boire pendant des laps de temps variables, on note un abaissement du temps

nécessaire à la perception quand le laps de temps dépasse
10 heures, puis un allongement si le temps dépasse 24 heures
pour aboutir à une apathie et à un mutisme réactionnels.

L'interaction semble complexe entre d'une part le
« besoin » ou l'attente, et d'autre part la perception active.
*La perception est d'autant plus orientée que la satisfaction du
besoin est non seulement plus pressante mais également actuellement plus probable.*

On a essayé aussi le conditionnement à des « thèmes » non
formulés mais justifiant le choix des « contenus », ici des
mots à première vue divers. On a constaté que le thème lui-
même était repéré à un niveau non conscient, au point que,
dans des épreuves ultérieures de phrases à compléter ou de
mots lacunaires, le thème ainsi appris était mobilisé et
utilisé (24).

Si les thèmes en question sont des leitmotive affectifs de
la personnalité, l'expérience réussit encore mieux.

Par exemple, on fait (25) répondre les sujets à un question-
naire de Valeurs et ils expriment leur hiérarchie personnelle
des valeurs (esthétiques, religieuses, sociales, sentimentales)
ou leurs intérêts (scientifiques, philosophiques, masculins-
féminins, manuels-intellectuels, etc.). Ils sont mis ensuite
dans une expérience au tachistoscope avec séries de mots
dont certains font partie des ensembles repérés. La preuve
est donnée qu'ils perçoivent plus vite les mots relatifs à leurs
propres valeurs.

On a objecté (SOLOMON et HOWES) que la plus grande
rapidité perceptuelle venait de ce que ces mots, de par la
construction même de l'expérience, étaient les plus familiers.
Mais la *familiarité* de certains mots, de même que *la fréquence*
de certains mots dans le langage habituel, sont significatifs,
à l'insu du sujet, des thèmes qui sont les siens, des catégories

qu'il utilise pour discriminer et distribuer l'information ou l'expression.

On s'achemine ainsi tout naturellement vers l'hypothèse que les *attitudes* d'un sujet envers la vie ou envers les autres, ont un lien nécessaire et étroit non seulement avec les classes de sentiments, d'opinions, de croyances correspondantes, ou autrement dit avec les constantes affectives de la relation éprouvée et agie, mais aussi avec les catégories inconscientes *de la perception*, avec le système a priori de codage mis en jeu par ses analyseurs de l'information.

Au niveau des relations sociales, il apparaît que ceux que nous aimons et ceux que nous n'aimons pas ne sont pas perçus de la même façon ★ :

On a pu expérimentalement constater l'hyper-accentuation chez les adversaires d'un groupe ethnique (anti-juifs, anti-noirs, anti-arabes, anti-français, etc.), de la perception de détails-signaux stéréotypés (physionomie, forme du nez, volume des lèvres, type de peau, etc...). Les différences interethniques entre le groupe d'appartenance et le groupe haï sont accentuées au niveau de la perception, alors que les différences interindividuelles dans le groupe haï sont mini-misées (« on ne peut pas ne pas *les* reconnaître ! », « ils sont tous pareils », « ils se ressemblent tous » etc...). Inversement la perception des personnes d'un groupe aimé se trouve plus différenciée, c'est-à-dire que les différences individuelles sont remarquées spontanément.

★ VERNON (19) dans son livre de 1965 se pose encore la vieille question de savoir s'il n'y aurait pas là un « jugement » plutôt que la perception elle-même. Décidément, les idées de TAINE sont vivaces, autant que la définition de la perception comme réception passive d'un donné extérieur. Dans la théorie traditionnelle, l'action des analyseurs ne peut être comprise que sous l'aspect de l'intervention d'un jugement, seul concept classique capable d'exprimer un acte et une opération catégoriale.

L'influence du groupe peut aussi se jouer sous la forme de la suggestion pure et simple, bien différente de l'action des attitudes sociales et des stéréotypes. L'expérience classique du « mouvement auto-cinétique » est démonstrative du phénomène : il s'agit de la perception illusoire du mouvement d'un point lumineux immobile dans une chambre noire. Si on demande à un groupe enfermé dans la chambre noire quelle est l'importance et la direction du mouvement du point lumineux visible à distance, les réponses sont positives (le point est perçu comme se déplaçant dans une certaine direction) et très voisines d'un répondant à l'autre. Les réponses diffèrent considérablement quand on interroge les sujets en les faisant passer un par un dans la chambre noire.

Les différences de la perception selon les cultures ont aussi été très étudiées. Pour ne citer qu'un exemple, on a fait la preuve que des groupes non européens et non acculturés (populations de noirs, bantous, et indiens) ne pouvaient percevoir des dessins construits avec des critères traditionnels européens, et interprétaient les images sur un seul plan (26). Inversement nos catégories habituelles structurant la perception en perspective peuvent être mises en jeu par des expériences de truquage, véritables leurres de notre connaissance, comme l'a montré l'école américaine transactionnaliste avec KILPATRICK et ses collaborateurs, et, en France, Jean BEUCHET (Laboratoire de Psychologie, Rennes). La « volonté » est impuissante, tout comme le jugement, à « rectifier » la perception (cf. fig. 14 et 14bis).

Restait à étudier l'action des constantes d'attitudes affectives personnelles, que la psychologie classique confondait avec les « tendances » et les « motivations ». On constata que les sujets dont on avait par ailleurs diagnostiqué (par des tests projectifs) l'agressivité, par exemple, étaient plus prompts à percevoir les images montrant des actions

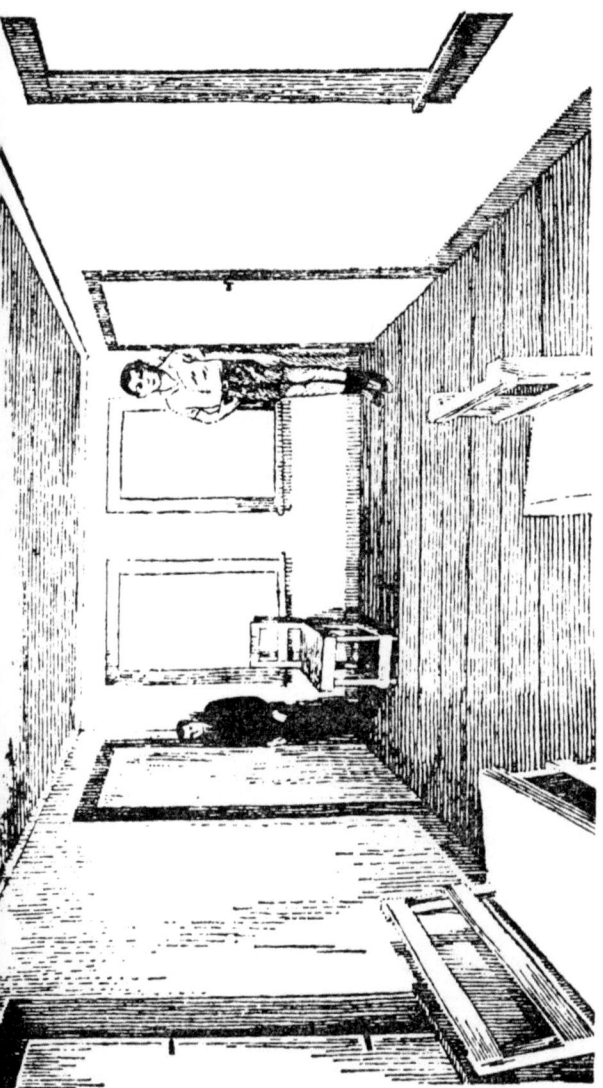

fig. 14

Gravure représentant la « chambre déformée » de AMES. L'enfant de droite paraît un géant, à quelques pas de l'adulte de gauche. Ceci vient de ce que la perception est incapable de restituer la forme réelle du cadre dans lequel (et par rapport auquel) sont situés les personnages.

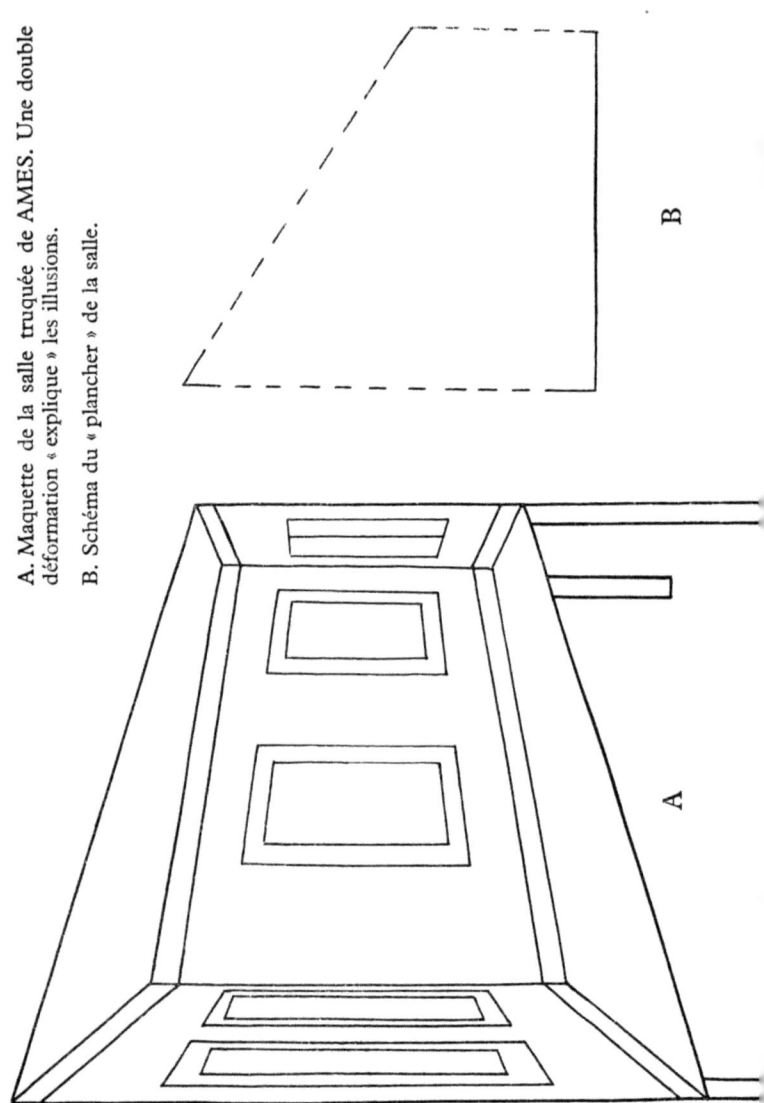

A. Maquette de la salle truquée de AMES. Une double déformation « explique » les illusions.

B. Schéma du « plancher » de la salle.

agressives, que ceux à agressivité plus faible ou nulle (27).
De même, les sujets à forte ambition personnelle perçoivent
les mots exprimant ce thème à une vitesse du tachistoscope
moindre que les autres.

Des sujets atteints d'anxiété, mis dans une situation
d'insécurité (croyant que des visages vus de face défilant
derrière une lucarne, étaient ceux de personnes ayant à faire
une évaluation de leur personnalité, évaluation comptant
pour un examen) percevaient, dans le défilé des visages,
davantage de « visages hostiles » que les autres sujets.

De toutes ces expériences, VERNON conclut que « le
matériel perceptuel en rapport avec les motivations personnelles est perçu plus aisément et plus rapidement que le
matériel perceptuel sans rapport, toutes choses étant égales
par ailleurs ». Il faut modifier cette formule qui tendrait à
distinguer un « matériel perceptuel », d'une part, et « des
motivations », d'autre part, n'attribuant à la conscience
percevante qu'un pouvoir de sélection. Les « motivations »
ne sont pas autre chose que *les catégories armant la perception
prospective, structurant ou déchiffrant l'information d'une
manière active* pouvant aller jusqu'à sa « déformation » par
l'opération même du codage organisateur des données offertes.

Les psychologues reconnaîtront ici le principe des
techniques dites « projectives » (28), et c'est par la méthode
de l'ambiguïté des stimuli (Rorschach, T. A. T.) que l'on a
d'abord essayé de diagnostiquer les structures latentes de
l'affectivité à travers la perception. Depuis une dizaine
d'années, un autre genre de recherches a permis d'aller plus
loin. En particulier les psychologues américains formant le
groupe du « new look » (29) ont utilisé le tachistoscope en
employant des stimuli à intensité réduite. Ils ont pu formuler
des notions importantes sur les « styles » de la personnalité,
caractérisant l'individu à travers une diversité de situations

perceptives. On s'aperçoit alors qu'*il existe des stades perceptuels précédant le stade final de la reconnaissance correcte*, autrement dit qu'il existe des niveaux pré-cognitifs non conscients, qui sont des voies d'approche privilégiées des dynamiques de la personnalité. Une fois de plus, l'expérience prouve qu' « on ne peut plus considérer la perception comme une simple empreinte de l'objet sur un organe sensoriel passif », et que, par contre, les attitudes affectives fondamentales, constantes, le style de la personnalité profonde, sont en corrélation étroite avec les structures pré-perceptives, au point que celles-ci sont celles-là.

Les structures de l'affectivité, comme formes a priori de la perception au niveau pré-cognitif, et comme obstacles à l'objectivité de la connaissance, sont, en tant que telles, *donatrices de significations vécues*, et en même temps sont les déterminants des conduites réactionnelles ou complémentaires.

Ainsi des analyseurs de structures de significations fonctionnent dans la perception et utilisent un système de codage qui varie selon les individus, et qui, au niveau affectif, expriment ou signifient à leur tour les dynamiques profondes de la personnalité.

Du point de vue purement perceptuel, ces analyseurs matriciels sont indispensables à la reconnaissance des formes, à la catégorisation de l'information, et si leur fonctionnement est perturbé, des phénomènes curieux se produisent. C'est peut-être par là que pourraient s'expliquer les troubles connus sous le nom d'*aphasies*, d'*apraxies*, généralement rangés dans la classe plus vaste des *agnosies*. Dans l'aphasie, le malade ne comprend plus les mots, ne peut plus nommer les objets qu'il décrit détail par détail, ne peut articuler le langage, il ne peut mettre en œuvre l'organisation des mouvements de prononciation. Dans certains cas, la structure de la phrase comme modulation et comme construction grammaticale lui échappe parce qu'échappe la maîtrise des systèmes de relations entre les mots. Dans d'autres symptômes encore, c'est « la pensée » elle-même qui semble échapper. Le malade ne peut organiser la réponse à une question ni résumer un récit.

Dans les apraxies, ce sont les schèmes régulateurs de mouvements signifiants qui sont devenus impraticables, et, dans les *agnosies*, « l'intelligence du sens », la « signification des ensembles », des postures du corps, des attitudes, des relations de sens, « le symbolisme »... sont perdus.

Tout semble prouver que l'atteinte « des analyseurs » ne doit pas être recherchée au niveau sensoriel proprement dit, mais au niveau de ce que leur nom désigne vraiment, c'est-à-dire l'analyse des structures de sens et la disponibilité du codage discriminatif. La perception a perdu ses codes immanents.

Déjà GOLDSTEIN et GELB (30), retrouvant des notions de HEAD et d'autres, étaient amenés à penser à une perte de « l'activité catégoriale », et ils ont insisté sur *l'acte catégorial dans ses relations avec l'attitude.* Comme l'a bien dit aussi MERLEAU-PONTY, ce ne sont pas des concepts qui sont perdus mais « les prises de position du sujet dans le monde de ses significations ». Mais tout semble indiquer que la perte de ces prises exprime le dysfonctionnement ou la destruction des analyseurs de structure dont nous avons montré l'action.

IV

Si les analyseurs neuro-perceptifs sont ainsi aptes à coder le contenu de l'information, pourquoi ne pas faire un parallèle entre *l'analyse de contenu* telle qu'elle est utilisée comme méthode de dépouillement de l'information en psychologie sociale, et les processus biologiques qui opèrent de façon analogique à un niveau préperceptif. On appelle « analyse de contenu » en psychologie sociale un ensemble de méthodes cherchant systématiquement à trouver et à catégorier le sens d'une information quelconque (données extérieures, journal, livre, discours, etc.).

Le parallèle paraît hasardeux et court le risque de l'anthropomorphisme, mais on est en droit aussi de penser que la méthode psychosociale est le perfectionnement intellectuel et objectif d'un processus naturel. On pourrait même attendre d'une comparaison de ce genre, une clarification des deux termes, la compréhension plus exacte de chacun aidant à la compréhension de l'autre.

Bien plus, nous aurons l'occasion de prouver que la psychothérapie et les entretiens dits de compréhension doivent nécessairement procéder, pour assurer la pénétration dans l'univers subjectif du malade ou du client et en préciser les structures ou les axiomes, à une authentique analyse de contenu de l'expression spontanée du sujet dans son effort pour formuler ce qu'il éprouve.

Il me paraît nécessaire, pour mettre un peu d'ordre dans les multiples directions d'où jaillit le sens, de distinguer des niveaux articulés entre eux.

Si l'on réfléchit sur la méthode classique d'analyse de contenu en psychologie sociale (31), on s'aperçoit qu'elle implique la détermination méthodique de *catégories* avec lesquelles et dans lesquelles doivent être classés les « éléments » de l'information. La détermination des catégories se fait au cours d'un va-et-vient constant entre des catégories hypothétiques faisant partie d'une systématisation a priori, et l'information elle-même qui véhicule un sens dans la mesure où elle a une sémantique ou des structures de significations

TABLEAU A

Définition des niveaux de sens

SENS DES SIGNES EUX-MÊMES	Éléments représentatifs d'un ensemble d'objets, d'un ensemble conceptuel, évocateurs d'un domaine sémantique par rapport auquel ils ont ou peuvent avoir un sens.	• Font l'objet d'un inventaire possible. • Constituent le lexique, le répertoire de toute opération.
SENS PAR RAPPORT A UN CONTEXTE	Sens proprement dit, surgissant du système actuel des rapports introduits (ou au contraire remarqués) dans une séquence ou un ensemble de signes. Sens relatif dans un tout organisé.	• Sens « horizontal ». • Objet direct de la prospection probabiliste. • Structure de type corrélatif donnant le sens.
SENS PAR RAPPORT AUX STRUCTURES DE SIGNIFICATION DU SUJET	Sens « latent » du contenu actuel ou du donné actuel. Se réfère à des structures latentes. Renvoie à la connaissance de ces structures. Exprime le sujet lui-même.	• Sens « vertical ». • Symboles. • Structuration préalable ou constante, de la conscience dans son opération précédente. • Non-conscient par suite de l'orientation spontanée de la conscience vers l'extérieur ou vers ses propres contenus.
STRUCTURES SIGNIFIANTES • INCONSCIENT	Structures structurantes qui déterminent le sens précédent. Constitutives du sujet lui-même ou de l'organisme comme réalité écologique et historique.	• Patterns organisateurs du sens vertical. • Découverts par l'analyse structurale du sens latent, des formes du contenu actuel.

TABLEAU B

Comparaison des niveaux de sens selon des secteurs différents

	Psycho-Physique Gestalten perceptives	Intellection du donné perceptif	Science	Personnalité profonde	Analyse de contenu
SIGNES	Éléments objectifs sensoriels	Mots avec leur domaine sémantique respectif, ou signes, ou concepts	Symboles scientifiques	Événements objectifs ou éprouvés comme tels	Recherche des mots. Statistique de vocabulaire.
SENS PAR RAPPORT A UN CONTEXTE	Gestalt perceptuelle comme structure de corrélation globalement perçue	Contexte proprement dit, comme donné global intelligible	Formule scientifique significative d'un phénomène ou d'un théorème	Situation vécue, comme ensemble chargé de sens actuel et par rapport à l'Existence personnelle en tant qu'Histoire	Recherche des idées exprimées
SENS PAR RAPPORT AUX STRUCTURES DE SIGNIFICATION	Loi de réalisation de cette Gestalt actuelle par rapport au niveau ci-dessous.	Modes latents de construction du sens de ce contenu	Système implicite de la conceptualisation	Thèmes symboliques de la situation actuelle par rapport aux constantes affectivoposturales du sujet	Recherche des thèmes affectifs et des valeurs
STRUCTURES SIGNIFIANTES INCONSCIENTES	Structure neuro-physio-psychologique de la perception. Structures écologiques de la perception comme activité	Principes non-conscients, régulateurs de l'organisation de l'Univers signifié.	Opérations de la Raison objectivante	Structures posturales du sujet Attitudes profondes vécues non-réfléchies.	Recherche des postulats inconscients dans leurs rapports avec le vécu de l'auteur.

TABLEAU C

Relations dialectiques et dynamiques entre les 4 niveaux de sens

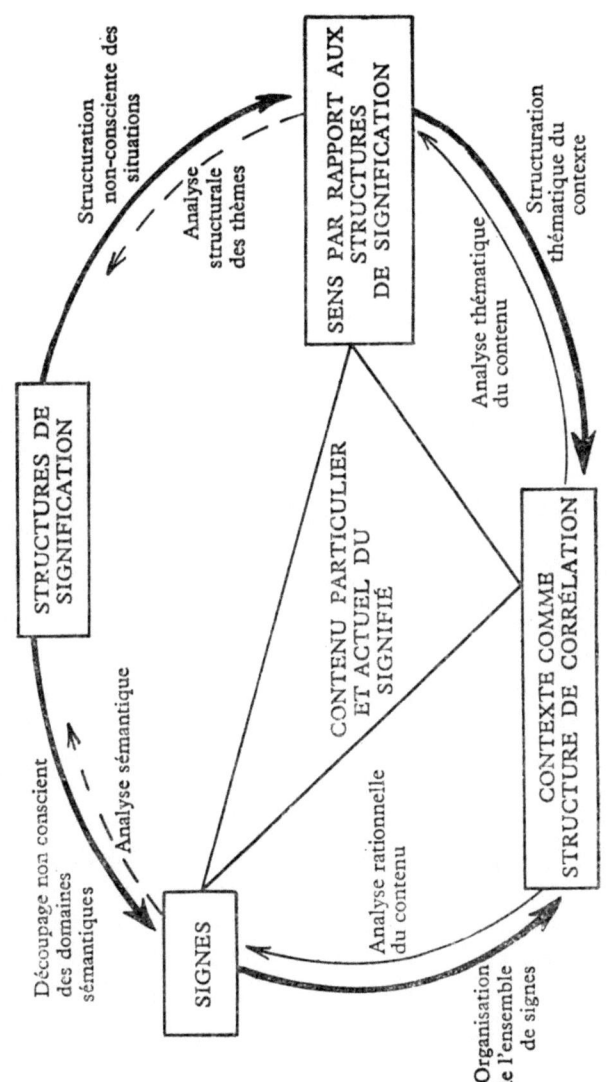

« objectives ». C'est donc une *attitude catégoriale* qui est exigée de la part du chercheur de toutes façons, et les techniques proposées consistent à saisir l'information par un angle d'attaque ou par un autre.

Ceci étant, on peut facilement situer en techniques différentes d'attaque ce qui est aussi niveaux différents de profondeur (et de difficulté). (Cf. Tableaux B et C. L'analyse de contenu.)

On voit donc qu'il s'agit d'opérer intellectuellement (et intelligemment) un dépouillement de l'information, consistant à négliger certains aspects du contenu pour en privilégier d'autres comme *significatifs*, à chercher soit les modes significatifs de l'expression même, soit les idées, soit les thèmes et les valeurs, soit les postulats inconscients, sous lesquels se distribuent les éléments de l'information. Ce sont des *constantes formelles* * qui sont visées, retenues et classées.

A chaque unité d'information, la méthode consiste à appliquer l'analyse catégoriale qui, dans son premier mouvement, aboutit à des sens hypothétiques dans la mesure où plusieurs systèmes de codage pourraient être appliqués. Au fur et à mesure que s'alimente l'information, les hypothèses se décantent et des catégories stables apparaissent, qui sont vraiment (ou le plus approximativement possible) ce par quoi l'information signifie quelque chose.

Nous avons vu ci-dessus (cf. p. 23), à propos de l'analyse de contenu d'un simple titre de journal, le système des significations qui était exprimé, et les « catégories » dont les recoupements donnaient un sens à l'annonce d'un fait occasionnel. Le caractère de généralité de ces catégories est

---

* Il est évident qu'ici « formel » n'a rien à voir avec la notion de « forme » littéraire, et vise la ou les structures signifiantes isolées par filtrage du contenu.

frappant. En accumulant ou en superposant les informations d'un même émetteur, tout se passe comme si toutes devenaient des variations sur un même thème ou sur un certain nombre de thèmes déterminés, s'organisant eux-mêmes plus ou moins hiérarchiquement en un système qui a sa structure répétitive, exprimée par ses valeurs dominantes, ses principes, ses axiomes, ses symboles.

Il s'agit d'une structure immanente, disons ici encore d'un « signifiant » dont les expressions concrètes pourraient être multipliées et dont elles tirent de toutes façons leur signification.

Or aussi étonnant que cela paraisse, nous retrouvons les mêmes opérations, à un niveau très inférieur, effectuées par les analyseurs de l'organisme vivant. Il y a longtemps déjà que les biologistes ont souligné ce qu'ils ont appelé « la fonction d'assimilation » de l'organisme. « Les organes tels que le tube digestif et ses annexes, l'appareil respiratoire, ont pour « matière d'œuvre » les éléments énergétiques qu'ils extraient de l'air ou des aliments. Avec ces éléments extraits du milieu, l'organisme, par des opérations spécifiques, fait des synthèses chimiques dont les produits sont nécessaires à sa vie. Tous les organes d'*assimilation* fonctionnent de cette manière. Or il est une autre matière-d'œuvre que l'organisme reçoit du milieu extérieur au même titre que les éléments énergétiques, c'est l'information » (12), et dans le même but de survie, de l'accroissement d'être ou de la stabilisation du mode de vie, l'organisme est capable de *traiter l'information*, en la triant, en y cherchant les structures de significations biologiques, en combinant les éléments dans des synthèses, en conservant l'acquis.

L'analyse de l'information, la mémorisation des résultats, l'utilisation de l'acquis pour l'analyse des informations suivantes, la prise de décision même, sont, explique GREY

WALTER, les opérations d'une « fonction de mentalité » (nom qu'il donne à une sorte de raisonnement, d'intelligence et de mémoire d'un niveau archaïque mal différencié) existant dès le niveau biologique, dès qu'un organisme structuré est en relation avec un univers de significations et de signaux. N'oublions pas que cet ensemble de fonctions « mentales », GREY WALTER le réalise dans ses robots par des circuits cybernétiques. Rien ne pourrait fonctionner (aucun être vivant ne pourrait survivre) si d'une manière ou d'une autre, l'appareil ou l'organisme n'étaient capables de « percevoir » non pas des contenus souvent accidentels et toujours nouveaux (au moins virtuellement), mais *les analogies formelles et structurales* des diverses situations et des diverses informations.

Or aucune opération informationnelle, aucune utilisation de l'information, aucun apprentissage, aucune construction de types de comportements... ne pourraient se faire sans l'opération primordiale de l'analyse de contenu. *La parenté* entre les processus de la perception biologique et l'intelligence a été soulignée déjà par de nombreux expérimentateurs. STARLING REED, dès 1954, montrait que « le degré de maîtrise de la situation par les animaux d'expérience dépend de la validité du *codage générique* » (32) et J. S. BRUNER en tire la *loi* suivante : « lorsqu'un système de codage de l'information est condensé dans des codes plus génériques, le problème de la maîtrise de la situation devient celui de la maîtrise du système de codage, plutôt que celui de la maîtrise du nouvel ensemble d'événements ».

Le processus de la découverte de ce qui est générique dans une situation donnée, de telle sorte que l'on puisse traiter des situations similaires plus tard (c'est-à-dire connaître leurs solutions sans avoir à apprendre de nouveau), consiste essentiellement, dit encore J. S. BRUNER, à être capable d'*isoler les propriétés définies de la classe d'événements* à laquelle appartient la situation présente. BEACH également en 1954, avait montré que ce processus d'abstraction est assimilable aux processus de l'intelligence dans les organismes supérieurs.

Ainsi l'activité perceptive est avant tout une quête de l'information, quête active, véritable intentionnalité biologique, palpation tâtonnante, recherche vitale incessante, telles ces antennes toujours mobiles, les yeux qui s'évaginent comme des tentacules, poussant à la rencontre du réel. Cette quête, déterminée par la tension de déséquilibre entre l'organisme vivant et son milieu, est déjà *informée* d'une certaine manière, par la structure innée et par les apprentissages. Cette quête est sélective, elle est excitable par des catégories de situations ou par des Formes de signaux eux-mêmes liés nécessairement à une situation globale qu'ils annoncent ou désignent. A ces formes a priori correspondent des schèmes de réponses posturales ou motrices, et c'est pourquoi *on ne peut constater la « généralisation de l'excitation » sans « la généralisation d'une réponse »* (6).

Cette architectonique de formes dynamiques de perception et de réaction « digère » l'information au fur et à mesure qu'elle est recueillie. Par là, *des contenus représentatifs* deviennent *significatifs*.

Il y a donc analyse de l'information (reçue, cherchée ou trouvée) et cela par l'action d'analyseurs opérant à travers un incessant calcul de probabilités catégoriales. C'est là *le* travail du système nerveux, car prospective et analyse vont de pair, le codage se faisant dans et par la perception, dans et par ces « organes des sens » qui sont des prolongements du système nerveux et qui sont en même temps sélecteurs, capteurs et analyseurs de l'information.

Une activité de *codage générique* de tout ce qui constitue

l'*Umwelt* se retrouve dès les organismes vivants les plus humbles, jusqu'aux plus hautes activités de la connaissance utilisant les moyens supérieurs du cerveau humain.

Le codage générique, c'est-à-dire la catégorisation par genre, le repérage et la mémorisation des formes abstraites, configurations de rapports, etc., est une activité de conceptualisation.

« Les animaux les plus divers » écrit Otto KOEHLER (33) « abstraient sensoriellement dans leur perception comme on prétend que nous ne pourrions le faire qu'à l'aide de mots. Il faut en déduire que nous avons aussi hérité des animaux la faculté d'abstraire sensoriellement, « faculté » qui fait aussi bien partie de leur pouvoir de penser que du nôtre. Et rien ne nous empêche de retourner la médaille et de dire que c'est notre faculté d'abstraction sensorielle qui nous a permis de former des vocables, car le concept doit être là avant qu'on éprouve la nécessité de le nommer ».

J. S. BRUNER, analysant l'activité de l'intelligence dans la construction d'hypothèses théoriques et de lois formelles dans les sciences, écrit (34) : « L'activité de construction de modèles formels et de théories générales est le prototype de ce que nous entendons par *codage générique*, qui permet d'aller au-delà des données, vers la prédiction féconde ».

Enfin Georges BOULIGAND, sans faire aucune allusion aux données modernes de la psychologie animale ou de la cybernétique et analysant les processus généraux de la pensée à travers l'activité conceptualisante du mathématicien, conclut (35) : « La pensée, dès ses premières lueurs, a pu se régler, moyennant l'appui constant de la mémoire, en retenant d'une manière « instinctive » (tout comme elle le faisait pour l'aurore et le déclin du jour) maint *retour de situation typique*. Plus ou moins consciente, cette manière de repérage mental n'en a pas moins contribué à la montée de l'esprit. A côté de *l'aptitude mnémonique*, une *aptitude à prévoir* s'est graduellement développée, à commencer par des prévisions qualitatives ».

L'apprentissage consiste à abstraire et à stabiliser une forme, un pattern, à travers les expériences, les essais et les erreurs, les réussites et les échecs ; et, comme nous l'avons vu, le fameux *transfert d'apprentissage* n'est pas autre chose que la maîtrise du code générique permettant de traiter des situations structuralement analogiques.

« L'expérience » au sens large, celle du vieux professionnel par exemple, est la maîtrise du système de catégorisation des situations correspondantes et des schèmes d'action adaptée, et c'est là ce qu'on appelle le savoir-faire. La désorientation du débutant vient de ce qu'il ne dispose d'aucun code pour catégorier les nouvelles informations et d'aucun schème de réponse.

Les méthodes modernes de formation utilisant les *modèles de simulation* visent la construction accélérée d'un code générique permettant de traiter les situations dont le modèle reproduit, selon certaines règles (36), la structure analogique commune, et donc de construire en même temps les attitudes adaptées pour y répondre efficacement.

Le concept est ce qui se bâtit au cours du débat de l'être avec son milieu et qui désigne une catégorie de phénomènes ou un ensemble de données concrètes, par le repérage de ce qu'on pense être le principe de leurs caractéristiques communes. Il est donc le résultat du codage générique, tout autant qu'il est, dans la quête et le traitement de l'information ultérieure, une catégorie active faisant partie du code et permettant la différenciation des données. Il évolue naturellement quant à sa valeur de connaissance vraie lorsqu'on passe du codage perceptif corrélatif de la structure d'un organisme, à l'activité scientifique qui, par une *décentration intentionnelle*, cherche à coder les structures objectives des phénomènes avec le minimum de référence à leur signification subjective ou personnelle pour le chercheur lui-même, et en règle générale *contre* cette signification vécue (37).

Mémoire, abstraction-généralisation, organisation des comportements-réponses, sont des opérations qui font consubstantiellement partie de l'opération de codage générique, et que l'on retrouve à toutes les étapes de l'évolution, comme à tous les niveaux d'existence d'un sujet humain. Il y a donc une « conceptualisation » de ce genre au niveau des conditionnements les plus physiologiques, où l'on constate la catégorisation des stimuli et des réactions; il en est une au niveau affectif, dans le codage des situations vécues, codage qui extrait et retient leur structure de significations et qui correspond à la construction des *attitudes affectives*, centres actifs de catégorisation et de comportements ou postures de réponse. Il en est une enfin, pour ne donner que celle-là, au niveau proprement *abstrait*, selon la terminologie de GOLDSTEIN (38), où l'individu, devenu *capable de suspendre sa catégorisation affective*, peut réorganiser sa conduite en fonction d'une compréhension objective des situations perçues au présent. « L'individu est (alors) capable, dit Goldstein, de considérer la situation à différents points de vue, de choisir l'aspect essentiel et d'agir dans une direction adaptée à la situation globale ».

On pressent ici l'objectif de la psychothérapie dont l'action méthodique visera la démystification de l'*Umwelt* et par conséquent le changement du comportement dans le sens d'une meilleure adaptation au présent.

3

L'activité inconsciente de l'esprit consiste à imposer des formes à un contenu.

Cl. Levi-Strauss,
Anthropologie Structurale, p. 28.

La logique des sentiments

LEIBNIZ disait que la plupart des dissensions entre les hommes viennent de ce qu'ils ne s'entendent pas sur la signification des mots. STERN, repris par RIBOT pensait, lui, que les dissensions proviennent de ce que les humains joignent aux mots des sentiments différents. C'est sans doute dire la même chose. L'identité illusoire du langage employé cache des systèmes de significations personnelles différents par rapport auxquels les mots prennent un sens d'autant plus singulier qu'il s'agit d'exprimer le vécu.

On peut imaginer, avec LEIBNIZ, par une sorte d'utopie sémantique, que si l'on rationalisait le langage pour en faire une logistique de l'expression, on aboutirait à une harmonie interhumaine universelle faite de compréhension et de transparence. Mais cet espoir ne fait que souligner négativement la généralité du malentendu, et l'opacité des univers affectifs individuels.

RIBOT, confrontant la systématisation et l'unité de la connaissance objective ou scientifique avec ce qu'il appelle « la logique des sentiments », concluait que la vie affective est une prolifération anarchique de « tendances ». « La vie affective, livrée à elle-même », écrit-il (1) « s'accommode très bien de la pluralité des tendances et même de leur anarchie. L'unité n'est pas essentielle à sa nature et ne pénètre en elle que par la prédominance d'une passion ou par une intrusion intellectuelle qui impose l'ordre ».

C'est un point de vue communément admis. On imagine généralement la vie obscure du niveau affectif comme un maquis de « pulsions » variées et contradictoires, où précisément la Raison et la Volonté doivent introduire un ordre et un contrôle. L'image de référence de cette conception naïve serait celle d'une classe enfantine où les désirs égocentriques multiples et inconciliables s'exprimeraient dans la confusion et le désordre, si l'autorité sociale du Magister ne venait imposer une discipline, garantissant par là l'apaisement, la réflexion et la sagesse.

Les dénominations utilisées ne peuvent que renforcer cette imagerie; on parle d' « instincts », de « tendances », de « pulsions », de « désirs », de « forces affectives », d' « élans émotionnels ou sentimentaux », de « conflit de tendances »... pendant que le mot même de « contrôle de soi » implique une sorte de maîtrise volontaire de ces forces obscures à peu près comme on doit à tout instant tenir solidement par les rênes et dans les jambes, un cheval vicieux.

Il est certain que, du point de vue de la Raison, du point de vue du jugement « objectif », c'est-à-dire ici extérieur et de sang-froid, l'affectivité *des autres* nous paraît le plus souvent une incohérence, mais c'est un truisme facile : c'est souligner que l'affectivité est irrationnelle, c'est-à-dire qu'elle n'est pas de l'ordre de la Raison. On s'en doutait un peu. On se plaît à séparer et à opposer les deux domaines. « On s'étonne souvent » écrit RIBOT (2), « de voir un esprit supérieur rompu aux méthodes sévères des sciences, admettre en religion, en politique, en morale, des opinions d'enfant qu'il ne daignerait pas discuter un seul instant si elles n'étaient pas les siennes ».

Cette *résistance* curieuse des opinions, des croyances et autres réalités chargées d'affectivité, devrait attirer l'attention non seulement sur le fait reconnu que chaque humain « tient » à ses sentiments si irrationnels qu'ils soient, mais aussi sur le fait que ces réalités affectivement chargées « se tiennent » entre elles comme une concaténation particulière dont le principe reste obscur, même pour la réflexion du sujet concerné.

Certains « états » affectifs, toujours du point de vue naïf du sens commun, échapperaient à la multiplicité incohérente des tendances et pulsions ; tels seraient les états pathologiques ou pré-pathologiques. Parlant de *l'amour-passion* aussi bien que de n'importe quelle passion (la passion du jeu, l'ambition dévorante, l'avarice, etc.), RIBOT écrit : « Ce cas est étranger à la logique à moins qu'on n'entende la logique organisée, immanente, inconsciente, de *l'instinct*. Une comparaison plus exacte serait avec les cas morbides d'accaparement de la conscience par une idée fondamentale, fixe, immuable, l'acceptation sans critique de tout ce qui la favorise, l'exclusion de tout ce qui la contredit ».

Il n'y aurait donc de systématisation et d'unité, au niveau de la vie affective, selon RIBOT, que dans les cas d'emprise de la conscience ou de toutes les fonctions dites supérieures, par un besoin ou un désir dominant, exclusif, annihilant la réflexion critique et la liberté du comportement, captant à son seul profit la totalité des « énergies tendancielles »... En dehors de ces cas pathologiques (ou presque) l'existence affective serait grouillement de forces obscures.

Constatons que ce n'est pas la psychanalyse qui devait, sur ce point, éduquer l'opinion commune par une meilleure description de la réalité. « C'est à juste titre », écrit FREUD (3), « qu'on peut comparer l'activité médicale du psychanalyste au travail du chimiste, et cette analogie nous incite à ouvrir de nouvelles voies à notre thérapeutique. Nous avons *analysé* le malade, c'est-à-dire que nous avons décomposé son activité psychique en ses parties constituantes pour ensuite isoler *chacun des éléments pulsionnels* ». Cette conception (qui ignore absolument les structures) est élémentariste et associationniste; elle est considérée comme « dynamiste » parce qu'elle traite les « éléments psychiques » comme des *forces* élémentaires ou comme des « énergies ». De ce fait la vie affective profonde, celle de ce qu'il appelle l' « inconscient » serait un nid de « pulsions » cherchant à passer à l'acte en prenant possession du Moi, c'est-à-dire du comportement. Dans un résumé brillant de la conception freudienne, COLLETTE (4) traduit ainsi « les quatre caractères fondamentaux de l'inconscient » :

1. L'inconscient ne contient * que des forces irrationnelles n'obéissant à aucun contrôle conscient et échappant à toute logique interne ou externe. Ces forces ne sont soumises ni au temps, ni au réel, elles existent par elles-mêmes.

2. Les forces de l'inconscient forment un ensemble indifférencié, du moins dans leur état primaire. Potentiel, énergie en puissance, non liées à un but final particulier, elles offrent des possibilités infinies de différenciation pouvant conduire à des voies d'action très différentes.

3. Tous les processus inconscients sont soumis au *principe du plaisir* **, ce qui exclut les problèmes moraux et ce qui implique la fuite de l'insatisfaction.

* Remarquez l'expression « l'inconscient ne *contient*... », expression qui fait de l'inconscient un contenant, un réceptacle, un lieu, un magasin.

** Rappelons que dans le codage freudien, « principe du plaisir » signifie « exigence de satisfaction immédiate ».

4. Les différentes forces de l'inconscient n'ont aucune relation directe entre elles et existent indépendamment les unes des autres. Mais ces forces n'entrent pas en lutte les unes contre les autres, même si leur but final est opposé ».

On ne peut mieux décrire l'inconscient-zoo de FREUD, hors du conscient, séparé, censuré, monnayé en une multiplicité de forces exigeantes et aveugles, poussant de tout leur dynamisme contre les barrières que le Moi conscient cherche à imposer (quoiqu'il n'ait aucune énergie propre à sa disposition).

Ainsi risque de se perpétuer une image des « profondeurs affectives », tableau d'un monde polymorphe et pervers de pulsions incohérentes.

Si l'on veut bien revenir au réel et l'observer méthodiquement, on constate au contraire que d'une certaine façon, les opinions, les croyances, les sentiments, et nous pouvons ajouter les dires et les gestes expressifs d'un sujet humain, et d'une manière plus générale toutes les expressions de son « affectivité »... ne sont ni quelconques, ni incohérentes dans la mesure où l'on essaie de les comprendre « de l'intérieur ». Il semble que tout « tienne » à ce que signifient-pour-lui les situations de sa vie, celles-ci se trouvant *thématisées* par un certain nombre de leitmotive, qui soutiennent également entre eux des rapports spécifiques.

Reprenons de ce point de vue la célèbre analyse du *timide* (5), faite par DUGAS à l'époque de RIBOT :

> « L'excès de sensibilité développe chez le timide une clairvoyance aiguë... Sa perspicacité est d'ailleurs très spéciale. Elle se fonde sur des indices, non sur des preuves ; elle est faite d'impressions, non de jugements ; elle est sûre d'elle-même mais ne se discute point, ne se

justifie point... Elle est l'intuition ou plutôt l'interprétation rapide des mouvements spontanés, des paroles, du ton de la voix, de la physionomie et des gestes... impression faite de détails saisis au vol et subtilement analysés; elle s'oppose au jugement réfléchi que nous porterions sur les personnes d'après leur caractère ou leurs actes observés de sang-froid. Bien des esprits se fient plus à leur impression qu'à leur jugement, mais en fait la pénétration du timide n'est pas sûre; la passion la guide mais aussi l'égare. Sa lucidité a toutes les ressources mais aussi toutes les imperfections de l'instinct... ».

Si nous laissons de côté dans ce texte, les opinions personnelles de l'auteur («la timidité est une passion, elle est comparable à un instinct... nous pouvons nous fier à nos impressions à certaines conditions » etc...) pour retenir les notations rapportées à la «timidité», nous devons constater que tout s'organise «logiquement» pour le timide à partir d'une certaine manière d'éprouver la relation à autrui. Cette relation à autrui, de même que les situations correspondantes, est vécue comme *un risque de jugement défavorable de la part d'autrui* quel qu'il soit, ce jugement défavorable étant donc redouté comme un risque existentiel (blessure, écrasement, diminution d'être, liés à la peur du rejet ou du mépris).

A partir de là, il est évident (et c'est là la trace de cette «logique» dont nous parlons), que cette manière d'éprouver la relation détermine une *attitude de vigilance anxieuse* en face d'autrui. Celle-ci s'exprime par deux phénomènes corrélatifs :

– concentration de l'attention sur les dires et les gestes d'autrui, avec abaissement du seuil de l'attention;

– thématisation du perçu, c'est-à-dire perception (non justifiée «objectivement») d'indices significatifs-pour-le-sujet.

Les « contenus » situationnels peuvent indéfiniment varier, de même que les personnes avec qui le timide entre en relation; les émotions et les réactions seront sans doute également variables selon les circonstances de ces situations, mais quelque chose de constant donne à l'ensemble une cohérence interne, par rapport à quoi les notations de Dugas, et d'autres encore, pourraient trouver leur place. D'un certain point de vue, on pourrait dire que le texte cité laisse passer l'essentiel et énumère seulement des signes superficiels (cf. tableau I).

En montrant la systématisation du vécu du sujet timide, je n'ai pas voulu dépasser le niveau des remarques faites par Dugas, et il est probable que cette manière de vivre la relation avec autrui, chez tel timide particulier, doit à son tour faire partie d'un autre ensemble. Les racines de sa timidité se trouveraient certainement dans ces autres dimensions du tableau. Je ne dis pas « les causes », car la genèse de cette manière-d'être est autre chose encore qu'il faudrait dévoiler comme une évolution de formes ou comme un déploiement de formes alimenté ou provoqué par des événements significatifs, intégrés en tant que tels dans le système lui-même et pourtant le modifiant d'une façon non fortuite.

On voit apparaître, par l'expression graphique, un aspect de la *structure de signification*. Nous avons déjà dit à quel point « structure de signification » est inséparable de « situation vécue par un sujet » puisque c'est celle-là qui organise et donne un sens à tout le vécu (perçu et postural), en même temps qu'elle révèle une « dynamique » de la personnalité, c'est-à-dire une attitude constante affectivo-motrice, tout cela échappant à la conscience claire, occupée de *contenus variables*.

TABLEAU I

Mise en ordre des notations de Dugas (ici en italiques) concernant le « timide » et élucidation de l'organisation structurale qui les détermine à l'insu de la conscience claire.

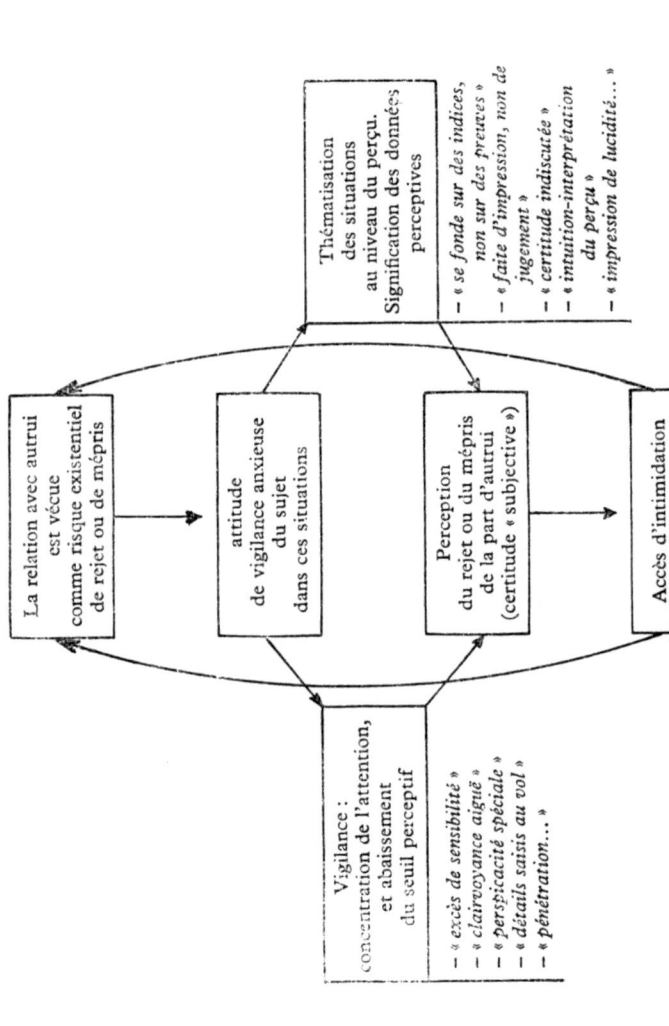

Prenons un autre exemple, inverse du précédent et lisons, à travers les descriptions de contenus, variantes infinies, la prégnance de la structure que la conscience ne voit absolument pas, et qui pourtant est toujours là.

Un garçon de 17 ans me décrivant son comportement dans une longue lettre de demande de conseils, m'écrit :

« Je dis volontiers à mes camarades que j'ai visité un avion à réaction particulier et que le pilote m'a fait faire un tour, m'a donné le baptême de l'air avec son avion, alors que je n'ai fait que passer devant l'avion qui stationnait sur le terrain... Je leur dit que j'ai fait quatre ou cinq voyages sur le paquebot France alors que je n'en ai fait en réalité qu'un seul... que j'ai eu l'occasion à l'un de ces voyages de faire la connaissance de tel chanteur célèbre alors qu'en réalité, je ne l'ai vu qu'à la télévision... Je fais actuellement « du cinéma » avec une caméra prêtée par mon oncle ; je dis à tout le monde que j'ai été chargé de réaliser un documentaire pour la télévision. Autre exemple, je rêve de faire la connaissance de pilotes de Jets militaires, de les emmener dans ma voiture et ceci devant mes camarades garçons et filles qui me verraient avec ces pilotes en grand uniforme... Je rêve d'être moi-même pilote de Jet en grand uniforme... Je rêve que je me promène avec une jolie fille dans une voiture américaine, et qu'il y a beaucoup de personnes de ma connaissance à me voir passer... ; quand je parle avec des camarades, je discute beaucoup du sujet de la conversation, même si je n'y connais rien. Par ailleurs j'aimerais être pince-sans-rire, faire des plaisanteries fines... Généralement, je fréquente les plus grands que moi et même je préfère faire la connaissance d'adultes... Je me sens beaucoup de « culot »... Rien ne m'arrête... Quand je sors du cinéma après avoir vu un film d'aventure, j'éprouve une honte qui me poursuit, honte parce que moi je mène un petit train-train et une vie tranquille où rien ne se passe. Je pense que pour les autres, cette honte est visible sur mon visage et je m'efforce de prendre un air naturel... ».

Voilà donc un échantillon de conduites et de perceptions assez large, puisque le garçon fournit des exemples de fabulations, de rêveries personnelles, de conduites en groupe, de conduites valorisées, de sensations subjectives, de perceptions, et de conduites réactionnelles.

Et cependant, tous ces dires, ces gestes, ces rêves, ces impressions, quoique signifiant chacun quelque chose respectivement (chaque phrase de ma retranscription a un sens), s'organisent comme des contenus variés et différents de la même et unique structure, par laquelle ils deviennent *significatifs du vécu du sujet,* alors qu'ils sont seulement perçus par la conscience claire de ce sujet lui-même comme des mensonges. Cette structure commune dont la puissance signifiante ou plus exactement le signifiant potentiel déborde de toutes parts les expressions particulières, partielles et fortuites qui sont ou seraient observables, est la constante formelle de toutes les données, à savoir « attirer l'attention, provoquer la considération ou l'estime, être remarqué et admiré ». Dans ce cas particulier, l'attitude est dominante, assez dévorante et assez impérieuse pour sidérer le sens du réel (d'où la tendance mythomaniaque) et pour ne pas voir que le résultat atteint risque d'aller à l'encontre du résultat attendu (on le tient pour un fabulateur peu estimable).

Une même structure de signification se révèle donc à travers des formulations multiples et à travers des situations apparemment variées. Elle est en même temps ce qui fait que les situations (relations à autrui) prennent pour le sujet cette signification et pas une autre, et ce qui marque et organise (« patterne ») son comportement spontané ou ses réactions. Quant au sujet lui-même, soit dit en passant, il vit au niveau des contenus successifs sans avoir conscience de leur constante formelle qui fait, de tous ces contenus, des analogues, variations à l'infini du même « modèle ». Et cependant, si ces situations (celles de vantardise possible) ont un sens vécu pour lui (et elles en ont un), c'est parce que leur structure de signification est un des constituants de sa relation au monde et à autrui.

Sur ces deux premiers exemples se comprend déjà la structuration du vécu qui nous permet de « circuler » sans tenir compte des chapitres traditionnellement séparés dans la psychologie classique, de l'univers des « perceptions » du sujet à ses modes de « comportement » apparemment divers, de ses « états de conscience » à ses « valeurs », de sa « personnalité » à son type de « relations avec autrui », de ses « sentiments » à ses « décisions », et de chacun de ces chapitres à tous les autres. Tout se trouve lié et organisé par la constante formelle agissant aussi bien comme catégorisation active de l'« information » que comme « régulatrice » des conduites à un niveau non réfléchi (ou non conscient).

Dugas croyait décrire un « état de conscience », l'adolescent de 17 ans décrit son existence quotidienne sous ses multiples aspects dans le présent de sa vie. Or quelque chose transparaît qui organise les expressions diverses et en fait des variantes d'une même Forme.

Il me paraît utile, pour mieux exposer cette cohérence particulière de l'Univers vécu, de détailler un cas complet, pour montrer à la fois l'enchaînement diachronique et la cohérence synchronique des expressions d'une personnalité. Prenons pour illustration un cas psychanalytique, décrit par Hélène Deutsch (6), le cas de Ida. J'élimine de la rédaction toutes les remarques interprétatives de l'auteur de façon à ne laisser subsister que les faits connus ou observables. Nous tenterons ensuite de pénétrer dans le système affectif du sujet.

« Ida était la fille unique d'un clergyman. Sa mère, fille elle-même d'un pasteur réactionnaire, était une bigote fanatique. Ida avait manifesté très tôt (dès 13-14 ans) un athéisme qui avait poussé ses parents à bout et créé une tension familiale pénible. A 15 ans ½, dans une colonie de vacances, elle fait la connaissance d'un jeune homme qui a 4 ans de plus qu'elle. Ils tombent amoureux l'un de l'autre et projettent de rester en relation après les vacances. Ida voulait suivre des cours pour devenir jardinière d'enfants. Le jeune homme, Georges, avait l'intention de s'initier aussi vite que possible à un commerce. Ils se fianceraient et se marieraient ensuite.

Mais avant que ces projets pussent se réaliser, Georges est appelé sous les drapeaux. Le jeune couple décida de se marier avant son départ. Les parents d'Ida s'y opposèrent formellement parce qu'ils étaient des protestants conservateurs alors que Georges était juif. Ida lutta avec énergie contre ses parents et finit par persuader son ami, quelque peu passif, de fuir avec elle. Ils se retrouvèrent dans le village où ils avaient passé l'été précédent, et, pensant qu'ils allaient se marier bientôt, commencèrent à avoir des rapports sexuels. Bientôt, Ida qui avait été vivement amoureuse, se fit plus froide auprès de Georges; ses sentiments associaient maintenant à la passion, de soudaines crises d'indifférence et, un jour, sans donner à son amant aucune explication, elle partit et s'en fut rejoindre une amie à B. Elle dit à cette amie qu'elle ne voulait plus rien avoir à faire avec Georges et que son seul désir était maintenant de mener à bien son ancienne vocation de jardinière d'enfants, mais sans l'aide financière de ses parents. Pour avoir des ressources permettant la réalisation de ce désir, Ida accepta la recommandation auprès d'une tante de son amie, Madame D., qui cherchait une gouvernante pour ses trois enfants. Madame D. fut enchantée bientôt de la gentillesse d'Ida et de la façon excellente dont elle s'occupait des enfants. Elle était prête à tout faire pour aider Ida. Deux mois après qu'Ida eût débuté dans ses fonctions, elle se mit à avoir des vertiges et des vomissements.

Madame D. amena Ida chez la psychanalyste, pensant que ces symptômes étaient névrotiques; le fait qu'Ida refusait de voir ses parents et d'en accepter aucune aide renforçait sa conviction.

Le caractère des symptômes fit soupçonner qu'elle était enceinte. Ida reconnut que depuis qu'elle avait quitté ses parents, elle n'avait plus eu ses règles. Bien que cela ne lui fût jamais arrivé auparavant et qu'elle fût parfaitement renseignée sur les questions sexuelles, elle ne commença à croire à une grossesse qu'après que le médecin lui en eut montré la possibilité. La supposition s'avéra fondée. Après le premier choc, Ida garda son contrôle de façon extraordinaire. Elle fit des projets d'avenir très réalistes, considéra avec soin dans quelle mesure son état gênait ses autres projets, se mit à faire des économies pour les dépenses à prévoir et parlait de son enfant comme d'un objet étranger qu'il fallait d'abord extraire d'elle, et installer ensuite quelque part ailleurs. Il allait de soi, pour elle, que son enfant serait adopté par quelqu'un et elle ne s'inquiétait plus à ce sujet. Elle pensait avec sympathie à ses parents mais ne voyait aucune raison pour se réconcilier avec eux; son intérêt pour Georges avait complètement disparu; elle se disait heureuse qu'il eût été mobilisé et qu'il ne sache rien ni ne dût jamais rien savoir de cette affaire. Elle était ennuyée seulement à la pensée que les gens parmi lesquels elle aurait à vivre et à travailler pussent apprendre un jour ou l'autre qu'elle avait eu un enfant naturel. Elle confia à Madame D. et au médecin, qu'elle avait décidé d'avouer la vérité à ses parents quand elle ne pourrait plus faire autrement, et qu'elle se préparait de façon pratique à résoudre son problème.

Plus tard, elle devait accepter de reconnaître que cette attitude « réaliste » n'avait pas été sincère. Elle avait eu de terribles craintes avant son accouchement; elle avait été certaine de mourir et s'était même mise à prier, bien que, depuis ces dernières années, elle eût cessé de croire en Dieu et d'aller à l'Église de son père.

Presque jusqu'à la fin, elle pensait à son enfant comme à quelque chose d'étranger dont elle voulait se débarrasser aussi vite que possible. Ce n'est qu'après avoir quitté la maison de Madame D., quand elle se trouva seule avec cet enfant qui allait venir, qu'elle se mit à imaginer combien il serait bon d'avoir un bébé. Le contenu de ces imaginations était tendre, mais elle regardait leur réalisation comme impossible. Elle caressait par moments l'idée de garder l'enfant et de retourner chez ses parents avec lui. Elle disait que son père et sa mère aimaient tous deux les enfants et qu'ils trouveraient sûrement le moyen de résoudre son problème, puis elle rejetait cette idée comme absurde et cherchait, de nouveau, refuge dans son indifférence et dans son « adaptation réaliste » à la situation. Étant à la Maternité, elle déclara qu'elle n'allaiterait pas son enfant et le ferait tout de suite adopter.

Après son accouchement, elle trouva son petit garçon « épatant » et se mit à l'allaiter, mais à la suite de chaque manifestation de joie maternelle, elle demandait que son enfant lui soit retiré aussitôt que possible, puisque aussi bien elle ne pouvait le garder; elle disait qu'elle ne voulait rien avoir à faire avec lui, qu'il ne signifiait rien pour elle et qu'elle avait peur qu'il pût signifier quelque chose. Mais elle envisageait en même temps de remettre à plus tard le placement de l'enfant. Comme approchait la date de sa sortie de l'hôpital, elle se trouva plus faible et eut par moments de la fièvre. Elle se sentait en sûreté à l'hôpital. La vie s'y centrait sur elle-même et sur son bébé. Elle voulait maintenant le garder mais réalisait quelles difficultés cela impliquait. Elle montrait un vif intérêt pour le sort de son enfant et pour la sorte de foyer qui serait le sien; elle voulait s'assurer qu'il y serait bien et qu'on s'occuperait de lui comme il faut.

Avec l'aide de Madame D., elle renonça à l'idée d'une adoption et l'enfant fut placé dans une pension. Ida vint l'y voir et fut fort bouleversée; elle déclara avec des larmes dans les yeux qu'il lui manquait terriblement, qu'elle voulait le garder mais qu'elle ne voyait pas comment faire.

Madame D., femme vraiment maternelle, proposa alors de prendre l'enfant chez elle et de donner à Ida la satisfaction de la proximité de son enfant. La réaction d'Ida fut bien particulière. Elle rejeta bruyamment la proposition de sa patronne et refusa de la discuter, déclarant que cela équivaudrait à donner son enfant à sa propre mère, que non seulement de cette manière elle le perdrait, mais qu'elle retomberait elle-même dans une dépendance nouvelle.

Elle s'inquiétait de sa carrière, qu'elle et ses parents avaient tant en considération, et des réactions qu'aurait son nouveau milieu, le milieu de ses ambitions et de ses aspirations, devant sa maternité illégitime. Georges lui écrivit des Armées, lui proposant de venir et de l'épouser, sans même rien savoir de sa paternité. Ida refusa sa proposition avec une étrange hâte. Si elle l'épousait maintenant, ce ne serait que par un sacrifice consenti à son enfant.

Même après que son enfant eut été mis en pension, elle répéta avec insistance qu'elle n'avait aucun sentiment pour lui et demanda à nouveau qu'il fût adopté. Elle considérait actuellement son enfant comme elle l'avait considéré durant sa grossesse, comme un fardeau dont elle avait à se débarrasser; elle n'avait pas la moindre sympathie pour Georges, et laissait souvent ses lettres sans les ouvrir pendant des jours.

Quand Ida se fut enfin décidée à abandonner Georges et l'enfant, elle se plongea dans son travail. Mais elle vivait dans la crainte constante que quelqu'un pût découvrir qu'elle était fille-mère. Elle fit d'excellents progrès dans son travail, mérita le respect de ses condisciples et de ses professeurs, et obtint une bourse. A chaque pas pourtant de son avancée dans sa carrière, la même peur secrète la hantait de ce qui arriverait si son secret venait à être connu... ».

Tel est le cas. Essayons de repérer d'abord l'organisation et la « cohérence » au niveau du vécu, de tous ces dires, gestes et décisions.

La première phase de cette histoire, du début jusqu'aux rapports sexuels avec Georges, est relativement simple :

La relation de Ida avec ses parents n'a pas été satisfaisante pour elle. Sans doute en même temps gâtée comme fille unique, et contrainte par les obligations morales et religieuses strictes auxquelles se référaient les parents, elle a revendiqué très tôt contre ces contraintes. A l'âge de la puberté, cette revendication a pris la forme de l'agressivité à l'égard de ses parents sous l'aspect d'un athéisme affiché, bien fait pour les atteindre dans leurs chères croyances et les ennuyer sur le plan social.

Donc à la fois affectivité développée et non satisfaite, nostalgie de la petite enfance en deçà de l'éducation religieuse, revendication, agressivité contre la religion et contre les parents soumis à cette religion. Tout ceci se résume en une formule *Haine et agressivité contre les barrières frustrantes*, d'où un premier cercle vicieux car les réactions parentales (mécontentement, augmentation de la pression contraignante dans le but de la soumettre) intensifient l'agressivité dans la même proportion. Conséquence : tension familiale pénible et croissante, dont l'issue unique, dans ces conditions, est la rupture.

La révolte ouverte s'exprime d'abord par les déclarations d'athéisme et, lorsque les parents refusent le mariage au nom de leurs principes religieux, la même attitude s'exprime par la pratique sexuelle avec Georges, affirmation par Ida de son indépendance. Georges est le levier qui lui permet d'affirmer son indépendance et, en réalisant l'acte sexuel, ce qui brise l'interdiction parentale et le tabou religieux, elle a assouvi son agressivité, accompli la rupture, fait « la faute impardonnable » qui la libère du milieu en la mettant définitivement en marge.

Dans cette première phase, tout n'a de sens, y compris Georges, que par rapport à l'attitude centrale de haine et d'agressivité à l'égard des principes parentaux vécus comme barrières frustrantes.

TABLEAU II

Phase I

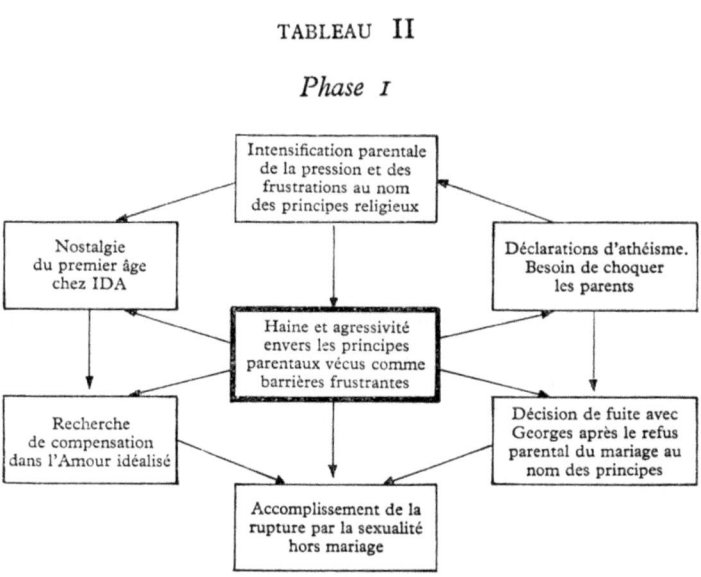

La phase II commence par le brusque surgissement d'une nouvelle manière de percevoir la situation. Sans doute à cause de la découverte de la réalité de l'acte sexuel, bien différent de l'Amour idéalisé, et à cause de la chute de tension due à l'accomplissement de la rupture, Ida semble se retrouver devant une culpabilité et une solitude morale qui sont maintenant là, s'imposant comme du réel irréversible et non conforme à l'espérance. Georges perd d'un seul coup sa signification antérieure, est chargé de la responsabilité de cette insatisfaction, et Ida s'en détourne, le fuit sans explications, court se réfugier chez une amie à qui elle se confie. Elle entreprend aussitôt *son rachat* en décidant de se consacrer à la préparation d'une profession sur laquelle ses parents étaient d'accord, mais sans leur demander d'aide, ce qui est une issue tenant compte à la fois de la rupture consommée et du désir de se racheter mieux en assumant une auto-punition supplémentaire. Son travail exemplaire chez Madame D. montre qu'elle prend résolument ce chemin.

Le thème central est donc *culpabilité-auto-punition-rachat*. On comprend donc que, de ce centre de significations, le projet de mariage avec Georges n'ait plus aucune valeur. Il se peut même qu'il y ait une première auto-punition dans le renoncement à ce projet (et à Georges), en plus du nouveau caractère culpabilisant qu'a acquis la présence de Georges.

C'est seulement à partir d'une attitude de ce type que peuvent se comprendre les diverses expressions synchroniques à cette phase. Cependant pour comprendre comment cette attitude peut se constituer sous le choc d'une expérience étant donné l'attitude antérieure qui a abouti à faire cette expérience elle-même, on est obligé de rechercher *dans quelle perspective affective s'inscrivait le premier thème pour que le second puisse lui être relié.*

Il semble que le second ne puisse venir à l'existence que comme un arrière-plan virtuel du premier, caché par le premier au cours de la crise aiguë d'opposition aux principes religieux des parents, et apparaissant naturellement après l'extinction du premier. Cette dialectique suppose elle-même que Ida aimait ses parents et haïssait seulement les principes religieux au nom desquels elle se sentait frustrée d'une part d'amour. L'unité des parents avec leur religion est telle

Phase 2

TABLEAU 11

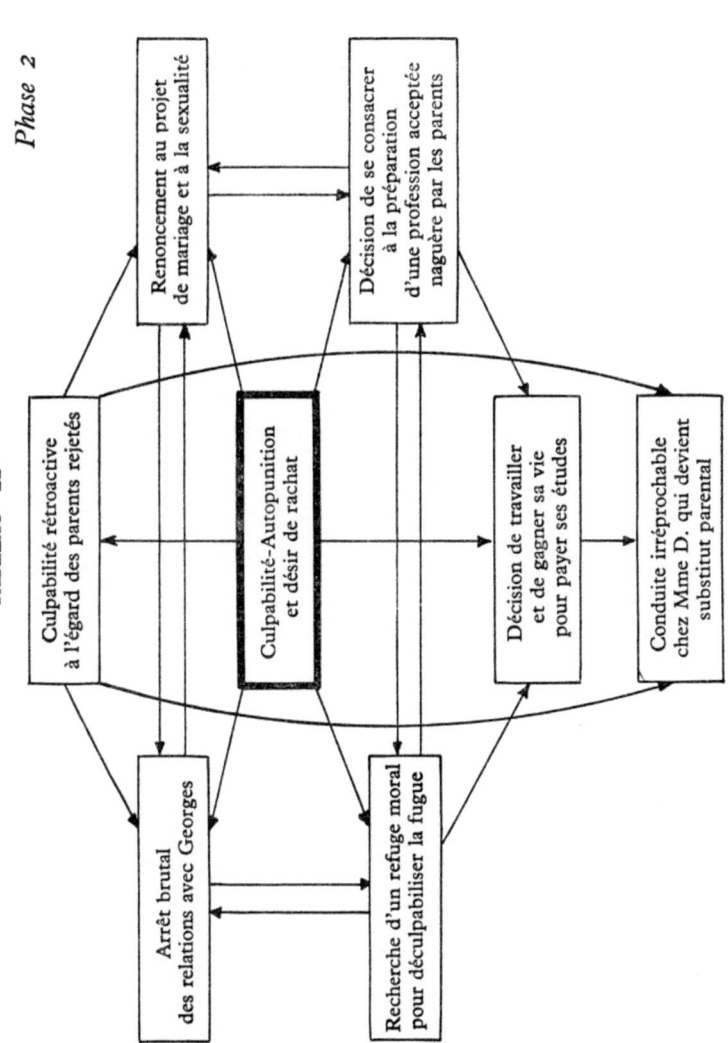

qu'Ida ne peut rompre avec l'une sans rompre avec les autres, mais elle conserve un besoin de l'accord affectif avec les parents, ce qui seul permet de comprendre l'intensité de la réaction de culpabilité et ses expressions synchroniques à la phase II.

Une autre remarque s'impose : ce que je viens de nommer « thèmes affectifs centraux » n'est pas « dessous », ni « derrière », par rapport aux multiples expressions observables ; ils en sont la structure de sens, aussi nécessairement présente en chaque expression que la structure du langage dans le discours. Mais poursuivons la découverte de la logique des sentiments et des comportements de Ida.

La phase III commence avec l'annonce de la grossesse, événement-choc, et finit à l'accouchement, accomplissement de la maternité et connaissance de l'enfant... expériences également cruciales.

La grossesse et la maternité à venir jaillissent comme des facteurs de désorganisation du plan de vie de rachat, dans la mesure où la culpabilité, incarnée et matérialisée par « l'enfant du péché », ne pouvait plus être niée ni socialement ignorée. Le premier mouvement est le maintien du plan de rachat en évitant de considérer qu'il puisse être devenu impraticable. Il y a donc refus de la perturbation, décision d'ignorer ce fauteur de désordre. Cette attitude rigide immédiate, qui passe pour « contrôle de soi » et « réalisme », exprime la radicale impossibilité d'assumer l'enfant, symbole de la situation de culpabilité dont elle veut à tout prix sortir par le rachat tel qu'elle l'a entrepris.

L'enfant à venir est donc traité en objet étranger et gênant dont il lui faut débarrasser son existence. La réconciliation avec les parents reste impossible tant qu'elle n'a pas effectué son rachat ; Georges est rejeté comme l'enfant et au même

TABLEAU II

Phase 3

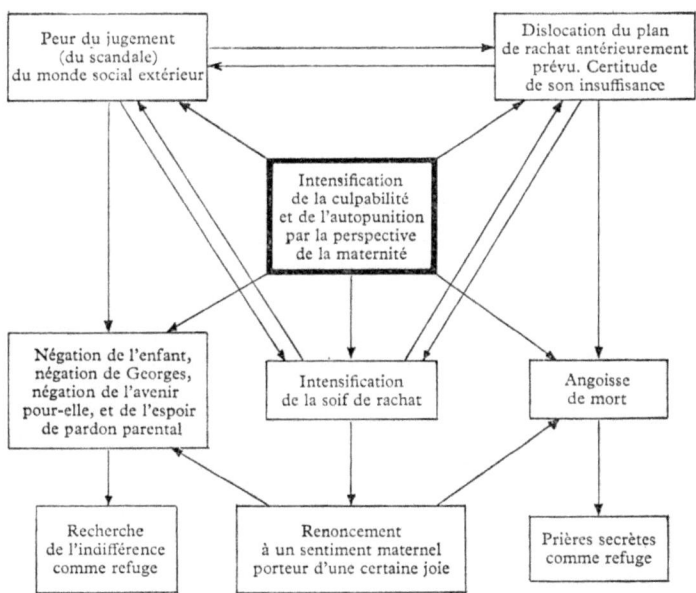

titre. Le souci est le scandale social comme obstacle à son projet professionnel dans lequel elle a investi sa réhabilitation morale.

En fait, la culpabilité s'intensifie de manière inquiétante avec cette certitude de maternité. La première culpabilité s'aggrave d'une culpabilité d'être fille-mère, puis d'une troisième qui vient du projet d'abandon de l'enfant, et enfin d'une dernière qui s'établit à l'égard de Georges lui-même à qui elle cache la vérité. La peur de mourir, qui la jette dans la prière, traduit la peur d'une punition absolue (la mort à l'accouchement) de cette somme de culpabilités. L'image d'une réconciliation (revenir chez ses parents avec l'enfant) est rejetée comme absurde parce qu'elle exclut le plan de rachat.

Ce qui domine donc cette phase, c'est un décontenancement profond provenant de l'intensification de la culpabilité et entraînant la dislocation du plan de rachat antérieur qui devient insuffisant et impraticable.

La dernière phase est déclenchée par un nouvel événement, la naissance de l'enfant, qui a un effet psychophysiologique propre, à savoir l'éveil du sentiment maternel; la fin de la solitude, une maturité nouvelle et un sens des responsabilités surviennent aussi. Le bébé est donc perçu d'une manière ambivalente, tantôt comme signe de sa culpabilité, tantôt comme signe de son être-mère, tantôt comme objet d'identification étant donné son ancienne nostalgie de l'enfance (et son intérêt pour les enfants qui se trouvait investi dans son choix professionnel).

L'expérience de la satisfaction maternelle (aime le bébé, l'allaite, le trouve mignon, etc...) est vécue avec une signification particulière étant donné le contexte de culpabilité aggravée : *c'est un bonheur auquel elle n'a pas droit*. Or, par suite du sentiment maternel de responsabilité, l'idée de l'abandon de l'enfant entraîne à son tour culpabilité.

Dans ce contexte, la mise de l'enfant en pension devient une issue acceptée car elle permet d'apaiser la tension de culpabilité : Ida se prive par auto-punition, de son enfant, mais évite l'abandon coupable. Il semble que ce soit la même auto-punition qui lui fasse refuser la proposition de Madame D., qui tendait à recréer un simulacre de la réconciliation avec les parents et un partage de l'enfant avec eux. Georges, devenu le responsable de ses misères et le symbole de sa révolte contre ses parents, est complètement délaissé et rejeté.

La préparation intensive de ses examens devient le seul refuge accepté, l'auto-punition se satisfait du sacrifice de ses sentiments maternels, mais la crainte d'être rejetée comme coupable par le milieu professionnel (crainte de ne pouvoir se racheter, alliée sans doute à une nouvelle auto-punition la poussant à se faire rejeter comme coupable) devient le fond du tableau sur lequel se détache son rachat par le travail dans la voie autrefois acceptée par les parents.

Ainsi, la certitude de n'avoir aucun droit au bonheur domine l'ensemble de la situation et organise les significations des événements et des décisions (cf. Tableau II, phase 4).

Arrêtons-nous ici un instant pour nous demander à quel niveau de conscience appartiennent les ensembles structurés (et structurants) que nous avons essayé de représenter. Ils ne sont absolument *pas conscients*, en tant que tels, chez Ida. Sa conscience est toute occupée, si l'on peut dire, par des perceptions d'événements, par des contingences quotidiennes, par des réflexions sur la conduite à tenir, par l'attention à porter à ce qui lui arrive, toute empreinte aussi de sentiments divers. Cependant ces ensembles quoique non présents à la conscience réfléchie, sont d'une certaine manière présents de façon permanente comme *structure même de sa conscience et de sa conduite*, aux phases successives de son existence.

Mais allons plus loin. Après cet essai de formulation des structures relativement synchroniques par phase, il nous reste à formuler ce qui diachroniquement détermine et organise la succession de ces ensembles, c'est-à-dire la Forme de leur développement.

Travaillons d'abord au niveau de l'organisation de la séquence. Les phases hypothétiques sont ponctuées par des événements du réel : avant la phase I, il faut noter, de ce

TABLEAU II

Phase 4

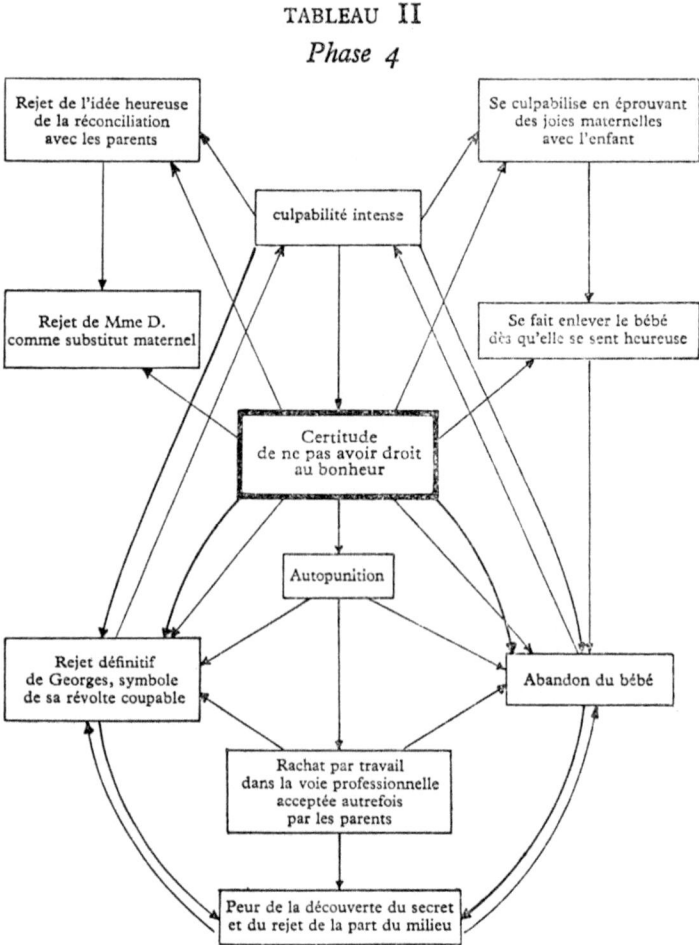

point de vue, les attitudes contraignantes des parents au nom de leurs principes religieux et l'avènement de l'adolescence (âge d'opposition) chez Ida; avant la phase II, survient l'accomplissement de l'acte sexuel; avant la phase III, la grossesse; avant la phase IV, la naissance du bébé. Ces réalités du monde et de l'Histoire personnelle sont vécues (perçues et assimilées) en fonction d'une structure affectivo-motrice préexistante, mais modifient à leur tour cette structure, et cela d'une manière non quelconque ni fortuite.

Les structures dynamiques successives qui ont été proposées sont les suivantes :

1. Haine et agressivité envers les principes parentaux vécus comme barrières frustrantes.

2. Culpabilité — auto-punition — désir de rachat.

3. Intensification de la culpabilité, de l'auto-punition et du désir de rachat.

4. Certitude de ne pas avoir droit au bonheur.

Nous avons déjà noté que pour que le thème 2 apparaisse après la chute de tension psychologique produite par la fugue et l'accomplissement de l'acte sexuel, il fallait supposer que Ida aimait ses parents, recherchait leur accord affectif et ne se sentait frustrée d'une part d'amour que par l'adhésion des parents à leurs principes religieux. Chez cette enfant unique, la dévotion religieuse des parents a donc été perçue non seulement comme source d'exigences morales, mais surtout comme frustrante au niveau de la présence même des parents, comme si Ida avait été *jalouse de Dieu* qui détournait d'elle ses parents, occupant leur temps, leurs pensées, et imprégnant leurs conduites. Dans toutes ses révoltes verbales de la puberté, elle a, semble-t-il, voulu dissocier ses parents de leur Dieu, et elle a mis à l'épreuve leur amour. Cette mise à l'épreuve s'est fatalement intensifiée à proportion même de la résistance du lien religieux de ses parents, et il lui a fallu « tuer Dieu », d'abord par la négation verbale (déclarations d'athéisme), puis par l'accomplissement « volontaire » de la rupture irréparable (l'acte sexuel libre comme péché capital), dans l'espoir fantasmique de retrouver ses parents dans leur centration absolue sur elle, comme elle l'avait vécue dans la petite enfance et sans doute de manière complètement satisfaisante. Pour que l'expérience du « péché » aboutisse à la culpabilité inextinguible au lieu d'aboutir à l'accomplissement de la rupture affective avec les parents, il faut nécessairement supposer qu'elle voulait dissocier les parents de Dieu et non pas se dissocier d'eux. Elle tue donc Dieu symboliquement, et elle s'angoisse ensuite de l'avoir fait et d'avoir aussi assailli gravement ses parents par le même acte. Alors commence son plan de rachat, qui augmente en exigences au fur et à mesure que les événements suivants (grossesse puis naissance du bébé) marquent de façon de plus en plus éclatante et implacable, l'irréparabilité de l'acte vengeur.

Nous voici alors devant la Forme fondamentale dont l'opération permanente consiste, d'une part à donner un sens à ce qui survient et, d'autre part, à organiser les conduites multiples qui semblent répondre aux événements : *accaparer l'Amour exclusif en tuant le Rival divin et se faire pardonner cette agression en se punissant soi-même.*

Cette matrice générale est représentée par le graphique du tableau III.

C'est une Forme simple, assez banale en psychologie, mais particulièrement intensifiée dans ce cas par le fait que le rival est le Dieu de sa religion. Les thèmes dominants des phases successives analysées ci-dessus sont directement modelés par elle. Comme telle, elle n'est pas « antérieure » aux structures par phase, elle en est la matrice *constante* et dynamique, et cette Forme dynamique matricielle (excusez le double pléonasme) *est l'inconscient de Ida.*

TABLEAU **III**

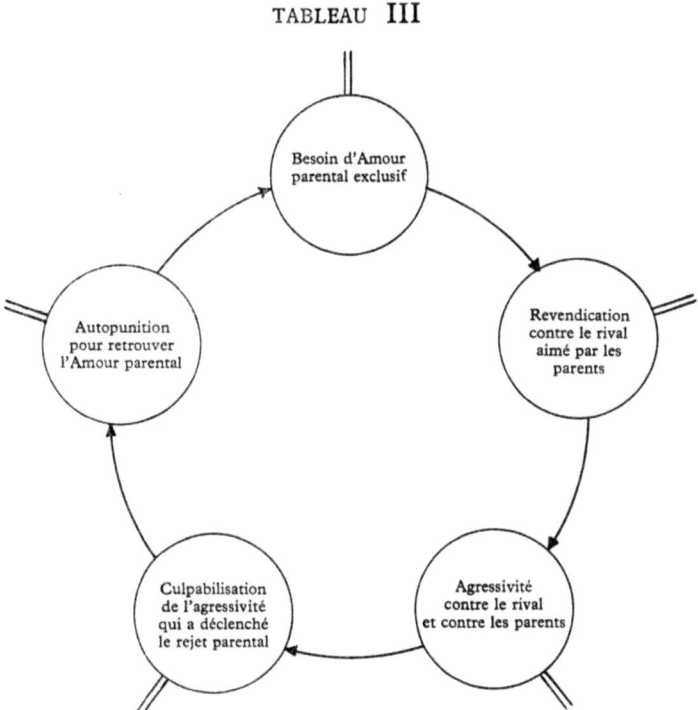

Tirons la leçon de ces quelques remarques. Une organisation existe au niveau affectif qui thématise les situations,
les événements, et les relations interhumaines pour le sujet-
qui-y-est-impliqué. D'un certain point de vue, cette organisation est elle-même l'expression d'une manière-d'être-au-
monde et de le vivre. Cette réalité existentielle suscite de
nombreuses productions imaginatives, verbales, rationnelles
même, leur donne une forme et un sens, et s'exprime aussi
par le comportement, les décisions, les actions, sans être
pourtant objet de conscience réfléchie.

Au contraire, une superstructure importante peut exprimer indirectement au niveau de la conscience claire, ce centre affectif de diffusion des significations vécues. La conception de la vie et du Monde, à un niveau rationnel, philosophique, peut en traduire les exigences. NIETZSCHE le soulignait amèrement dans *Au-delà du Bien et du Mal* : « Même les historiens, les théologiens et les philosophes... font semblant d'avoir découvert leur opinion par le développement spontané d'une dialectique froide, pure, divinement insouciante, ... tandis qu'au fond une thèse anticipée, une suggestion, le plus souvent un souhait du cœur, abstrait et passé au crible, est défendu par eux, appuyé de motifs laborieusement cherchés ».

Cette systématisation est bien autre chose qu'un ensemble d'associations d'idées, d'images ou de sentiments. « L'existence de *thèmes de pensée* », disait BINET (7), « est inexplicable par l'automatisme des associations... Pour qu'un thème se développe, il faut une appropriation des idées, un travail de choix et de rejet qui dépasse de beaucoup le travail de l'association. Celle-ci n'est intelligente que si elle est dirigée ; réduite à ses seules forces, elle utilise n'importe quelle ressemblance, n'importe quelle contiguïté, elle ne peut donc produire que de l'incohérence ». Au contraire, on peut dire que c'est le « thème », en tant qu' « organisateur » qui détermine les relations et les résultats de l'association. Vouloir remonter par les associations comme chaîne, vers des « sources » qui seraient la clé des « profondeurs », c'est comme si, en suivant les détours d'une route, on espérait trouver à l'arrivée la géologie du terrain parcouru. De même le développement de l'embryon est réglé et harmonisé par un « organisateur » actif dont on ne voit toujours que les effets sans jamais voir son mode d'action ni peut-être même sa nature.

Il est absurde, par conséquent, de comparer des *contenus* qui seraient apparemment comparables d'une conscience à une autre. Car chaque conscience implique un système inconscient de ses représentations, par rapport auquel le réel prend un sens vécu, sans qu'elle puisse se rendre compte de par quoi ce sens existe.

II

Après avoir considéré que la vie affective comporte une organisation, qu'elle est thématisée, que ses diverses expressions comportent des relations entre elles et avec un ou des thèmes latents, nous devons entrer plus avant dans la structure de l'affectivité, ce qui nous introduira ultérieurement dans l'organisation de la personnalité et de la conduite.

Nous avons déjà pu remarquer, à l'occasion des exemples ci-dessus, que des formulations multiples, des successions de décisions, des comportements variés, des expressions verbales ou posturales nombreuses peuvent manifester une constante formelle, présente et agissante dans ces « contenus » différents. Du fait de sa présence (elle est toujours là dans ses expressions diverses) et de son dynamisme (elle intervient activement dans les significations vécues et perçues), cette Forme n'a rien d'un halo émotionnel ou affectif, elle est un agent de structuration du vécu et du comportement, à l'insu de la conscience.

Nous ne pouvons pas ne pas évoquer ici les formules de Claude LEVI-STRAUSS à propos des méthodes de l'anthropologie structurale (8) : « Retrouver derrière le chaos (du donné observable) un schème unique, présent et agissant dans des contextes locaux et temporels différents... la structure sousjacente commune à des formulations multiples, permanente à travers une succession d'événements... Ce schème ne saurait correspondre ni à un modèle particulier de l'institution (disons ici du donné observable), ni au groupement arbitraire de plusieurs contenus donnés... Dans tous les cas, il y a quelque chose qui se conserve et que l'observation diachronique permet de dégager progressivement, par une sorte de filtrage laissant passer ce qu'on pourrait appeler le contenu lexicographique... pour ne retenir que les éléments structuraux,... pour parvenir... à l'architecture logique des développements (observables) qui peuvent être imprévisibles, sans être jamais arbitraires ».

Il s'agit pour la compréhension psychologique, de faire l'effort de formulation du principe organisateur ou des principes organisateurs qui imposent leurs formes à la multiplicité de ce qui est éprouvé, perçu, agi... Or, on n'a évidemment aucun autre moyen d'atteindre ce ou ces principes, que de recueillir les expressions nombreuses et variées, sous tous leurs modes de production et avec tous leurs contenus, et de filtrer ensuite les « contenus lexicographiques » pour ne retenir que « leurs éléments structuraux ». On constate alors que plusieurs contenus sont *isomorphes*, c'est-à-dire qu'ils ont une structure commune, de même que des situations variées par leur historicité et leurs retentissements conscients ou sociaux peuvent présenter des *analogies formelles* qu'il s'agit de saisir, et que la conscience du sujet ne peut saisir d'elle-même.

On trouve dans FREUD, à propos du symptôme (9), une remarque curieuse montrant combien il a été sensible au phénomène décrit ici sans pouvoir le définir à partir de son système élémentariste et associationniste : « Ses symptômes », écrit-il, en parlant de la malade, « remontaient à des événements l'ayant impressionnée vivement, survenus au temps où elle soignait son père malade; ces symptômes avaient donc un sens et correspondaient à des *reliquats ou réminiscences de ces situations affectives...*. En règle générale, le symptôme n'était pas le précipité d'une seule de ces scènes traumatiques mais le résultat de *la sommation d'un grand nombre de situations analogues*». Nous reviendrons sur le symptôme et il nous importe seulement ici de souligner les notions de *reliquat* et de *sommation des situations affectives analogues*. Si l'on rapproche ces mots, on voit jaillir l'idée du structuralisme à la place de l'image physiologique de sommation des excitations ou de l'image de bribes de souvenirs remémorées. Qu'est-ce que ce *reliquat de la sommation des situations analogues,* sinon précisément la structure commune qui les fait *analogiques* malgré la variété des contenus circonstanciels?

En un sens cette structure est vide, puisque par hypothèse, elle est vidée des contenus, mais en un autre sens, elle est pleine car en elle se résume un signifiant capable de s'exprimer dans des quantités de signifiés qui ne l'épuiseront jamais. Par ailleurs elle est plus *générale* que les contenus, toujours particuliers ou particularisés. Enfin, elle est *non consciente*. Nous retrouvons encore une loi de l'anthropologie structurale : « Le passage du conscient à l'inconscient s'accompagne d'un progrès du spécial vers le général » (10).

L' « inconscient » a été pendant un demi-siècle, le cheval de bataille de la psychologie, et il est passé dans le langage populaire comme le repaire de « pulsions » obscures et généralement inavouables. Un des effets non négligeables de cette conception a été de frapper d'impuissance les observateurs du comportement car ils n'étaient plus jamais certains de pouvoir démêler dans les signes offerts à leur perception, laquelle des mystérieuses pulsions pouvait apparaître, et, à supposer qu'elle apparaisse, quel masque indéchiffrable et énigmatique allait être le sien. De ce fait, seuls avaient le droit d'être psychologues, les détenteurs de la clé du mystère, des règles de l'herméneutique, spéléologues de la conscience, spécialistes de la psychologie des profondeurs, initiés aux symboles.

Les voix ne manquent pas pourtant pour dénoncer la mystification des « profondeurs ». « Il ne faut pas s'imaginer », écrit JUNG (11) « que l'inconscient est toujours enfoui sous de nombreuses couches et ne peut être découvert que par un pénible et profond déblaiement. Au contraire, il se glisse continuellement dans l'actualité psychologique consciente ».

GOLDSTEIN, de son côté, écrit (12) : « Pour nous, les phénomènes non conscients revêtent un caractère tout à fait différent de celui que la psychanalyse leur confère. Ils ne sont pas des phénomènes conscients refoulés qui auraient pour mission secrète de tendre à réoccuper les territoires interdits de la conscience. Nous évitons d'hypostasier à tort des événements configurationnels en forces propulsives séparées, erreur si caractéristique de la doctrine freudienne. Nous échappons ainsi à l'inexacte théorie des pulsions... ». Dans l'une de ses publications les plus récentes, reprenant des idées énoncées dès 1927, GOLDSTEIN critique sévèrement BINSWANGER parce que celui-ci se refuse à construire une contre-psychanalyse, et il écrit : « Essayer de concilier FREUD avec le point de vue existentiel, c'est se condamner à obscurcir les problèmes ».

« Le point de vue existentiel » avec BINSWANGER, MERLEAU-PONTY, MINKOWSKI et tant d'autres, a effectivement remplacé la notion d'inconscient par celle de « méconnaissance » et par celle de « latence ». L'inconscient « nouvelle formule » est présent non conscient *dans toutes les expressions de la vie personnelle*. « Si cette conception est exacte », écrit LEVI-STRAUSS (13) « il faudra vraisemblablement rétablir entre inconscient et subconscient une distinction plus marquée que la psychologie contemporaine ne nous avait habitués à le faire. Car le subconscient, réservoir des souvenirs et des images collectionnées au cours de la vie, devient un simple aspect de la mémoire; en même temps qu'il affirme sa pérennité, il implique ses limitations puisque le terme de subconscient se rapporte au fait que les souvenirs, bien que conservés, ne sont pas toujours disponibles. Au contraire *l'inconscient est toujours vide*; ou plus exactement, il est aussi étranger aux images que l'estomac aux aliments qui le traversent. Organe d'une fonction spécifique, *il se borne à imposer des lois structurales*, qui épuisent sa réalité, à des éléments inarticulés qui proviennent d'ailleurs ».

Ce qui nous arrive n'acquiert de signification pour nous, de même que toute l'information que nous cherchons dans notre *Umwelt*, que dans la mesure où notre inconscient l'organise suivant ses lois. On ne peut pas ne pas penser au texte célèbre de Boas sur le langage (et cela d'autant plus que la phonologie a servi de « nourrice » à tout structuralisme) : « La structure de la langue reste inconnue de celui qui parle, jusqu'à l'avènement d'une grammaire scientifique; et même alors, elle continue à modeler le discours en dehors de la conscience du sujet, imposant à sa pensée des cadres conceptuels qui sont pris pour des catégories objectives ».

En effet, les structures linguistiques sont inconscientes pour celui qui parle, tout en étant indispensablement présentes et agissantes puisque sans leur mise en œuvre, le discours, privé de sens intelligible, deviendrait une chaîne incohérente de sons ou de débris de significations. De même l'inconscient est l'ensemble des structures présentes et agissantes dans notre vie personnelle, organisant, réglant et déterminant les expressions de notre existence. C'est pourquoi il n'y a pas et *il ne peut pas y avoir de langage de l'inconscient* au sens où l'inconscient *serait* un langage. Cette idée d'un langage inconscient est le résultat d'une transposition erronée des lois de la phonologie dans une conception magique de l'inconscient. Cette dernière conception, selon laquelle « l'activité inconsciente est une activité qui a tous les caractères de l'activité consciente, sauf justement la conscience » (14) fait de l'inconscient une conscience seconde ou obscure qui parlerait par énigmes. Quant à la transposition de la phonologie et de la linguistique, elle oublie que les structures inconscientes ne sont jamais du signifié, pas plus que la grammaire n'est un discours, quoiqu'il n'y ait pas de discours sans grammaire.

III

Il convient de passer en revue quelques modes naturels d'expression des structures dans le but de nous laisser conduire par ces voies d'accès, vers la réalité même de ces structures, avant d'étudier leur genèse.

Je distinguerai d'abord, pour schématiser, quatre modes d'expression : les mots, les images, les rêves et les symptômes. Deux autres grands ensembles : les sentiments et les comportements expressifs, méritent d'être étudiés à part.

1. *Les mots.* Dans « la psychologie des sentiments » (15) et dans « l'imagination créatrice » (16), RIBOT, essayant de définir les « éléments fondamentaux » de l'affectivité, avait dit qu'il s'agissait d'*abstraits-émotionnels*. Il en faisait des « sentiments généralisés », « extraits d'émotions analogues antérieurement éprouvés ou souvenirs affectifs directs chargeant de *valeur* subjective certains *mots* ». Au chapitre 4 de sa « Logique des sentiments », RIBOT rapproche *abstraits-émotionnels* et mots poétiques symboliques. « Ces abstraits

émotionnels, dit-il, « s'exprimeraient dans la valeur essentiellement subjective que nous donnons à certains mots ».

Notre vieil auteur avait bien aperçu une parenté entre les Concepts (intellectuels) et les Valeurs (affectives) malgré la franche opposition qu'il met entre la Raison et les Sentiments, et il avait cherché leur convergence, au niveau de la conscience, dans *la valeur affective des mots*. Il est exact que, dans beaucoup de cas et chez beaucoup de sujets, certains *mots* un peu comparables à ces « mots-valises » que l'on attribue aux schizophrènes, sont porteurs d'une signification intense, concentrée pour ainsi dire, résumant et exprimant tout un ensemble affectif, tout un complexus existentiel. Pour transposer la formule de RIBOT, je suis tenté de dire qu'il s'agit de *concepts affectifs* qui se traduisent, pour tel sujet, par des mots-clés, des mots-témoins, des mots-symboles.

> A. me parle de l'Amour-sentiment en des termes qui lui sont particuliers. « C'est un sentiment dont la puissance me fait peur, dit-il, et me donne envie de m'échapper. Il est exigeant et prive l'aimé de sa liberté ; il implique ma soumission, il me ligote, il me paralyse, il m'étouffe ; il est captatif par essence et par-dessus le marché, il étouffe avec bonne conscience du côté de l'aimant, puisque c'est « par amour » qu'il fait tout ce qu'il fait. Et cela attribue à l'aimé d'abord l'ingratitude : il est celui qui ne veut pas reconnaître la valeur de l'amour... et ensuite la culpabilité : il est celui qui offense l'amour en ne s'y soumettant pas ou qui fait de la peine à l'aimant en ayant l'air de refuser l'Amour ».

À travers ces explications, on constate que A. se situe du côté de l'être-aimé et non pas du côté de l'amoureux. Il se pose en victime d'un Amour s'exerçant sur lui comme s'abat un filet sur un animal libre, comme une pieuvre enlace sa proie (notez ces « images » qui pourraient aussi bien servir d'expression). Il insiste sur la culpabilité inévitable de celui qui « ne se soumet pas ». Dans le filigrane des explicitations du sujet, apparaît l'amour exigeant d'une mère captative et admirable de dévouement, contre laquelle le fils ne peut défendre sa liberté d'initiative et d'action sans encourir le reproche moral de désobéissance et d'ingratitude. Car tel est le « modèle » de cette conception, c'est cela que signifie pour Mr A. le mot Amour. Et ce modèle *non conscient* sous-tend tout ce qu'il dit pendant qu'il essaie de me révéler ce que renferme pour lui ce mot.

Si j'ajoute que A., qui a 42 ans et qui est célibataire, se débat dans une relation amoureuse actuelle, on comprendra que son comportement avec la femme qui l'aime, ne soit pas simple.

> J. me parle de *l'authenticité* et comme, dans ma reformulation, je traduis par *spontanéité*, elle bondit car, me dit-elle, l'authenticité est précisément « le contraire de la spontanéité ». « Ceci est d'autant plus important que ce mot d'authenticité résume », dit-elle, « l'objectif de mon existence, de même qu'il résume les Valeurs. La spontanéité, c'est l'abandon aux sollicitations du présent, c'est se livrer sans conscience aux plus basses impulsions, c'est se vautrer sans morale dans la sexualité débridée, c'est vivre au niveau animal, égoïste, c'est l'obnubilation de la pensée, du contrôle, de l'altruisme, du dévouement, c'est la perte de tout sentiment humain, (J. est dans un état passionnel extraordinaire en donnant ces explications), c'est un déchaînement des instincts. L'authenticité, c'est exactement l'inverse. C'est la rigidité de la morale, le sacrifice de soi, l'abnégation, la vertu ».

Là encore, son mot est un mot-clé, et mon contresens du début (s'il trahit inévitablement ma propre conception de l'authenticité) montre bien que, pour le sujet, son contenu est particulier; il résume quelque chose de très important au niveau du vécu. Son drame personnel est d'ailleurs immédiatement définissable, car il vient de ce qu'elle cherche à sacrifier en elle-même *sa* spontanéité (qu'elle charge du plus noir opprobre), c'est-à-dire à arracher de son être tout désir de satisfaction personnelle pour vivre à un niveau moral de rigidité impersonnelle. Son « modèle », c'est tuer en elle quelque chose de vivant qu'elle considère comme nuisible, en espérant qu'elle aura ainsi réalisé son Devoir.

Si j'ajoute, ici encore, que J., qui a 38 ans, se torture en permanence pour arracher d'elle tout ce qui se présente sous l'aspect personnel (désir, amour, féminité, plaisirs de l'instant, intérêts intellectuels même, besoin d'argent personnel, etc.), on comprend en quoi et pourquoi *Authenticité* est pour elle un mot-clé, puisqu'il la condamne à surveiller et à tuer chaque jour en elle-même toute esquisse de joie de vivre, immédiatement suspecte de trahison envers le Devoir, lequel reste ainsi absolument négatif, auto-destructeur, impérieuse abstraction vidée et porteuse de Mort.

A travers ces exemples et des quantités d'autres qu'il suffit de chercher autour de soi, on admettra facilement que les structures affectives sont solidaires de concepts-affectifs, ayant un « domaine sémantique » particulier découpé dans le champ du vécu, et s'exprimant par des mots-clés.

Cependant, il est non moins évident que ces mots ne sont pas les seuls modes d'expression possible de l'Univers subjectif dans lequel ils nous introduisent.

2. *Les images* (clichés, fantasmes et symboles). Nous avons déjà rencontré, comme expressions, les images. Lorsqu'elles sont chargées de valeur affective, les images sont comme des mots-clés dramatisés, et nous retrouvons encore ici l'idée de RIBOT, qui attribuait aux *mots poétiques*, donc ceux qui font image, une valeur d'expression des abstraits émotionnels. Une image peut résumer une conception de l'existence, une

manière-d'être-au-monde. BERGSON pensait qu'une image centrale détenait dans ses virtualités illimitées d'expression, pour chaque philosophie, le secret de tous les discours du philosophe, et il en a donné de merveilleux exemples (17). Les poètes ont de même souvent traduit en image leur conception du monde ou de la Société. Que l'on pense au célèbre *Albatros* de Baudelaire...

Gaston BACHELARD, dans ses œuvres psychologiques, a montré la valeur des images capables de représenter « l'âme obscure » grâce à leur puissance d'évocation. « Les images », écrit-il (18), « nous les vivons synthétiquement dans leur complexité première en leur donnant souvent notre adhésion irraisonnée ».

Nous sentons bien que les images, en tant qu'expressions de puissantes structures affectives d'un sujet humain, ont quelque chose qui dépasse la simple illustration, la simple transposition sous forme poétique, pour prendre une dimension supérieure, et qu'elles deviennent alors des images-forces (des « idées-forces » aurait dit FOUILLÉE), des fantasmes, des symboles ou des mythes.

Décrivant sa conduite envers l'autre sexe, un homme me dit :

> « Dans l'acte sexuel, je ne m'engage pas, je reste affectivement et psychiquement distant ; je reste lucide, je cherche la satisfaction de ma partenaire, mais, personnellement, je reste très contrôlé ». Puis soudain il me fournit une image qui, dit-il, vient de traverser sa conscience : il s'agit d'une phrase de Paul CLAUDEL qui, déclare-t-il, « a eu pour moi dès la première lecture, un sens immédiatement illuminant. C'est celle-ci : *le ventre de la femme est un gouffre où se perd la spiritualité de l'homme* »...

Cette image va plus loin que les explicitations verbales préliminaires, elle donne l'explication quasi directe du comportement sexuel, elle en est la clé. L'image elle-même est évidemment autre chose qu'une comparaison ou qu'une illustration, elle est l'expression immédiate de la manière dont le sujet vit la relation entre sexes. Il suffit d'exploiter cette image pour tomber sur une série de certi-tudes vécues jamais formulées, telles que « dans l'acte sexuel, la Femme aspire ou pompe l'énergie intellectuelle de l'homme » ou mieux encore : « par l'acte sexuel, la Femme se nourrit de la substance cérébrale de l'Homme, et le laisserait vide ou vidé s'il se laissait aller ».

Délaissons pour l'instant la logique du comportement par rapport à ces certitudes magiques (en effet, dans ce contexte, la « lucidité et le contrôle » apparaissent nettement comme une « retenue » de l'énergie intellectuelle, une résistance à l'absorption féminine), et regardons de plus près ces nouvelles formules. Elles traduisent à leur tour ce qu'on appelle *un fantasme*, ici le fantasme de « la Femme anthropo-phage dévorant le cerveau masculin en l'aspirant par le tuyau-pénis au cours de l'acte sexuel qui réduit l'Homme à sa merci ».

Un fantasme est un imaginaire chargé de croyance, cons-titué sans rapport apparent avec le réel objectif ou condensant magiquement quelques lambeaux d'expérience ou de con-naissances, et détenant une charge affective considérable. Le fantasme a une Forme, et à ce titre, il peut être confondu avec la structure affectivo-motrice elle-même : « le fantasme », écrit J.B. PONTALIS (19) à propos des idées de BION et de Mélanie KLEIN, « est bien une certaine réalité structurée, agissante, capable d'informer non seulement des images ou des rêveries mais tout le champ du comportement humain ».

En fait, il est expression de la structure; il peut prendre, dans certains états nerveux, une valeur hallucina-toire, et déjà à l'état le plus banal il est hors des prises de la réflexion critique, il est vécu comme une croyance jamais mise en question. Il est davantage qu'une « représentation », il est plus que de l'imaginaire, il est tout autre chose qu'un « élément psychique »; il est un nœud de significations, un condensé de thèmes affectifs et de schèmes moteurs en puissance, le tout investi dans une image qui paraît peut-être métaphorique à l'observateur, mais dont le sujet concerné sent de manière immédiate et viscérale la prégnance et la valeur.

> Madame D., 26 ans, mariée, mère de famille, actuellement enceinte, souffre de crises d'angoisse. Elle décrit, sur ma demande, les situations anxiogènes et l'on découvre d'abord qu'elles ont pour constante commune la séparation (la distance) à l'égard de ses parents. « C'est effectivement au milieu d'eux, dans la maison de mon enfance », dit Mme D., « que j'éprouve la sécurité et nulle part ailleurs ». On retrouve des crises d'angoisse dès 7 ou 8 ans lors de l'éloignement ou l'absence de l'un ou l'autre parent. Des images-souvenirs reviennent, tel l'incendie de la ville de S., pendant la guerre (elle avait alors 4 ans). Plus son mari, industriel, lui parle de la concurrence industrielle et de la lutte pour la vie, plus elle a peur.
>
> Puis un jour, au cours d'un entretien, parlant de la solitude comme situation d'angoisse, elle évoque un « cliché », une « représentation très précise » dit-elle. « Il y a une petite fille vue de dos, dans un décor obscur, sombre, noir; un petit bout de chemin et, très près, un mur noir. Autour, rien, un néant plutôt qu'un anéantissement ». En décrivant cette image-cliché, Madame D. entre aussitôt dans une crise d'angoisse et lutte en vain contre les larmes.

Cette fois-ci, nous n'avons pas affaire à un fantasme mais à une image d'un autre genre, un *cliché*, qui a peut-être des racines dans des images-souvenirs mais qui n'est pas vécu comme tel. C'est un tableau qui a valeur de symbole et qui détient lui aussi une formidable charge affective. Cette image-cliché symbolise *la Solitude*, et même, me dit Mme D. après cette remarque, « elle symbolise la solitude *absolue*, avec sentiment d'être clouée au sol, impuissante, entourée de néant, réduite au néant ».

Notons au passage la lumière que projette cette découverte sur l'ensemble des comportements du sujet : elle nous fait comprendre en clair que l'attachement infantile aux parents est un effet et non pas une cause, une conduite de refuge contre l'angoisse de la solitude, les parents étant « toujours là » alors que le mari n'est pas toujours là et que son existence est perçue comme exposée à des risques. Mais attachons-nous plutôt à la Valeur de l'image : elle résume l'angoisse et elle représente la Solitude, mais au-delà de ce sens, elle a pour le sujet valeur de symbole (« la solitude absolue ») dans la mesure où en elle s'exprime *le* thème de toutes ses angoisses, le centre autour duquel s'est nouée son existence, *ce par quoi tout prend un sens* (pour Mme D. à un niveau non réfléchi « la Vie, c'est ça »).

Et ceci nous achemine naturellement vers le symbole, sur lequel on a tout dit, semble-t-il, sans arriver à une définition claire.

Il y a un sens large du mot *symbole* qui galvaude le terme et par lequel n'importe quoi pourrait devenir symbole de n'importe quoi pourvu qu'il y ait un rapport de sens indirect. Dire que les mots sont des symboles, ou que les signes conventionnels d'une science sont des symboles (symboles mathématiques, symboles chimiques), qu'une manière-de-parler par images ou métaphores est symbolique, ou qu'un rébus est une succession de symboles, c'est se condamner à ne plus savoir de quoi on parle faute de vocabulaire. La nomenclature des figures de style d'une langue devrait aider ici les rédacteurs d'articles et favoriser une plus grande rigueur d'expression.

Il faut en effet des conditions bien précises pour que, au sens strict, l'on puisse parler de *symbole*.

« L'essence du rapport symbolique », écrivait FREUD (20) « consiste dans une comparaison. Mais il ne suffit pas d'une comparaison quelconque pour que ce rapport soit établi. Nous soupçonnons que la comparaison requiert certaines conditions, sans pouvoir dire de quel genre sont ces conditions ». Dans d'autres pages et dans d'autres ouvrages, il n'en dira pas plus sur le plan théorique mais donnera maints exemples où le symbole apparaît comme expressif d'un sens latent, sens caché qui a la caractéristique d'être refusé par la conscience du sujet concerné. RICŒUR (21) réfléchissant sur les exemples et les méthodes de l'interprétation psychanalytique, a écrit : « Certes, le symbole est au sens grec du mot, une énigme, mais, HÉRACLITE le dit, le maître dont l'oracle est à Delphes ne parle pas, ne dissimule pas, il signifie. L'énigme ne bloque pas l'intelligence mais la provoque, il y a quelque chose à désenvelopper, à désimpliquer dans le symbole ; c'est précisément le double-sens, la visée intentionnelle du sens second par et dans le sens premier ». Dans une page antérieure (22), il avait dit : « Selon nous, le symbole est une expression linguistique à double sens qui requiert une interprétation, l'interprétation étant un travail de compréhension qui vise à déchiffrer les symboles ».

Il me semble qu'il faudrait, pour être tout à fait clair, distinguer 3 cas : d'abord le *double sens*, qui requiert une interprétation au sens strict ou tout au moins un dépassement du donné immédiat. Mais ce double sens est une catégorie d'expressions très étendue, allant de l'ambiguïté (volontaire comme dans l'équivoque et le mot d'esprit, ou involontaire comme dans le malentendu et le quiproquo) jusqu'à l'information « chiffrée » qui suppose un code de décryptage sans lequel l'interprétation est impossible (mot de passe, message codé).

Ensuite le *symbolisme simple* qui requiert une relation spéciale entre *deux* termes, dont l'un est manifeste et dont l'autre est secret ou caché. La relation spéciale exigée est que le terme appelé « manifeste » exprime d'une manière typique, quoique dans un ensemble concret différent, l'essence du second terme dans son contexte propre. Ici, nous sommes dans le symbolisme psychanalytique au sens strict, le seul d'ailleurs qui soit possible dans une théorie association-niste. Par exemple, *la tache* (la tache qu'on enlève, qu'on lave, qu'on efface) symbolise la souillure du péché ou l'impureté morale d'un acte dont on s'accuse. Ainsi lady Macbeth voit sur ses mains une tache de sang et essaie compulsivement de se laver les mains ; on reconnaîtra ici le symbole du « sang sur les mains » (dans cet exemple, le sujet le voit hallucinatoirement) et également la *conduite symbolique* signifiant son remords du meurtre qu'elle a fait commettre.

Voici un exemple de même genre :

> Mme G. me raconte l'incident suivant : « Ce jour-là, vers la fin de l'après-midi, j'ai vu revenir mon fils (âgé de 9 ans) dans un état épouvantable ; il avait dû se disputer ou jouer dans la boue car il était crotté, sale, dépenaillé. Je ne sais ce qui m'a pris, mais je suis entrée dans un état de fureur inhabituel, je l'ai attrapé, je l'ai déshabillé, je l'ai traîné sous la douche et je l'ai frotté rageusement avec un gant de crin en étant absolument insensible à ses hurlements de douleur et de peur. Je suis sortie de cet état curieux un moment après et comme soulagée ».

Pour « interpréter » cette conduite symbolique, il faut savoir qu'au début de l'après-midi de ce même jour, Mme G. (jolie femme d'une trentaine d'années) a pour la première fois commis un adultère, après de longues semaines de désir... et de scrupules moraux. Elle s'était donc abandonnée au cours d'une promenade en forêt, et était rentrée chez elle en proie aux tourments de la culpabilité. La « saleté » de son fils a soudain pris pour elle un sens symbolique.

A la limite, le symbolisme simple met en rapport deux objets ou deux types de réalités : dans l'alchimie psychanalytique, la clé symboliserait le pénis,... le vase symboliserait les organes génitaux féminins,... l'arrachage d'une dent serait un des nombreux symboles de la castration, etc... « Un grand nombre d'animaux que la mythologie et le folklore ont employés comme symboles génitaux jouent ce rôle même dans le rêve » écrit FREUD (23), « le poisson, l'escargot, le chat, la souris,... mais surtout celui qui symbolise essentiellement le membre viril : le serpent ».

Lorsqu'on collabore avec des psychanalystes (et pis encore avec des apprentis psychanalystes), on constate leur interprétation permanente par laquelle tout geste, toute parole, toute pensée est avidement « analysée », c'est-à-dire prise comme symbole. On voit vraiment en pleine opération les exigences du système de codage et décodage finalement capable d'interpréter n'importe quoi, la subtilité factice de l'interprétant devenant signe de sa compétence, et la « résistance » de son sujet accentuant sa certitude,... conformément au postulat selon lequel plus le sujet résiste, plus le second terme du symbolisme est « inconscient », donc plus il est « profond » !

Arrivons-en enfin au *symbolisme des ensembles*. Dans cette acception, le symbole représente à lui seul tout un ensemble avec lequel il soutient un rapport significatif, un rapport d'expression. Ce rapport semble varier entre deux limites extrêmes, l'une étant la représentativité socio-affective (et c'est dans ce sens que le totem symbolise un clan, la Croix la Religion chrétienne, ou que le Drapeau symbolise une nation), l'autre étant l'expressivité structurale de l'affectivité personnelle. C'est ce dernier cas qui nous intéresse ici.

Nous avons déjà vu qu'il était essentiel au rapport symbolique de soutenir une *analogie* entre symbole et réalité symbolisée. Dans l'expressivité structurale, le symbole résume par et dans sa structure concrète propre, la structure générale abstraite de l'ensemble qu'il signifie.

En fait, c'est parce que quelque aspect de ce rapport structural existe dans le symbolisme simple, que dans certains cas, il frappe par sa valeur et son évidence. Dans l'exemple ci-dessus décrit de Mme G., sa conduite symbolique n'était telle que par le fait qu'elle matérialisait, dans une action « épuratrice » significative, sa manière actuelle d'éprouver l'existence, de se soulager d'une culpabilité intolérable. De même dans l'exemple de lady Macbeth, de même dans le cas de Mme D. où le cliché signifiait à lui seul sa situation existentielle fondamentale (et pathogène). Si dans « Le Procès » ou dans « Le Château » abondent les symboles de l'univers de KAFKA, c'est précisément parce que l'univers affectif de leur auteur était porteur d'une structure exprimée (et, en un sens « simulée » en vertu d'une analogie foncière) par l'image d'un être condamné cherchant en vain et tragiquement pour quelle faute il est condamné.

Ainsi le symbole est autre chose qu'un double-sens et il n'est équivoque que pour l'observateur. Il résume, condense et concrétise toujours une structure, un système de significations vécues, un univers affectif, un ensemble thématisé. Par là, il manifeste quelque chose qui le déborde de toutes parts, et il recèle un quasi-infini d'implications. Comprendre un symbole, ce n'est pas chercher son sens caché, car il n'a pas de sens vraiment caché; il est ce qu'il signifie, c'est-à-dire il renvoie sans ambiguïté à un Univers isomorphe et il suffit de comprendre sa structure de signification pour découvrir sans autre opération associative, la structure du vécu qu'il exprime.

De ce fait s'explique que beaucoup de données de la conscience, beaucoup de contes ou de légendes (quand le symbole est collectif, il cesse d'être symbole pour devenir archétype, au sens de JUNG), des mots, des nombres, des images, des clichés, des fantasmes, des gestes, des mythes puissent acquérir valeur de symbole, lorsque leur rapport à l'ensemble signifié est celui du modèle structural par rapport à la variété indéfinie des situations analogiques vécues par le sujet. De là la subjectivité du symbole.

Une peau d'orange est, pour vous comme pour moi, une peau d'orange. En tant que telle, elle est un donné du monde sensible. Si je m'attarde sur « ce qu'est une peau d'orange », je peux facilement l'associer à des *images-souvenirs* (telle celle du vin d'orange fabriqué par ma grand-mère), ou retrouver la comparaison médicale classique avec le *signe* avant-coureur du cancer du sein, ou la ranger dans le *concept* plus vaste des épluchures. Mais voici qu'un sujet donne soudain à « peau d'orange » une valeur spéciale : « ce qu'on jette, ce qu'on rejette, ce que mes tortionnaires veulent me faire manger par force tous les jours, ordure, détritus, pourriture, saleté, ma propre saleté repoussante » (24). Il en fait par là un symbole dans la mesure où ce que cela signifie pour lui signifie en même temps le leitmotiv de son obsession.

On peut donc dire avec DALBIEZ, critiquant l'emploi freudien du terme *symbole* (25), « qu'il n'y a aucun rapport causal impliqué par la relation entre un symbole et ce qu'il symbolise », et qu'il serait plus indiqué de remplacer cette notion par celle d' « expression ». Ajoutons qu'il s'agit d'une expression d'un type particulier dont nous avons vu l'énorme potentiel affectif pour le sujet concerné.

3. *Les rêves*. Des images aux fantasmes, aux visions, et aux symboles, nous passerons naturellement aux rêves, « voie royale d'accès à l'inconscient », selon le mot célèbre de l'auteur de la *Traumdeutung*. Ils nous intéressent ici en tant qu'expressions des structures du vécu auxquelles nous consacrerons une étude plus complète (26). Ce qui frappe lorsqu'on étudie le travail d'interprétation que FREUD effectue sur certains rêves, c'est qu'il opère en deux phases successives : une phase d'associations libres à partir des images du rêve, et une phase de saisie du rapport entre le rêve (ainsi augmenté de ces chaînes d'associations) et le vécu du sujet.

La seconde phase est passée sous silence faute de théorie pour la justifier et pour en formuler la méthodologie, mais par contre, la première phase est très détaillée pour l'excellente raison qu'elle est un domaine de choix de l'associationnisme élémentariste de FREUD.

« Nous inviterons le rêveur », écrit FREUD (27) « à négliger l'impression produite par le rêve manifeste et à reporter son attention sur les différents éléments du contenu du rêve et à nous faire part, au fur et à mesure qu'elles se présentent, des associations que les fragments font naître. Dans quel ordre le patient devra-t-il examiner les fragments de son rêve ?

Plusieurs voies s'offrent à nous : nous pouvons simplement suivre l'ordre chronologique tel qu'il est apparu dans le récit du rêve ; c'est pour ainsi dire, la méthode classique et la plus rigoureuse. Ou bien nous inviterons le rêveur à choisir dans son rêve les résidus de la journée, car l'expérience nous a appris que dans presque chaque rêve s'est glissé quelque résidu de souvenir ou quelque allusion à un ou plusieurs faits arrivés le jour du rêve... Nous pouvons aussi dire au patient de parler d'abord des éléments qui lui semblent les plus importants du fait de leur netteté... L'important est d'obtenir les associations, peu importe la méthode employée pour arriver à ce but ».

Il en résulte une « masse d'images et d'idées, de souvenirs et d'aveux » dont le psychanalyste doit se servir dans son travail « d'interprétation ». On se croirait ici dans la seconde phase, mais il n'en est rien : avec ces chaînes d'associations, le psychanalyste « comble les lacunes qui subsistent entre les fragments de rêve », « rend compréhensible leur bizarre assemblage », comprend mieux le contenu manifeste « en voyant les rapports qui existent entre les images associées et le rêve lui-même » (28). Le vrai travail reste encore à faire, qui doit aboutir à formuler une des dynamiques non conscientes de la personnalité du sujet. Si le « contenu latent » n'était pas à ce niveau, le rêve ne serait pas « la voie royale qui mène à la connaissance de l'inconscient » (29). Et ici se produit régulièrement le « saut » qui, lorsqu'il réussit, valide abusivement la méthode des associations; ce saut est le passage de cette masse d'informations à la dynamique inconsciente de la personnalité du sujet, seul objectif valable.

La psychologie structurale qui considère le rêve comme une des expressions des structures inconscientes permet peut-être d'expliquer mieux que la théorie associationniste cette seconde phase essentielle, et même, par contre-coup, de jeter une lumière nouvelle sur les associations elles-mêmes (cf. aussi p. 240).

Tout se passe en effet comme si la structure du rêve n'était pas autre chose qu'un des schèmes affectivo-moteurs du sujet, ou une combinaison non quelconque de schèmes en petit nombre. La structure de signification du rêve est expressive de la situation existentielle du rêveur, d'un thème du vécu, et, toujours à cause de la valeur personnelle des symboles, fantasmes, images-clichés ou mots-clés. Il est des cas où cette structure de sens ne peut pas être repérée sans recours au commentaire des constituants du rêve.

Commençons par des cas simples où la structure affective, véritable *metteur en scène du drame onirique*, est immédiatement transparente.

G. est un garçon de 24 ans, célibataire, habitant la maison familiale. Il est hanté depuis quelques semaines, toutes les nuits, par un cauchemar à l'issue duquel il se réveille en sursaut et en sueur : « Je rêve que je me réveille dans mon lit et que c'est le matin, je décide de me lever. Je me lève et, en mettant les pieds en bas de mon lit, je sens qu'ils se posent non pas sur ma descente de lit, mais sur un cadavre. Je sais que ce cadavre est celui de mon père ».

La structure de la situation onirique est simple, elle se résume en cette proposition : « La mort de mon père est là comme un obstacle qui m'empêche de me réaliser ou comme quelque chose sur quoi je dois passer pour être ».

En fait le cauchemar avait commencé un mois environ après la mort du père, survenue dans des conditions particulières : le jeune homme avait obtenu à force d'insistance que son père lui prêtât sa voiture pour une sortie prolongée, et le père, cardiaque, avait fait une assez longue course à pied dans cet intervalle, au cours de laquelle il était mort brusquement d'une embolie.

La structure affective s'éclaire alors à la lumière du rêve : le jeune homme est hanté par le sentiment sourd de sa culpabilité et ne se donne plus le droit de vivre sa vie.

Ce cas est aussi simple que le fameux rêve de la dame qui étranglait un petit chien blanc, rêve classique décrit par FREUD et dont la structure de significations est tout simplement : « Résolution de se débarrasser d'un être familier, malgré la répugnance qu'on en a, et avec l'impression que cela sera facile ».

Non seulement on n'a pas besoin des chaînes d'associations dans des cas de ce genre, mais on peut dire même que la formulation de la Gestalt du rêve oriente le sujet vers la manière non consciente dont il vit actuellement son existence ou un aspect de celle-ci, ou vers des situations passées, de structure analogique. *

Voici maintenant un rêve un peu plus étoffé :

> Un homme de 32 ans, professeur au lycée, marié, sans enfants, me raconte le rêve suivant : « c'est un rêve tout simple. Je marche dans une ville, puis dans la campagne, puis dans une autre ville. Le seul ennui, c'est que je suis un géant, ou qu'alors les maisons sont lilliputiennes, car je ne peux de toute évidence et malgré mon désir entrer dans aucune ; elles sont trop petites, ou je suis trop grand »... Au réveil, le rêveur ne se souvient d'aucune impression personnelle particulière éprouvée pendant le rêve ni après.

La structure de l'image situationnelle présentée par ce rêve est également simple : on relève trois thèmes : **

1. Le sujet n'est pas dans une relation normale avec son environnement...

2. L'adaptation lui est impossible mais c'est un fait, et il est obligé de le constater sans comprendre pourquoi...

3. Il ne peut trouver aucun repos, aucun arrêt, aucun refuge...

---

* Rappelons ici que JUNG avait eu l'intuition de ce phénomène et en avait intégré le principe à sa méthode, sans aboutir cependant à une formulation rigoureuse. « Sa méthode », écrit Mme JACOBI (29) « se distingue de la libre association en ceci que le rêveur n'est pas seul à apporter sa contribution aux associations, mais que le médecin a aussi son rôle. C'est même souvent lui qui, par les analogies qu'il fournit, détermine l'orientation que vont prendre les associations du patient ».

** Nous employons « thème » pour représenter l'aspect affectif au sens de éprouvé-non-réfléchi,... et le mot « schème » pour représenter l'aspect affectif au sens d'organisateur non-conscient de conduites.

Le sujet concerné reconnaît avec étonnement cette structure comme une constante de son existence, constante dont il n'avait pas conscience réfléchie. Cela d'autant plus qu'il est heureux conjugalement et sexuellement. Il évoque spontanément deux images à la suite de la formulation de la structure du rêve : d'une part « la joie personnelle exquise » qu'il éprouve en ouvrant la porte de son appartement avec ses clés lorsqu'il rentre de son travail, et d'autre part le souvenir pénible de ses années d'enfance : ses parents étaient divorcés et il allait sans cesse de la maison de son père à la maison de sa mère et à la maison de sa grand-mère, sans savoir dans laquelle il était chez lui. L'inadaptation dont le rêve fait état, il l'éprouve, en y réfléchissant, comme « le sentiment permanent de chercher sa place dans la société et de ne pas la trouver, et peut-être de ne pas avoir envie de la trouver ».

Il déclare qu'il trouve difficilement à s'insérer dans les cadres sociaux successifs où il a voulu jouer un rôle professionnel, et qui sont « toujours trop étroits ».

Voici maintenant un rêve encore un peu plus compliqué :

Melle S. donne ce rêve répétitif qui la tracasse : « Je me vois, dit-elle, marchant sur un chemin de terre, entre des étendues de terrain qui semblent avoir été brûlées. Je vois quelques troncs calcinés, et, à perte de vue, dans toutes les directions, il n'y a aucune végétation, aucun être vivant, rien sinon assez loin de moi une maison blanche, vers laquelle je voudrais aller, quelque part sur l'étendue noire. Le chemin dans lequel je suis est plein d'une boue visqueuse où mes pieds enfoncent. J'essaie d'avancer, j'avance mais avec une fatigue énorme, en ne gagnant que quelques mètres. Je peine, je souffre, je vais tomber... et je me réveille en proie à une impression d'angoisse aiguë.

Tirons de ces images dramatisées, les constituants significatifs généraux de la situation, formulons le « pattern » de la situation vécue par le rêveur. Ce pattern met en rapport cinq thèmes (Tableau IV).

1. Le sujet est seul, sans aide, sans recours; elle éprouve cette solitude...

2. Il n'y a rien autour d'elle, elle est environnée de néant car tout a été anéanti...

3. Il y a un but espéré, mais il est hors d'atteinte...

4. Elle s'épuise sans succès dans ses efforts actuels...

5. Elle en éprouve de l'angoisse...

TABLEAU IV

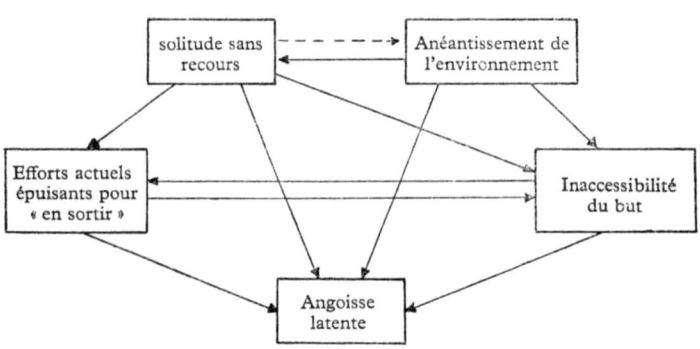

Ajoutons que cette femme a 40 ans. Elle est depuis l'âge de 16 ans la maîtresse entretenue d'un homme qui en a actuellement 65, qui est marié, père et même grand-père. Elle l'aime aveuglément. Elle ne travaille pas. Sa situation actuelle la prive de tout recours familial et social. Elle vit tranquille mais cachée dans un petit appartement où son ami vient trois fois par semaine pour quelques heures. Elle s'aperçoit qu'elle a perdu sa vie et qu'elle n'aura jamais une maison à elle. Cependant, elle résiste farouchement à l'angoisse, refuse de regarder en face la situation telle que son rêve la révèle réellement vécue. Elle consulte pour douleurs lombaires entraînant progressivement une paralysie que le rhumatologue juge « sans support organique » et qui résiste à toutes les thérapeutiques.

Il suffit de considérer le graphique pour voir la liaison fonctionnelle de deux thèmes dominants : solitude (à la fois subie et voulue) et inaccessibilité des aspirations normales, thèmes refusés par la conscience réfléchie du sujet parce qu'ils impliqueraient une accusation de l'homme aimé auquel son existence est absolument suspendue à tous les points de vue (si elle se séparait de lui maintenant, elle n'aurait plus rien du tout, ni travail, ni maison, ni argent, ni mari).

A l'énoncé de la structure du rêve, Melle S. me dit ce qui précède et reconnaît qu'elle est dans une situation inextricable dont elle ne veut pas sortir (pour les raisons ci-dessus), tout en disant (ce qui provoque une crise d'angoisse), « j'aurais voulu une maison à moi, un foyer et des enfants. Bientôt je serai à la ménopause et je saurai alors... que tout sera fini ». On comprend clairement la relation entre le rêve (et la maladie psychosomatique) et la situation globale vécue par Melle S.

Avant d'entreprendre un rêve plus complexe encore, attaquons un des exemples donnés par FREUD pour comparer la méthode structurale à la méthode associationniste sur un cas choisi par celle-ci.

Dans *Introduction à la psychanalyse* (30), FREUD consacre dix chapitres à la théorie du rêve et donne de nombreux exemples. Prenons au hasard celui de la page 216 qui clôt un chapitre et qui laisse le lecteur sur sa faim.

Voici le texte, avec le récit du rêve en italiques et le commentaire complet de Freud, faisant état des fameuses associations libres :

> *Il voyage en chemin de fer. Le train s'arrête en pleine campagne. Il pense qu'il s'agit d'un accident, qu'il faut songer à se sauver, traverse tous les compartiments du train et tue tous ceux qu'il rencontre : conducteur, mécanicien, etc.*

A cela, se rattache le souvenir d'un récit fait par un ami. Sur un chemin de fer italien, on transportait un fou dans un compartiment réservé, mais par mégarde on avait laissé entrer un voyageur dans le même compartiment. Le fou tua le voyageur. Le rêveur s'identifie donc avec le fou et justifie son acte par la représentation obsédante, qui le tourmente de temps à autre, qu'il doit « supprimer tous les témoins ». Mais il trouve ensuite une meilleure motivation qui forme le point de départ du rêve. Il a revu la veille au théâtre la jeune fille qu'il devait épouser mais dont il s'était détaché parce qu'elle le rendait jaloux. Vu l'intensité que peut atteindre chez lui la jalousie, il serait réellement devenu fou s'il avait épousé cette jeune fille. Cela signifie : il la considère comme si peu sûre qu'il aurait été obligé de tuer tous ceux qu'il aurait trouvés sur son chemin car il aurait été jaloux de tout le monde. Nous savons déjà que le fait de traverser une série de pièces (ici de compartiments) est le symbole du mariage.

A propos de l'arrêt du train en pleine campagne et de la peur d'un accident, il nous raconte qu'un jour où il voyageait réellement en chemin de fer, le train s'était subitement arrêté entre deux stations. Une jeune dame qui se trouvait à côté de lui déclare qu'il va probablement se produire une collision avec un autre train, et que dans ce cas, la première précaution à prendre est de lever les jambes en l'air. Ces « jambes en l'air » évoquent aussi les nombreuses promenades et excursions qu'il fit avec la jeune fille au temps heureux de leurs premières amours. Nouvelle preuve qu'il faudrait qu'il fût fou pour l'épouser à présent. Et pourtant la connaissance que j'avais *(conclut Freud)* de la situation me permettait d'affirmer que le désir de commettre cette folie n'en persistait pas moins chez lui.

Reprenons ce rêve du point de vue structuraliste. La structure de ce rêve, directement analysable à travers les quatre lignes du récit lui-même est la suivante : « *Il n'en faudrait pas beaucoup pour que je perde la raison et que je fasse (par impulsivité ou par manque de réflexion) un coup de folie qui aurait de lourdes conséquences* ».

Notons que cette structure est grosso modo présente dans la conclusion de FREUD (deux dernières lignes du texte) quoique non rapportée expressément au contenu du rêve.

Mais le plus curieux, c'est que les 4 chaînes associatives du rêveur, appréhendées par l'analyse structurale, reviennent à répéter 4 fois la même forme; ce sont 4 variantes du même schème (voir tableau V, p. 200).

Il arrive assez souvent que la répétition du schème ait lieu au niveau même du rêve, comme si le metteur en scène (la structure affective-comportementale ou dynamique de la personnalité) faisait jouer plusieurs fois le même schème avec des contenus et des acteurs différents, certains aspects respectifs se complétant.

En voici un exemple :

Mme B., 30 ans, jeune mariée, sans enfant, me raconte le rêve suivant : Cela se passe dans une pièce qui ressemble à une chambre parce qu'il y a un lit. Je suis avec mon mari et le frère de mon mari, mais je ne suis pas mariée avec mon mari (dans le rêve). Il nous incite, son frère et moi à nous marier. Je ne refuse pas au début ce projet car je pense que mon mari verra bien lui-même que c'est absurde, et que le frère « ne marchera pas ». Comme cela n'a pas l'air d'être évident

TABLEAU V

schème global	Il n'en faudrait pas beaucoup (un simple incident)	pour que je perde la raison	et que je fasse (par impulsivité ou par manque de réflexion) un coup de folie qui aurait de lourdes conséquences.
var. 1	Le train s'arrête en pleine campagne	Je pense qu'il doit s'agir d'un accident et qu'il faut songer à se sauver.	Je traverse tous les compartiments et je tue tous ceux que je rencontre.
var. 2	Par mégarde, on laisse entrer un voyageur dans un compartiment	où était transporté un fou	le fou tue le voyageur. « Il faut supprimer tous les témoins ».
var. 3	(Si j'épouse cette jeune fille)... ...à la moindre occasion	...ma jalousie va prendre une telle intensité... ...que je serais jaloux de tout le monde	...et que je serai obligé de tuer tous ceux qui se trouvent sur mon chemin.
var. 4	Le train s'arrêta entre deux gares	Ma voisine dit qu'il va y avoir une collision et met les jambes en l'air	J'ai souvent profité des jambes en l'air mais il faudrait être fou pour en profiter dans ces circonstances

pour mon mari, et comme je vois qu'il semble y tenir, je me mets en devoir de lui démontrer que son idée est ridicule, je me débats ; il ne veut rien entendre, je ne sais vers qui me retourner. Le frère s'en va. Je me retrouve seule.

Puis une autre scène surgit. Je suis dans la même pièce, cachée derrière la porte ; dans le couloir, qui est comme une rue étroite, passe assez rapidement une file indienne de personnes qui semblent avoir pour mission (j'en ai la certitude en les entendant, ce qui explique pourquoi je me cache) de m'attirer dans leur bande et de me faire sortir de cette pièce. Certains essaient de m'attraper par le bras. Je me camoufle le plus possible avec une impression très désagréable. Cette scène dure, ce défilé n'en finit plus. Je résiste avec une tension pénible croissante.

Quand je pense que le défilé est terminé, je sors et je me rends dans une pièce à côté qui est à la fois cuisine et cabinet de toilette, et qui ouvre sur ce couloir-rue. Je m'apprête à faire quelque chose, mais arrive un type farfelu, excité, qui tourne autour de moi comme un bourdon essayant de m'intéresser. Je sens à ce moment-là la présence de mon mari dans la pièce et je me dis qu'il faut que je lui fasse comprendre que je veux me débarrasser de ce type collant. Je me défends, je lui dis « laissez-moi tranquille, foutez-le-camp », j'ouvre la porte pour qu'il parte, et je me réveille sur une impression étouffante tellement la situation est compliquée ; je ne vois pas comment ça va se terminer, ni quelle est exactement l'attitude de mon mari, ni si je pourrai me débarrasser du casse-pied ».

Il y a dans ce rêve trois séquences, que je pourrais résumer et distribuer comme suit, selon quatre propositions chaque fois :

TABLEAU VI [A]

var. 1	Je ne suis pas mariée à mon mari. Il essaie de « me coller à un autre » qui pourrait être son substitut.	Je ne suis pas d'accord. J'espère qu'il s'apercevra que c'est absurde.	Mon mari ne répond pas même à mes attentes. Il trouve naturel ce que je trouve aberrant.	Je me débats toute seule dans ce problème.
var. 2	Des personnes passent qui essaient fortement et intentionnellement de m'entraîner avec elles et de me faire sortir de chez moi.	Je ne suis pas d'accord et je me protège comme je peux.	(mon mari est absent).	Je me débats toute seule et « ça dure ».
var. 3	Un personnage du genre bourdon et « collant » envahit à l'improviste mon existence.	Je le trouve finalement « casse-pied » Il faut que je démontre à mon mari que je ne veux pas de ce personnage.	Mon mari est observateur, ne fait rien, je ne sais ce qu'il en pense.	Je me bats toute seule contre le « casse-pied ».
schème	1 *Impression d'une mise à distance désobligeante de la part du mari et risques croissants que cela entraîne.*	2 *Désir de démontrer au mari ce que cette attitude a d'insatisfaisant (de pénible et de risqué).*	3 *Sentiment vif de l'incompréhension de la part du mari.*	4 *Solitude dans la résolution des conflits ainsi créés.*

On peut encore résumer en formulant ainsi la structure de la situation existentielle pénible actuelle de Mme B :

Elle est portée à vouloir démontrer à son mari en quoi l'éloignement affectif qu'il lui manifeste est insatisfaisant, pénible et risqué, et elle est pourtant certaine qu'elle n'a aucune chance de succès dans cette entreprise étant donné l'incompréhension de son mari à l'égard de ce qu'elle éprouve.

Les deux autres données du vécu sont des expressions corrélatives du même tourment. Le schéma final serait donc :
(voir p. 204.)

Il serait important de signaler ici que ce rêve (dont la structure a été contrôlée et admise par le sujet au cours d'un entretien) met en jeu à l'occasion de la situation existentielle qu'il exprime, des catégories affectivo-posturales-comportementales sans l'opération desquelles l'état actuel resterait inintelligible. Je veux dire que pour que ce rêve ait eu lieu, il faut que la situation actuelle, à un niveau non réfléchi, ait été vécue comme il vient d'être dit, mais que, pour que cette situation elle-même soit venue à l'existence, il faut qu'une *catégorie affective fondamentale et constante* du sujet ait été mise en cause. Il ne peut s'agir que de la catégorie « Être aimée — être admise — être comprise » s'exprimant par la sensibilisation extrême aux situations inverses ou de rejet (rejet affectif, refus, incompréhension). Il convient de ne pas se tromper sur la signification exacte de cette catégorie et de ne pas y voir l'expression banale du « besoin d'être aimée », car la relation structurale est précise entre « être aimée — être admise — être comprise ». Mme B. placée devant cette structure la reconnaît pour sienne et spontanément raconte alors qu'étant petite et adolescente, elle disait déjà à sa mère « si tu ne me comprends pas, c'est que tu ne m'aimes pas », attitude associée à des réactions de bouderie revendicative.

TABLEAU VI B

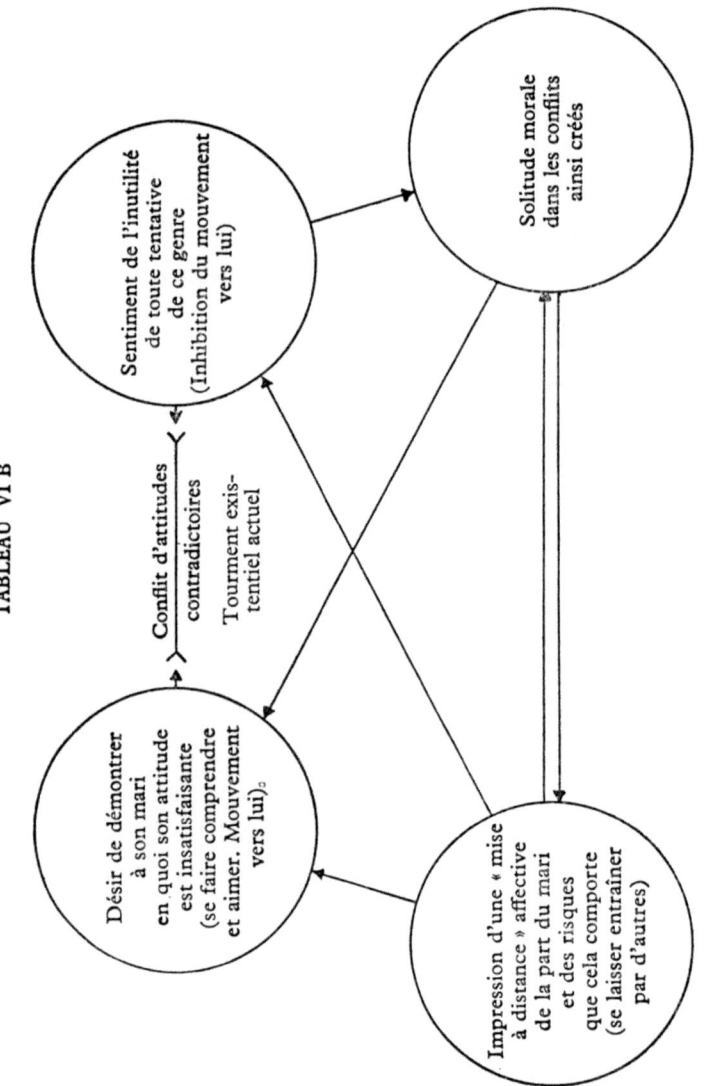

Il serait facile de noter les indications biographiques qui donneraient à cette catégorie le contexte historique dans lequel elle s'est construite, contexte qui m'a été révélé ensuite, l'analyse structurale du rêve ayant été faite avant ces confidences.

A travers ces différents exemples, et quoique la place nous manque ici pour une étude complète, on comprend que, conformément à l'affirmation psychanalytique, le rêve soit une expression significative de l'inconscient. Cependant, c'est par rapport à l'inconscient défini d'une certaine manière que le rêve est expressif. Il dramatise la structure vécue de la situation actuelle du rêveur, et celle-ci renvoie à une structure encore plus générale, saisissable par l'un de ses aspects, c'est-à-dire par l'un de ses investissements actuels.

4. *Le symptôme.* Je ne pourrai de nouveau qu'esquisser les lignes de recherches de la psychologie structurale à propos de la compréhension des symptômes. Le travail de la psychanalyse sur ce point a accumulé tous les matériaux désirables, et il convient de les utiliser. Le symptôme est un objet d'étude particulièrement important en psychologie clinique, parce qu'il est typiquement *un signifiant* dont le malade n'a pas la clé, dont il ne comprend pas le sens.

Exprimant, comme on le montrera ci-dessous, un ensemble... et même « une grappe » de structures, le symptôme partage avec celles-ci la caractéristique de non-conscience, mais il s'impose, par sa présence constituée, à la conscience et au moi, pour qui il ne signifie rien. Par là, le symptôme est un signifiant non signifié. Il est éprouvé comme absurde, et le moi conscient le subit comme un parasite indépendant de sa volonté. Or ses racines dans l'architecture structurale de la conscience prouvent bien qu'il a un sens, quoique ce sens échappe à l'intelligence du sujet, tout en sollicitant sans cesse son attention inquiète.

On comprend que, pour réduire cette obsession de l'absurdité (qui vient doubler en quelque sorte l'obsession même du symptôme) et pour assimiler cette réalité pénible (le symptôme est réel, puisque le sujet le constate comme un corps étranger), le malade construise quelquefois un « système explicatif » plus ou moins rationnel ou magique, qui acquiert, à ses yeux, une certitude (illusoire) fondée sur le fait-symptôme.

Dans ce paragraphe, il s'agira évidemment de symptômes psychiques ou psychogénétiques ou de maladies psychiques, qui peuvent être aussi bien « psychiques » (comme une obsession), ou psychosomatiques (comme une impuissance génitale ou une maladie fonctionnelle organique) ou psycho-sociaux (comme le vol compulsif ou un comportement dissocial d'origine psychopathologique).

FREUD a écrit quelque part qu'il fallait « éplucher la névrose ». Tous ceux qui se sont occupés de psychopathologie ont dû éprouver dans leur pratique la vérité de cette recommandation, car si l'on s'engage sur une piste, un jour, à partir du symptôme et si l'on arrive à découvrir, sur cette piste, une signification, (en rattachant le symptôme à une structure situationnelle traumatique par exemple), l'on s'aperçoit à la séance suivante qu'en partant du même symptôme, on peut s'engager sur une autre piste et ainsi de suite. De ce fait naît l'idée que le symptôme est à un carrefour, à un centre de convergence ou de recoupement de structures, et qu'*il est donc toujours surdéterminé*. De là d'ailleurs, un facteur de résistance venant de ce que des structures pathologiques et pathogènes subsistent, soit qu'elles n'aient pas été mises au jour, soit qu'il en reste d'autres inexplorées qui soutiennent toujours le symptôme dans lequel et par lequel elles s'expriment.

Un second fait, souligné par tous les maîtres de la psycho-pathologie, est que la résistance dernière et la plus grande, vient de la *résistance du sujet lui-même à la guérison*.

Je m'en tiendrai à des notations sur ces deux points.

H. P. est un homme marié et père de famille âgé de 35 ans, qui consulte pour impuissance sexuelle du type éjaculation précoce. Ce symptôme a toujours existé, dit-il, mais il s'y ajoute actuellement des tendances à l'impuissance totale. Il s'en est inquiété dès ce moment-là, n'ayant jamais pensé que l'autre forme fût aussi anormale. A première vue, Mr H. P. ne se plaint pas d'autre chose et entend localiser ses problèmes sur sa génitalité. On s'apercevra par la suite que l'ensemble de sa conduite est atteint, spécialement ses comportements socio-professionnels, marqués par des difficultés d'affirmation personnelle particulièrement gênantes étant donné ses responsabilités de chef dans une administration. Quoique intéressé par les personnes de l'autre sexe, il ne peut pas avoir envers elles de comportements de séduction, ni même leur présenter ses hommages et cela d'autant plus qu'elles sont plus séduisantes et plus « excitantes » pour lui. Il fait dans ces situations, dès qu'il s'y met, une sorte d'éreutophobie (peur obsessionnelle de rougir). D'autre part, il a une phobie de l'obscurité corrélative à une peur d'être aveugle qui le saisit quand il est soudain plongé dans le noir (lorsqu'il éteint sa veilleuse par exemple). De plus, il a une peur compulsive d'être rejeté par toute personne avec qui il se trouve en relation, quelle que soit cette relation, même professionnelle. Enfin il a horreur de tout signe extérieur de virilité (barbe, pipe, moustache, cigarette même) tout en se plaignant d'avoir un visage féminin et trop de sensibilité.

Son histoire est assez mouvementée. Fils unique, il a vu ses parents se disputer, avant ses trois ans, âge de leur divorce. Sa mère étant obligée de travailler, il a été mis très jeune en pension chez ses grands-parents, et il attendait avec anxiété et espoir la fin de chaque semaine, à cause des visites de sa mère qui faisait à chaque week-end 150 kilomètres pour passer une nuit et un jour avec lui. Il couchait à cette occasion dans son lit et éprouvait « le comble du bonheur et de la sécurité ».

Très gentil, très doux, au point de passer durant son enfance pour une fille, il a toujours cherché à satisfaire sa mère; sa scolarité a été celle d'un bon élève, tremblant de ne pas la satisfaire, par peur d'être rejeté par elle. Un choc est relevé vers 5 ans à l'occasion de la mort d'une voisine par hémorragie utérine, hémorragie qui s'est trouvée liée, dans sa perception (à la suite de récits vaguement entendus) à l'action sexuelle « inconsidérée » du mari. Vers le même âge, un « mauvais souvenir » : à la vue d'une copulation entre chien et chienne à la campagne, ayant abouti à un penis captivus, il avait couru prévenir sans comprendre, ses hôtes, et ceux-ci étaient sortis et s'étaient moqués de lui à pleine gorge. Un traumatisme plus grave relevé vers ses 10 ans, âge où un exhibitionniste lui a proposé de toucher son pénis en érection. Un autre, vers la même époque, avec la découverte des linges féminins sanglants (serviettes hygiéniques maternelles cachées dans une bassine).

Tous ces faits ont lentement été dégagés au cours de nombreux entretiens et sont présentés ici en raccourci.

Le symptôme d'impuissance sexuelle, qui disparaît en 35 séances, guérison qui s'accompagnera de la disparition de tous les autres troubles du comportement, se trouvait au point d'intersection de sept ensembles au moins, dont voici les formes et les sources :

1. Inhibition-blocage des conduites masculines ou de l'intégration de modèles masculins, par l'effet lointain de l'aversion-fuite à l'égard du père qui battait la mère, l'enfant

cherchant en vain à la défendre (fantasme de l'être viril — agresseur effrayant).

2. Aversion pour son propre sexe (pour son être-garçon) par peur d'être rejeté comme le père, par la mère, seule source de sécurité dans un univers mal assuré.

3. Curiosité et culpabilité simultanément, pour les choses sexuelles, la culpabilité provenant de la découverte des linges maternels, et aussi de la découverte de la sexualité animale faite dans les conditions décrites. Ajoutons évidemment l'éducation morale, le choc provoqué par l'exhibitionniste et les résultats des nuits passées dans le lit maternel jusqu'à un âge avancé.

4. Fantasme de l'acte sexuel comme agression, et du pénis comme capable de provoquer la mort par hémorragie à la pénétration. L'origine est ici le traumatisme de l'exhibitionniste ajouté à celui du récit de la mort de la voisine.

5. Fantasme du sexe féminin comme organe d'une extrême fragilité, comme plaie permanente, en danger d'hémorragie à la moindre pénétration. Ce fantasme s'articule avec le précédent qu'il renforce, et provient des mêmes causes, à quoi s'ajoute la découverte des linges maternels.

6. Adoption de modèles féminins de comportement, ceci associé au désir de ne pas être garçon, à l'imitation de la mère, à la valorisation de la soumission-gentillesse-désir-de-plaire qui sont non seulement les inverses de l'agressivité liée fantasmiquement à la virilité, mais aussi le résultat de la peur de l'abandon par la mère.

7. Fantasme de l'acte sexuel comme copulation déclenchant le ridicule et entaché d' « animalité ». Image complémentaire de l'Amour comme sentiment pur (modèle Amour maternel-filial, qui exclut la sexualité).

Dans le graphique ci-dessous, j'ai essayé de montrer l'organisation de ces schèmes qui concourent au refus de la

TABLEAU VII

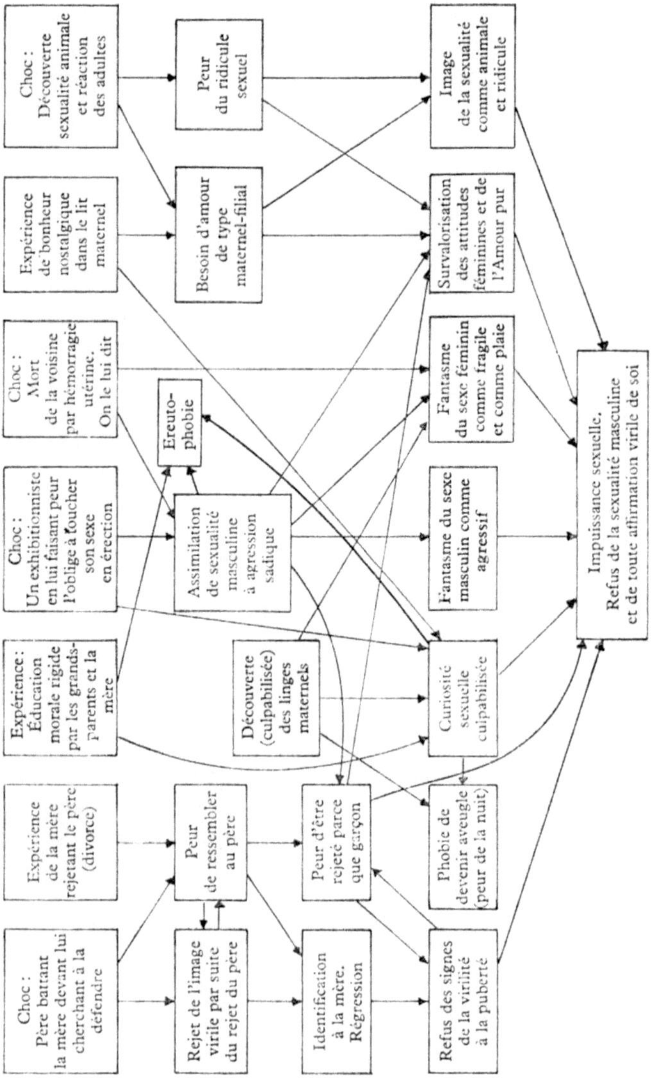

- Choc : Découverte sexualité animale et réaction des adultes
- Peur du ridicule sexuel
- Image de la sexualité comme animale et ridicule
- Expérience de bonheur nostalgique dans le lit maternel
- Besoin d'amour de type maternel-filial
- Survalorisation des attitudes féminines et de l'Amour pur
- Choc : Mort de la voisine par hémorragie utérine. On le lui dit
- Ereutophobie
- Fantasme du sexe féminin comme fragile et comme plaie
- Choc : Un exhibitionniste en lui faisant peur l'oblige à toucher son sexe en érection
- Assimilation de sexualité masculine à agression sadique
- Fantasme du sexe masculin comme agressif
- Impuissance sexuelle. Refus de la sexualité masculine et de toute affirmation virile de soi
- Expérience : Éducation morale rigide par les grands-parents et la mère
- Découverte (culpabilisée) des linges maternels
- Curiosité sexuelle culpabilisée
- Expérience de la mère rejetant le père (divorce)
- Peur de ressembler au père
- Peur d'être rejeté parce que garçon
- Phobie de devenir aveugle (peur de la nuit)
- Choc : Père battant la mère devant lui cherchant à la défendre
- Rejet de l'image virile par suite du rejet du père
- Identification à la mère. Régression
- Refus des signes de la virilité à la puberté

sexualité masculine aussi bien que de toute affirmation virile de soi (cf. tableau VII).

On comprend par ce tableau la surdétermination du symptôme; des structures relativement indépendantes se précipitent (au sens chimique du terme) en un symptôme qui les exprime et les résume simultanément.

Le « déverrouillage » du comportement nécessite donc des analyses patientes sans que le thérapeute s'étonne de repartir du même point ou d'y arriver par des voies différentes. Le symptôme comme résumé et convergence des structures est, au plus haut point, un automatisme répétitif. Répétitif parce qu'automatisme, ni plus ni moins qu'une structure, mais avec une rigidité provenant de ce qu'il est une quintessence d'automatismes multiples s'exprimant dans son mécanisme unique.

Voici un autre cas où le déclencheur du symptôme est historiquement une réflexion banale faite par un tiers. A l'occasion de ce phénomène, on mesure à plein, si besoin était de le souligner encore, à quel point les structures affectives opérant comme catégories dynamiques peuvent donner une signification massive à une information banale. Une phrase apparemment quelconque ou dont la pertinence ne dépasse pas le présent, peut ainsi « asséner une névrose » selon l'expression de HESNARD, et nouer soudain un symptôme névrotique qui parasite aussitôt la conscience, ruine ses possibilités d'aperception du présent comme tel, et son adaptation au réel.

> E. L. est étudiant en droit. Il a 24 ans. Il est atteint de névrose obsessionnelle grave et évolutive : il a la crainte permanente de perdre son pantalon lorsqu'il est dans la rue. De ce fait, il n'ose plus sortir et a tendance à vivre enfermé dans sa chambre, en survêtements de sport.

En outre, il est persuadé que sa colonne vertébrale ne peut plus soutenir son corps, qu'elle s'affaisse, « s'avachit » et que du même coup son abdomen « se dégonfle », tombe en avant, ce qu'il relie à la fâcheuse tendance que son pantalon aurait à descendre.

En cherchant à comprendre comment s'articulent ces croyances névrotiques, l'on trouve que E. L. craint en fait que la chute de son pantalon au milieu de la rue, ne laisse voir que sa colonne vertébrale se creuse et que son ventre est descendu. Inutile de dire qu'anatomiquement E. L. ne présente aucun trouble. C'est un superbe athlète de 1 m 80 et de 82 kgs, à la face pouponne et à la parole facile. Comme chez tous les névrosés, la perception de l'incompréhension sociale et l'isolement moral qui s'ensuit, créent des troubles du comportement réactionnels et aggravants. E. L. cherche à multiplier ses amis et connaissances pour s'expliquer, ce qui ne va pas sans complications. Son histoire est assez banale. Il est le fils aîné d'une famille de deux enfants (une sœur plus jeune de 4 ans) dont le père était patron d'une petite entreprise de poteries d'art. Ce père était d'un naturel bohème, distrait, débonnaire jusqu'à la faiblesse, mais bon, et la mère, plus autoritaire, faisait régner l'ordre. Ils habitaient un bourg de la campagne, et ils y avaient un statut social élevé.

Il semble que E. L. ait été très tôt, pour des raisons ignorées mais tenant sans doute aux attitudes de l'entourage, extrêmement jaloux de sa sœur, laquelle défensive et jouissant de l'hyperprotection parentale, se plaignit de son frère dès qu'elle sut parler, ce qui provoquait les exaspérations maternelles d'abord, maternelles et paternelles par la suite, contre lui.

On est en droit de penser que E. L. a subi un traumatisme psychologique à la naissance de la sœur par suite des conditions générales de sa vie et de son milieu (enfant unique pendant 4 ans, en même temps matériellement choyé et affectivement frustré par une mère virile, mal préparé à la naissance de la sœur, envoyé à l'école maternelle à cette époque, et ressentant une exclusion de ce fait). Cette structure de la situation vécue (frustration — exclusion — rivalité) a entraîné chez E. L. une agressivité à l'égard des parents et à l'égard de la petite sœur, donc un schème réactionnel de revendication, attitude qui, loin d'entraîner le retour de l'ancienne situation nostalgique (comme l'espèrent magiquement les enfants), avait évidemment entraîné une aggravation de l'exclusion.

Par la suite, vers 10-12 ans, utilisant dans sa stratégie les remarques parentales qui lui enjoignaient de se montrer « plus raisonnable », E. L. intervient de deux façons : il est celui qui donne l'exemple, qui « doit » donner l'exemple, et pour cela il se conforme minutieusement à tout ce qu'il perçoit comme « règles de conduite et bonnes manières » dans les réflexions des parents à propos de quiconque. Si les parents disent de quelque ouvrier « il n'est pas sympathique avec sa bouche tordue », E. L. en conclut qu'il faut veiller à avoir la commissure des lèvres bien droite. Si les parents disent à sa sœur de ne pas se voûter, il veille à se tenir très verticalement, etc...

Simultanément, il devient le censeur de la fillette et fait remarquer tout défaut de comportement ou tout laisser-aller dans sa tenue générale, à table, en voiture, dans les jeux, au travail scolaire, etc... Lui-même est excellent élève.

Cette deuxième organisation du comportement est d'abord une sorte de rajustement de l'attitude antérieure. La même tension nerveuse persiste mais l'objectif vécu de réintégrer le milieu affectif et d'obtenir l'accord, prend d'autres moyens. L'agression contre la sœur s'est glissée dans le conformisme personnel scrupuleux (et déjà obsessionnel de la « règle ») à des principes et valeurs au nom desquelles il a maintenant (ou croit avoir) *le droit de juger et de faire condamner sa sœur.*

> Ce climat qui se développa depuis ses 10-12 ans jusqu'à son départ en pension vers 17-18 ans, était devenu pour E. L. assez névrogène, et il perfectionnait obsessionnellement son système, sans d'ailleurs pour autant conquérir l'accord des parents ni provoquer l'exclusion de la sœur. Les parents excédés étaient eux-mêmes « conditionnés » à toute remarque de E. L. contre sa sœur, laquelle développait son agressivité de revanche et mettait exprès E. L. dans des situations ambiguës de chicanerie procédurière, ou bien jouait deux rôles, l'un en face des parents, l'autre en face de son frère pour l'énerver.

On peut penser que dès cette époque, la situation de conflit était suffisamment nouée pour que E. L. ait réuni toutes les conditions d'une névrose. Son orientation vers les études de Droit est le résultat du même mouvement vers une supériorité dans la connaissance des règles capables de lui assurer en même temps le droit de juger-condamner, la puissance sans les apparences de l'agressivité, et l'accord affectif des parents par son excellence de Raison et de compétence juridique.

> Mais les parents ne semblent pas se rallier comme le souhaite l'adolescent. Il nourrit alors une amertume obsédante, reprochant intérieurement à son père sa faiblesse (« s'il avait été un Homme, il aurait compris et aurait eu la partie facile en se mettant de mon côté contre les deux femmes »). Le père, toujours débonnaire, distrait et fatigué, refusait le dialogue avec ce fils ergoteur.

> Vers 17 ans, E. L. est mis en pension pour terminer les études secondaires qui étaient brillantes. Durant

cette période, il a la révélation de sa puissance physique et se met à faire du sport avec passion, spécialement des haltères. Sa carrure s'y prête. Aux vacances, petites et grandes, il retrouve le climat familial, et sa sœur qui y règne maintenant à la grande fureur (intérieure) de E. L.

L'obsession semble alors constituée. Le comportement est entièrement déterminé par la Gestalt archaïque mais celle-ci a engendré des schèmes plus particuliers : d'une part une haine tenace de la sœur qui s'est étendue à la mère et plus globalement encore à toute considération sentimentale des problèmes, d'autre part une concentration sur son père de la revendication de justice (la justice qu'il veut rendre mais aussi qu'il veut qu'on lui rende); enfin, une orientation de sa volonté de puissance vers la force physique. Dans cette dernière perspective, le choix des haltères, déterminé par d'autres raisons physiques ou de milieu scolaire, a cependant une signification psychologique indéniable : le triomphe de la force pure et brute. On peut soupçonner que le conflit avec le père va prendre l'allure d'une « explication d'homme à homme ».

En 4 ans, E. L. conquiert des titres universitaires (en Droit) et sportifs (en haltérophilie). Son obsession s'est maintenant localisée : il faut qu'il ait avec son père une grande « explication ». Il faut « régler les comptes », en finir avec son enfance et son adolescence. E. L. a le sentiment que, pour faire sa carrière d'homme, il doit nécessairement en finir avec le problème.

Vers 22 ans, l'occasion favorable pendant les grandes vacances lui paraît à portée de la main. A plusieurs reprises, des incidents fortuits lui font « remettre » la grande explication. Il est décidé à « taper du poing sur la table ». Il détient toutes les puissances mais son cœur s'affole toujours au dernier moment. Plusieurs fois, sa mère est obligée de lui dire « laisse ton père, il est très fatigué ». Le père est effectivement très fatigué. D'ailleurs il meurt brutalement d'embolie à la table familiale, juste au moment ou E. L. attaquait une bonne fois.

La disparition subite du père survenant dans l'existence de E. L. dominée affectivement et posturalement par la structure dont nous avons suivi l'évolution, y détermine une réorganisation autour de l'auto-accusation non consciente de la mort paternelle. Tout se passe comme si cette mort le privait d'un seul coup du Droit et de la Puissance obsession-nellement construits pour accaparer et dominer le père, afin de dominer ensuite et de régler la situation archaïque et permanente. Toute la construction s'écroule, et tout se passe comme si les débris de la structure unique attendaient une nouvelle Forme.

> Les premiers temps se passent relativement bien. E. L. ne revendique plus rien et laisse à sa mère la direction des opérations et de la famille. Il retourne en Faculté. Six mois plus tard, alors qu'il faisait par routine quelques exercices d'haltérophilie dans sa salle habituelle, le moniteur prononce une phrase qui allait avoir un grand retentissement : « La cambrure de vos hanches est étonnante, vous avez une cambrure de femme ». En trois mois, les symptômes névrotiques se constituent et les phobies, décrites au début du cas, apparaissent.

L'action du « déclencheur » est ici assez nette. Cette phrase n'est choquante que par rapport à une structure prête à « prendre en masse », pour ainsi dire. Son action a consisté à fixer, semble-t-il, une structure en cours de constitution exactement dans cette orientation thématique, et à dériver sa puissante signifiance vers un point du corps (dans d'autres cas, c'est vers une idée, une image, une classe d'objets, une espèce animale, ou un genre d'êtres) qui cependant n'est pas fortuit. *Le symptôme a une signification.* Dans l'exemple particulier, on comprendra aisément cette signification qui renvoie comme toujours à la structure ou à l'organisation des structures, qu'il résume, rassemble ou concrétise. Par là se vérifie l'assertion psychanalytique selon laquelle il y a un rapport entre le symptôme et l'inconscient; mais nous dirons que le symptôme *exprime et résume* d'une certaine manière les structures, et c'est pour cette raison qu'il est *symbolique*.

Dans l'exemple précédent, le symptôme était l'impuissance sexuelle et apparaissait comme la résultante expressive de la convergence de plusieurs structures connectées. Dans cet exemple-ci, il est aussi symbolique des structures, mais prend plutôt l'aspect d'un fantasme, puisqu'il s'agit d'un trouble imaginaire.

Sa valeur symbolique se réfère à la signification psychologique structurale : il s'est « dégonflé », il ne peut plus se tenir droit (il ne peut plus bomber le torse), il est une Femme (il n'est pas un Homme), il ne pourra plus jamais être un Homme (il ne peut plus porter un pantalon), son corps l'a trahi et est la cause de son échec, mais du même coup, il est condamné à l'échec. A travers ces métaphores, nous cherchons à saisir la Gestalt du symptôme-symbole : *l'affirmation de soi comme volonté de Puissance est ruinée parce qu'il n'a pas pu prendre (et qu'il ne peut plus prendre désormais) l'attitude virile.* Telle est, chez E. L., la signification qui s'investit concrètement dans les contenus obessionnels.

En tant que tels, les contenus assiègent le Moi. Les structures de sens, latentes, restent hors des prises de la conscience, quoique ce soit par elles que ces contenus signifient quelque chose. Le Moi éprouve le symptôme comme un absurde parasite indétachable et épuisant parce que la conscience ne peut réfléchir sa propre structuration qui est son inconscient *.

Disons maintenant quelques mots de la *résistance à la guérison*, caractéristique des maladies psychiques. Il ne s'agit pas ici de la fameuse « résistance » introduite par la psychanalyse et qui est à la fois un artéfact de la méthode et une transposition de la doctrine du refoulement, liée elle-même à la conception de l'inconscient-zoo.

Il ne s'agit pas non plus de l'opinion du thérapeute devant les échecs ou les lenteurs de son analyse (nous avons vu à quel point le symptôme a des racines multiples).

La résistance vraie, que l'on constate en cours de traitement au moment crucial de la dissolution des structures pathogènes, semble due à deux phénomènes corrélatifs : d'une part à l'économie stable que représente la névrose, d'autre part à l'idée que le sujet se fait de la guérison.

Le premier phénomène est un paradoxe apparent, puisque le névrosé condamné à la répétition indéfinie ne jouit pas du présent et n'a pas d'avenir (ne se représente pas l'Avenir), et, en outre, souffre (angoisses, fatigue, inadaptations,

---

* Réagissant à cette absurde instance, le Moi peut construire, comme je l'ai dit ci-dessus, un édifice intellectuel qui l' « explique » ou la « justifie ». Cette construction artificielle, centrée sur les contenus, n'a évidemment rien de commun avec la découverte des structures.

C'est pourquoi, l'auto-analyse est difficile, et c'est pourquoi surtout l'introspection ne peut que ruminer les contenus et corroborer le système intellectuel créé par la rationalisation secondaire.

Dans certaines névroses d'angoisse par exemple, le thème de la Mort s'impose classiquement comme désir de Mort et crainte de Mort, ceci étant lié à l'auto-punition, elle-même solidaire d'une culpabilité fantasmique exigeant l'expiation absolue. Ce phénomène névrotique est bien connu. Il semble que le fameux conflit entre un « instinct de vie » et un « instinct de mort », que l'on retrouve régulièrement dans toutes les névroses d'angoisse et de culpabilité soit une rationalisation secondaire de ce genre.

difficultés de l'existence sociale, indisponibilité de l'attention, problèmes avec l'entourage, etc...). Il *devrait* vouloir guérir, et sa réflexion consciente le souhaite sincèrement; il veut se faire aider, se débarrasser des contenus parasites de sa conscience ou de sa conduite; il se sent malade. Mais la névrose est son existence. Il a organisé son système de significations, il a évité par la névrose *quelque réalité qu'il ne pouvait pas affronter*. En un sens, elle est *un refuge;* elle permet de faire l'économie d'un affrontement impossible, refusé par l'être tout entier.

La guérison est précisément référée à la réalité (supposée telle) que le malade a toujours voulu éviter. L'image de la guérison est liée à un type d'existence impossible. C'est pourquoi il est extrêmement important d'analyser à un moment opportun, *quelles significations le malade donne à sa guérison*. Il y a un *fantasme de la guérison* qui agit comme frein puissant aux progrès de la conscience, et qui est capable d'annuler les effets de la thérapie s'il n'est pas lui-même traité.

Tout ceci me paraît relatif à la grande loi de la psychologie structurale selon laquelle les structures de signification *sont* des structures de comportement. Dans le cas de Mr H. P., par exemple, l'éjaculation précoce, symptôme pathologique comme type d'impuissance sexuelle, était un mode de comportement sexuel économisant la situation redoutée d'agression pouvant provoquer une hémorragie mortelle avec toute la culpabilité attachée par ailleurs à ce sang. Il est évident qu'au cours du traitement, l'image de la guérison (ici facile à définir comme exercice normal de sa sexualité) provoque une panique psychosomatique non réfléchie comme si on allait donc l'obliger à se conduire en assassin.

Si telle malade a bâti son existence sur une structure dont

l'axiome serait « on ne s'occupe de moi que dans la mesure où je suis malade », tout progrès vers la guérison déclenche la certitude qu'elle ne rencontrera plus qu'indifférence envers elle. L'expérience elle-même est impuissante puisque l'information qu'en tire le patient est codée d'une manière qui ne nous est pas transparente; je veux dire que si telle malade *en étant malade* constate que, loin d'être aimée — entourée, elle déclenche l'hostilité et l'irritation de son entourage actuel, sa conduite « adaptée par rapport à la Forme pathogène structurant son existence » consistera *à s'aggraver* pour déterminer l'amour attendu. Elle peut en arriver à cette conclusion catastrophique « il faut donc mourir pour être aimée », et ce fantasme *(les Autres autour de mon cadavre aimé)* peut parfaitement s'investir dans des schèmes de comportement entraînant la mort, ou aggraver une maladie organique intercurrente.

Une fois de plus, ce sont les significations-pour-le-sujet qu'il s'agit de comprendre, ainsi que leur principe organisateur (que nous avons appelé *structure de signification*), pour pénétrer dans l'Univers subjectif des Formes qui déterminent les perceptions, l'expérience, les sentiments et les conduites. Les diverses *expressions* de cet Univers, telles qu'elles ont été esquissées dans ce chapitre, sont des voies d'approches vers la compréhension des structures latentes du vécu, c'est-à-dire vers l'inconscient.

4

*Tout état émotionnel a une cécité
et une insensibilité naturelle pour
tous les faits qui s'opposent à lui.*

William JAMES,
*Les variétés de l'expérience reli-
gieuse*, p. 88.

Vers une axiomatique

I

« La pensée magique », écrit Cl. LEVI-STRAUSS (1), « n'est pas un début, un commencement, une ébauche, la partie d'un tout non encore réalisé; elle forme un système bien articulé, indépendant, sous ce rapport, de cet autre système que constituera la Science, sauf l'analogie formelle qui les rapproche et qui fait du premier une sorte d'expression métaphorique du second ».

Cette pensée magique, appelée par LEVI-STRAUSS, la pensée sauvage, serait une logique comparable à la logique scientifique (mettant en jeu les mêmes fonctions et spécialement le processus de conceptualisation) mais s'exerçant sur « un autre Univers ». On y retrouve l'effort de nommer, de définir, de classifier, de grouper les choses semblables en repérant leurs similitudes, dans la visée naturelle de connaissance et d'action, mais ces opérations ne s'exerceraient pas à partir des mêmes ensembles.

Pour la connaissance scientifique, ce qui est cherché, c'est la relation des phénomènes entre eux, il s'agit donc de la recherche des structures abstraites-objectives. Dans la pensée magique, l'élément signifiant est dans la relation du phénomène au sujet, et les structures auxquelles elle aboutit organisent les significations de l'Univers *vécu*.

Prenons cette idée pour nous guider provisoirement dans notre intention de saisir la nature des structures inconscientes. Ce qui justifie ce mode d'approche, c'est la parenté évidente qui existe avec les processus de la formation des concepts. Une analogie formelle, un isomorphisme, les rapproche. Tout se passe comme si une même fonction catégoriale était capable de médiatiser le réel pour l'appréhender sous une certaine forme, ou même plus simplement d'appréhender et de mémoriser les Gestalten du réel. Lorsqu'il s'agit du réel comme situation vécue, cette fonction semble capable d'en percevoir la Forme et de la fixer dans une mémoire sans images-souvenirs mais sans oubli.

La fonction essentielle de l'activité nerveuse, comme nous l'avons vu à l'occasion de la psychologie animale et du fonctionnement du cerveau, est d'inventorier et de catégoriser les Formes dans le champ du vécu, et cela à partir des structures innées qui organisent la relation de l'organisme et de son *Umwelt*,... mais aussi de construire et de fixer d'autres formes *en fonction de l'expérience* et de l'action des Formes antérieures.

Nous avons vu que cette conception moderne qui retient les progrès de la linguistique, de la cybernétique, des recherches sur la formation des concepts aussi bien que sur la formation des habitudes, permet de renouveler la compréhension des vieilles notions d'instinct, de besoin, de pulsion, de tendance et d'inconscient.

Pendant les années de la petite enfance et jusqu'à l'apparition de l'intelligence analytique, capable (au moins virtuellement) d'opérer la décentration nécessaire à l'appréhension des rapports objectifs, une *conceptualisation-généra-*

lisation est à l'œuvre au niveau purement affectif ou vécu, repérant et fixant les formes situationnelles pour organiser et stabiliser les conduites de réponse.

A l'entrée en fonction de l'intelligence conceptuelle et analytique, et de la conscience du Présent (après 6 ans), une grande révolution se produira dans l'organisation générale de la relation avec le réel et avec autrui. Le processus de conceptualisation-généralisation se trouvera alors au service de l'intelligence analytique et de la conscience comme fonction du Présent. J'esquisserai ci-dessous, dans le paragraphe consacré au fonctionnement de la conscience réfléchie, les conditions de ce changement d'Univers, et les types de rapports qui s'établiront entre les deux manières de percevoir le monde et de le vivre. En attendant, un premier niveau structural se développe, correspondant à ce qu'on a appelé l'Affectivité.

Se construisant à partir d'une première structuration spécifique de la relation (c'est-à-dire à partir de ce qu'on appelait l'équipement instinctif et réflexe du nouveau-né humain à quoi s'ajoutent les données congénitales du caractère, du sexe ou de l'ethnie), des structures se développent et se différencient, à la fois affectives et posturales-comportementales, par le fait même que l'organisme cherche à survivre dans son milieu. Repérer les signaux, les constantes formelles, les analogies situationnelles en fonction desquelles il doit agir en utilisant ses structures basiques de réponse et en les différenciant à leur tour, tel est l'impératif biologique élémentaire de l'adaptation, et la finalité du système nerveux.

La psychologie structurale sera probablement amenée à étudier les bases neuro-physiologiques de cette recherche primordiale de l'information, ainsi que les mécanismes archétypiques dont dispose l'organisme humain pour différencier les Formes, différencier les schèmes de réponse et utiliser ensuite ces premières différenciations comme des catégories de tri et de codage des situations suivantes et ainsi de suite.

Aux mécanismes de Généralisation et d'Inhibition, objets des recherches de psychophysiologie, et aux mécanismes de structuration de la perception, objets des recherches de psychologie expérimentale, devront s'ajouter des recherches sur les mécanismes organisateurs et régulateurs des réactions offensives-défensives de l'être. Certains de ces mécanismes ont été reconnus par la psychologie clinique et intégrés abusivement, dans le cadre de la psychanalyse, comme « mécanismes de défense du moi »; d'autres ont été définis, dans le cadre de la psychologie différentielle, à l'occasion de l'étude des « types nerveux », des caractères et de ce qu'on appelle aujourd'hui « les styles individuels de conceptualisation ».

Il y aurait donc un certain arsenal de moyens spécifiques, organiques et structurés dont l'être dispose dans son engagement vers le réel, ce réel étant son milieu de vie, avec tout ce que ceci implique, pour l'être humain, d'écologique et de socio-culturel.

Donnons quelques échantillons de ces mécanismes fonctionnels organisant et réglant la relation au vécu, tels que certaines recherches, dans l'état actuel des moyens d'investigation et des hypothèses de travail, ont été amenées à les formuler.

Nous avons déjà parlé (chap. 2) de la Généralisation et de l'Inhibition interne comme fonction de différenciation des Formes de situations vitales; nous avons décrit les automatismes de repérage des signaux et des types de signaux successifs déclenchant et orientant les schèmes spécifiques de comportement; nous avons évoqué certains mécanismes réactionnels différenciés suivant l'évaluation du degré de probabilité de la satisfaction recherchée. Ce domaine reste immense.

Un intérêt général considérable anime aujourd'hui les chercheurs dans l'étude des mécanismes de la conceptualisation. Sous l'impulsion des recherches du grand pionnier qu'est PIAGET, et par les applications cybernétiques, les travaux se multiplient sur la formation du concept, et nous avons évoqué au cours de cet ouvrage, l'importance de ces processus pour comprendre la catégorisation, ainsi que la formation des structures affectivo-motrices à partir de l'information. Les conséquences sont très importantes dans la mesure où elles renouvellent les conceptions de l'apprentissage et les méthodes de la pédagogie.

Nous aurons l'occasion d'y revenir dans le prochain paragraphe en étudiant la formation et l'opération des *patterns* dans la personnalité concrète.

Les travaux sur la mémorisation (spécialement ceux de Paul FRAISSE et ceux qu'il a provoqués) cherchent à préciser la relation entre la mémoire, l'appréhension des structures de significations dans le champ perceptif, et l'intégration des structures au devenir de la personnalité.

Les mécanismes du conditionnement permettent d'autre part de comprendre les conditions et les modalités de ce qu'on appelait naguère « l'association des idées », c'est-à-dire des liaisons établies entre des constituants de la situation globale (devenant par là « signaux ») et cette situation même comme structure signifiante et comme déclencheur de types de comportements-réponses. De nombreux chercheurs éclairent des aspects plus particuliers de ces processus généraux; en voici quelques exemples.

Les expériences de ZEIGARNICK, confirmées par d'autres auteurs depuis 1927, ont montré que l'interruption brutale,

par un agent extérieur, d'une activité-réalisatrice-de-satis-
faction, crée une tension persistante et une fixation, par la
mémoire, de la situation interrompue ainsi que de l'image
de l'objet satisfacteur (effet Zeigarnik). Autrement dit,
on oublie plus vite les satisfactions que les insatisfactions.
Étudié à l'occasion de tâches intellectuelles, cet effet
révèle un mécanisme plus général intervenant à tous les
niveaux, ce qui expliquerait que les *situations génératrices
de tension* (échec, frustration, anxiété, et plus généralement toutes les situations d'insatisfaction ou d'inquié-
tude) créent une *sensibilisation affective* à la structure de la
situation concrète ayant produit ce résultat, sensibilisation
affective qui signifie la persistance de la tension elle-même.

GOLDSTEIN, dans sa *Psychopathologie organismique* a, de
son côté, démontré l'existence d'un autre mécanisme général,
qu'il appelle « post-effet ». « Toute activité de l'organisme »,
écrit-il, « laisse une répercussion (post-effet) qui modifie les
réactions ultérieures, leur déroulement et leur intensité...
Le post-effet est renforcé quand la même situation-stimulus
atteint de nouveau l'organisme... Lorsque le développement
est normal, il consiste en une formation ininterrompue
de structures nouvelles, rendant les anciennes formes
inopérantes parce qu'elles sont d'un autre type architectonique. Mais si les conditions de la maturation sont
mauvaises, des post-effets anormaux désorganisent le
comportement et gênent le développement ultérieur de
l'enfant et même la vie de l'adulte ».

Sous le nom de « mécanismes de défense du moi » (2) les
recherches psychanalytiques ont reconnu et nommé des
automatismes défensifs généraux qui apparaissent, dans la
perspective organismique, non plus comme des « défenses
du Moi contre l'énergie inquiétante des pulsions », mais
comme des formes de la résistance de l'être humain aux

situations d'insatisfaction ou de menace vitale (insécurité par exemple).

Une résistance psychobiologique apparaît, chez tout être, aux situations qui le vouent à l'échec, à l'insatisfaction, à l'insécurité, à la destruction, et cette résistance s'exprime par des mécanismes de défense. L'expérience montre que ces mécanismes diffèrent selon l'intensité de la tension.

On sait par exemple qu'une privation d'affection parentale (éprouvée par tout enfant comme manque de l'aliment-Amour et comme insécurité en même temps) déclenche chez l'enfant du second âge, à un premier degré d'intensité, une conduite de fixation et d'approximation maximale (l'enfant est perçu par les parents — ou par l'un ou par l'autre selon leur signification pour lui — comme « collant »); cette réaction évolue (aggravation de la frustration et baisse de probabilité de la satisfaction) vers la revendication d'attention; au second degré d'aggravation, la réaction est agressivité de revendication évoluant à son tour vers l'agressivité permanente ouverte; au troisième degré, le manque et l'improbabilité augmentant, il y a, en réponse, une conduite de mise à l'abri avec négativisme, éloignement et repli sur soi évoluant vers l'autisme (intensification de la vie imaginaire et recherche d'auto-satisfaction dans l'imaginaire), entraînant une rupture de contact avec le réel et avec autrui.

SPITZ (3) a décrit cette aggravation, dans le cas de carence complète prolongée par séparation, chez l'enfant durant la première année de la vie (syndrome d'hospitalisme de SPITZ) et il y voit, à ce stade peu différencié et quasi végétatif, trois phases successives d'aggravation : accrochage à tout substitut, agitation, hébétude progressive avec arrêt du développement.

Les classiques « mécanismes de défense » *, à leur complète différenciation, pourraient peut-être se classer selon trois groupes, dans une progression correspondant à l'aggravation de l'écart :

Groupe 1 : Diminution de la tension par transformation du besoin (avec transformation de son objet, le satisfacteur direct étant inaccessible) :

● Mécanismes de déplacement (mouvement vers un substitut ayant avec le satisfacteur une analogie directe).
● Mécanismes de compensation (recherche de satisfaction analogique dans un autre domaine concret accessible).
● Mécanismes de sublimation (recherche de satisfaction analogique dans un domaine supérieur : social, intellectuel, esthétique).

Groupe 2 : Diminution de la tension par décharge directe ou indirecte :

● Mécanismes d'agressivité-destructrice (contre les barrières puis contre l'objet).
● Mécanismes de déplacement de l'agressivité (objets-substituts, exutoires).
● Mécanismes de généralisation de la revendication agressive.

Groupe 3 : Diminution de la tension par négation du « besoin », du réel et de soi :

● Mécanismes de réduction-négation du besoin (repli sur soi, « blindage », restriction des besoins, isolation).

---

* On sait que S. ROSENZWEIG a recherché, de son côté, quels étaient les *styles individuels de résistance à la frustration*, c'est-à-dire les structures personnelles de réponse aux situations d'insatisfaction subie (*patterns* des réactions affectives et des conduites réactionnelles).

- Mécanismes de projection (attribution à autrui des besoins personnels niés).
- Mécanismes de régression (refuge vers un stade archaïque d'existence).
- Mécanismes de négation du réel (autisme, vie imaginaire, indifférence au réel et à autrui, fuite du réel).
- Mécanismes de négation de soi, autrefois appelés « de retournement de l'agressivité contre soi » (autonégation, autoaccusation, autodestruction).

Il est important d'ajouter qu'il y a aussi des mécanismes inverses, ceux de croissance et d'affirmation du moi (telle l'identification) ou ceux d'assimilation sociale (telle l'imitation).

Arrêtons-là nos exemples. L'essentiel était de montrer qu'antérieurement à toute expérience personnelle, des mécanismes organiques et spécifiques sont appelés à entrer en action pour assurer le traitement des situations qu'apportera l'histoire personnelle dans le milieu d'existence.

II

Durant les 6 premières années de la vie, à un niveau qui exclut la conscience réfléchie, c'est-à-dire au niveau que nous conviendrons d'appeler l'Affectivité, la relation au réel et à autrui s'organise d'une certaine façon en mettant en jeu les mécanismes généraux dont nous avons parlé.

Il en résulte la construction des structures que nous avons appelées structures affectives-posturales-comportementales, dont le système va organiser l'existence émotionnelle du sujet, étant entendu que ce niveau d'existence peut être assimilé à un mode magique ou mythique de la connaissance et de l'action.

Sur ce point encore les découvertes psychanalytiques sont à intégrer dans la psychologie structurale, en particulier la découverte du « primat de l'enfance »,... celle du rôle essentiel de l'histoire personnelle,... et celle de « l'interprétation » fantasmique des événements vécus pendant les premières années. « Le travail analytique nécessaire » disait FREUD (4), « ne s'arrête jamais aux événements de l'époque où se produit le trouble, mais remonte toujours jusqu'à la puberté et à la première enfance du sujet. Là elle rencontre les événements et les impressions déterminantes ». On retrouve cette assertion dans tous les ouvrages et elle est actuellement admise, à juste titre, par tous les psychologues cliniciens. Parlant, dans un autre livre (5), des traumatismes psychologiques qui marquent définitivement la vie inconsciente des humains, FREUD écrit : « Tous se situent dans la première enfance, jusqu'à la cinquième année environ ».

Il est également capital de retenir de la psychanalyse que les situations vécues à ces âges ne sont pas « comprises objectivement » mais « éprouvées sur un mode fantasmique ». Nous avons déjà montré par les nombreux exemples du chapitre 3 la vérité de ce phénomène, quoiqu'il n'y ait aucune raison de croire à une « interprétation du réel », étant donné que l'enfant vit son réel magique avec son système de catégories et ne peut donner aux événements, aux situations, aux personnes et à tous les constituants de son *Umwelt*, un autre sens que celui qu'il leur donne. Nous reviendrons sur cet aspect essentiel de l'Univers pré-réflexif.

Pour expliquer l'action « déterminante » des situations vécues dans la première enfance, génératrices des structures de l'affectivité, la psychologie structurale devra éviter à la fois l'hypothèse freudienne et l'hypothèse behavioriste.

Selon la première, les impressions vécues par l'enfant

sont « oubliées » et tombent ainsi dans l'inconscient, où grâce à une sorte d'énergie mystérieuse, elles s'associent avec d'autres, et suscitent, au niveau du conscient, des images ou des actions à distance. Le « modèle » de la conception freudienne est très facile à deviner : FREUD avait été frappé à l'époque de sa découverte de la psychologie, chez CHARCOT et chez BERNHEIM, par les phénomènes de suggestion post-hypnotique au cours desquels le sujet, recevant en état d'hypnose un ordre différé, accomplissait ensuite l'ordre après le délai requis et en état de vigilance consciente, n'ayant aucun souvenir de cet ordre et trouvant toujours de bonnes raisons conscientes pour justifier son comportement.

C'est ce modèle que FREUD transfère dans son interprétation de l'action des souvenirs inconscients. Du fond de l'inconscient (d'où la « psychologie des profondeurs »), les souvenirs-fantasmes oubliés déterminent (« motivent ») des idées, des opinions, des raisons et des conduites.

Retrouver le « souvenir infantile oublié » sera, de ce fait, pour la psychanalyse, le moyen de supprimer l'action permanente pathogène de l'image inconsciente, en arrachant le mal, pour ainsi dire, et en remettant au moi conscient la responsabilité de l'action dans le secteur jusqu'ici déterminé, en dehors de lui ou malgré lui, par la « force » non consciente.

Selon le behaviorisme, le processus serait différent. L'action déterminante des impressions vécues dans l'enfance viendrait de ce qu'elles créent un *conditionnement*. Tout élément de situation se trouverait capable, au bout d'un certain nombre de répétitions (ou par l'effet du traumatisme fixateur), d'engendrer l'impression globale primitive ou de recréer la situation vécue, ainsi que les conduites qui y correspondaient à l'époque.

Ainsi l'association d'un élément à un autre, ou la liaison

(concomitante ou successive, directe ou médiate) entre un élément et un ensemble, permet à cet élément d'entraîner la réaction primitive. Le conditionnement n'ayant pas besoin de la conscience pour se faire (il est du niveau psychophysiologique), la mémoire consciente n'a aucun rôle dans cette relation. Le « modèle » est ici la théorie du réflexe conditionnel, et celle des réflexes « en chaîne ».

Avant d'esquisser l'explication structuraliste, soulignons que dans l'une et l'autre hypothèse, *l'automatisme* des sentiments et des réactions ainsi déterminées est explicitement reconnu. Toutes les obscurités de ces théories viennent de ce qu'elles sont prisonnières des contenus et qu'elles ne s'arrachent pas à leur fascination pour découvrir les Formes sans l'action desquelles on ne peut expliquer comment des contenus analytiquement différents ou composés d'éléments différents quantitativement et qualitativement, ont la même signification existentielle.

Dans l'étude de la formation historique de ces structures déterminantes, je m'en tiendrai à souligner quatre aspects essentiels : la signification mythique des situations vécues, la fixation des formes à ce niveau, le repérage des analogies formelles, l'assimilation de l'expérience.

1. *La signification mythique des situations vécues* pendant l'enfance n'est mythique que pour l'adulte soi-disant intelligent et objectif, idéalement épuré de toute affectivité. Pour l'enfant, la situation telle qu'il la vit, les impressions qu'il en éprouve sont la *réalité* et la seule. Ce qu'il perçoit n'est pas superposable à ce que nous percevons. Il découpe, dans son champ de signification, des ensembles qui sont spécifiques.

Si un enfant de 18 mois, de trois ans ou de cinq ans assiste à des rapports sexuels entre adultes, il est certain qu' « il ne comprendra pas » si l'on se place au point de vue de la signification de la situation pour les adultes (et pour les parents qui ainsi justifient leur minimisation de la présence de l'enfant); mais il est non moins certain (et la preuve n'est plus à faire tant abondent les observations cliniques) qu'il « comprend » quelque chose à sa manière, par exemple (s'il a trois ans et s'il s'agit de son père et de sa mère), que le père tue la mère ou la dévore, ou se livre à une agression contre elle. *Tel est son réel* et telle est son « expérience » de la situation. Une série d'impressions vécues se fixent : la nuit, par exemple,... sa peur,... peur de la nuit, peur du père agresseur, peur d'être assailli et dévoré à son tour, peur d'être privé de sa mère, peur des bruits qui accompagnent le mystère, etc...

Voici un exemple banal tiré d'un autre aspect de la vie enfantine :

Yvon est un enfant de 3 ans dont la mère travaille comme femme de ménage. Elle n'a pas spécialement besoin de travailler, mais elle veut « gagner de l'argent » et elle fait des ménages de 8 heures du matin jusqu'à midi. Quand Yvon était plus petit, elle le laissait dans son lit à la maison, puis plus tard dans un parc dans son garage clos (et vide).

Depuis qu'il a deux ans, elle l'emmène avec elle, parce qu'il sortirait du parc et « ferait des bêtises » dans le garage ou dans la maison. Dans les appartements où elle travaille, la mère d'Yvon le met dans un coin et lui interdit de se déplacer « pour ne pas la gêner dans son travail ni ennuyer ses employeurs ». Yvon est assez tranquille. Il serre contre lui en permanence un vieux nounours tout défraîchi dont il ne veut pas se séparer, ni le jour ni la nuit. Sa mère, honteuse de ce « vieux jouet » et furieuse de « l'entêtement précoce » d'Yvon, le lui prend un jour et le brûle. Puis, comme elle se prend pour une « bonne mère », elle achète à Yvon un poupon tout neuf « en remplacement ». Yvon a pleuré longtemps, n'a pas voulu du poupon; il a, depuis, un sommeil très instable et fait des terreurs nocturnes.

Il est évident que la situation vécue, pour Yvon, c'est-à-dire *son réel* n'est en rien superposable à celui de sa mère. Le nounours défraîchi, qui était devenu sa sécurité dans la peur de la solitude et de l'abandon de la part de la mère, a été arraché et détruit par la mère qui est perçue comme « la méchante sorcière » génératrice d'insécurité et qui peut lui infliger à lui aussi le même traitement. C'est *la seule réalité dont Yvon ait l'expérience.* Nous devons reconnaître d'ailleurs que cette réalité-là est tout aussi réelle que l'argent gagné par la mère d'Yvon, ou que le statut social des employeurs de Madame.

Il est inutile de multiplier les exemples concrets. Les « fantasmes » des enfants n'ont rien d'imaginaire, ce sont les significations existentielles elles-mêmes, la réalité de leur vécu.

L'expérience de l'enfant ne peut se construire qu'à partir de ses modes primitifs de relation au réel. Comment un « objet » (objectif) pourrait-il surgir de ses impressions? « Sa mémoire », pourrait-on dire, en transposant une pensée de Guillaume (6), « ne peut apporter à chaque nouvelle expérience que ce qui existait déjà dans l'ancienne ». Ajoutons, comme cela a déjà été dit, que l'Univers du premier âge est égocentrique, c'est-à-dire que tout n'a de sens que dans et par la relation à soi. Par définition même, il ne peut rien y avoir d'objectif.

2. *La fixation des formes,* c'est-à-dire la stabilisation des structures des situations vécues, se fait sans doute par l'opération de conceptualisation-généralisation dans la perception même, à travers la succession des expériences semblables ou dans les traumatismes événementiels. Ce serait donc soit par la répétition des expériences ou par la persistance d'un « climat existentiel », ou bien par l'impact

même d'une situation de choc, que se dégage et se stabilise la structure. Une situation vécue pour la première fois est déjà perçue par sa structure mais celle-ci, si elle est non traumatisante, doit avoir une marge de significations, ou plusieurs structures probables, ou une simple valeur d'*orientation* de la généralisation stable ultérieure. Les expériences de laboratoire sur la « généralisation médiate » (7) permettent de comprendre comment et pourquoi telle structuration ultérieure d'une expérience est facilitée par des expériences antérieures non marquantes mais orientantes.

De nombreuses expériences faites avec des enfants de 4 à 7 ans ont montré que dans un chaos expérimental de figures dépourvues de signification, ils créaient des ensembles significatifs à partir de *ressemblances* et percevaient par assimilation. Nous avons essayé d'établir au chap. 2 que la détermination et la stabilisation des Formes se faisaient par une activité inhérente à la perception même, procédant par analogie. Que ce soit *la persistance d'un climat existentiel* (comme par exemple une atmosphère de violences entre père et mère, ou une angoisse par contagion naturelle de l'angoisse maternelle, ou une peur chronique provenant d'une situation ambiante anxiogène comme des bombardements, etc... etc...), ou *la répétition de situation* (comme par exemple une privation alimentaire imposée par suite d'un « régime » que le médecin a conseillé aux parents pour l'enfant *, ou une punition-exclusion infligée par le père

---

* Dans un cas de ce genre, révélé à l'occasion d'un examen psychologique sur un enfant de 5 ans, les parents avaient cru bon, pour éviter les tentations de nourriture chez l'enfant, d'exclure celui-ci et de l'enfermer pendant que la famille mangeait. L'enfant avait évidemment développé un fantasme de condamnation à mort par inanination, avec exclusion, et dévoration de sa nourriture par ses frères, protégés par la puissance magique des parents : l'être-rejeté-condamné-à-mort (donc coupable) par les Puissances ordonnatrices de l'Univers.

à chaque rencontre, ou une agression de la part d'un frère plus âgé dès que l'enfant se trouve seul avec lui, ou une augmentation d'attentions affectueuses chaque fois que l'enfant est malade, ceci tranchant sur l'indifférence habituelle, etc... etc...), ... ou enfin un *traumatisme*, c'est-à-dire un événement-choc perturbant l'équilibre existentiel (comme par exemple assister aux rapports sexuels des adultes, assister à un assassinat, être blessé, être amputé, être poursuivi par un sadique, être pris dans un événement exceptionnel angoissant du genre bombardement, incendie, naufrage..., être séparé d'un être aimé-sécurisant, etc... etc...), ... qu'est-ce qui est retenu par l'enfant? Peut-être y a-t-il — et cela d'une manière croissante avec l'âge — fixation du souvenir lui-même, sans sa localisation exacte mais dans son contenu et avec les dimensions fantasmiques que possédait la situation; ce qui est certain par contre, c'est que, d'une autre façon, quelque chose est fixé qui correspond au *genre de situation,* c'est-à-dire la structure formelle de la situation ou des situations perçues comme analogiques, et également avec leurs significations mythiques.

3. *Le repérage des analogies formelles* se retrouve au niveau des impressions élémentaires dans la mesure où un détail a pu prendre une véritable *valeur de signal* par rapport à l'une quelconque des situations marquantes, et par là, résumer en lui seul, comme on l'a vu en psychologie animale, la présence de la situation tout entière. Les faits de ce genre abondent en psychologie clinique et toutes les observations des psychologues behavioristes ou associationnistes sont autant de preuves du fait, mise à part l'interprétation théorique qui en est donnée.

Chez Mme P., 35 ans, la Gestalt « yeux noirs (ou foncés) » déclenche instantanément des réactions de fuite et de panique. Si elle est obligée de rester là, comme ce fut le cas au cours d'un premier entretien de psychothérapie (avec un thérapeute présentant cette particularité), elle est en proie à un malaise persistant et éprouve une « antipathie instinctive ». Elle ne fera que beaucoup plus tard — six mois plus tard — l'analyse de cette réaction et l'aveu de cette Gestalt, réaction assez forte pour avoir entraîné dès la fin de la première séance, la recherche active d'un amour de protection auprès d'une personne proche.

Elle évoque spontanément à propos de cette réaction, un souvenir très ancien de peur panique éprouvée auprès d'un médecin « à yeux noirs » dont l'image est associée à une agression. Par contre, la Gestalt « yeux bleus » est toujours déterminante d'une réaction de sympathie-approche. Elle est associée au souvenir maternel (la mère est morte quand la fillette avait 7 ans) et au souvenir du grand-père maternel qui a dû servir de substitut maternel.

Dans cet exemple, le signal est surdéterminé puisqu'il y est au carrefour de la situation malade-médecin et de l'opposition existentielle yeux-bleus — yeux-noirs. On sait que chez beaucoup d'enfants, « la blouse blanche » peut devenir signal de « danger d'agression » s'ils ont subi une opération chirurgicale.

Voici un autre exemple curieux, pris dans la vie quotidienne d'un sujet normal :

Le sujet, une jeune femme de 28 ans, refuse de goûter à une tranche de pastèque, et cela sans aucune émotion apparente, en disant simplement que « cela ne lui plaît pas ». Comme par ailleurs, cette personne fait preuve de la plus grande curiosité gustative sur de nombreux fruits et légumes exotiques, son partenaire insiste pour qu'elle essaie.

Apparaît alors un dégoût et un comportement d'évitement-refus qui s'accroît (défensif, agressif-défensif, fuite, vomissement) avec l'insistance de l'autre.

Une association d'images est demandée mais l'état de détente est insuffisant sur le moment, malgré l'arrêt de l'expérience, et l'orientation — acceptée — vers le passé. Lorsque cette détente se produit, des souvenirs surgissent avec lesquels la perception actuelle entretenait des analogies puissantes mais latentes.

Premier souvenir : « Je pense d'abord à un tableau d'un peintre espagnol où l'on voit un personnage présentant une pastèque, ce personnage me fait penser au « Pied-bot » et au « Mendiant » de deux autres peintres espagnols. Je revois (ici mimiques de répulsion) la laideur des personnages et de leur expression. J'ai une image précise du geste de l'un de ces personnages... Ce geste... »

Deuxième souvenir : « ... Ce geste me fait penser à autre chose, à un tableau qui était dans ma chambre d'enfant, en face de mon lit et que j'ai eu tout loisir de regarder pendant de longues années. Ce tableau était un « sacré-cœur de Jésus » et le Jésus présentait avec le même geste, un objet rouge-sang ou ensanglanté qui était son cœur. Ce tableau m'a toujours donné envie de vomir mais je n'avais certainement pas le droit de le dire ni a fortiori de l'enlever... (silence)...

Troisième souvenir : « ... Ceci me fait penser que depuis cette époque et — je m'en aperçois aujourd'hui — à cause de ce tableau, j'ai toujours eu horreur de la viande saignante, puis de toute viande rouge, et que c'était là un sujet continuel de disputes et de pression de la part de mes parents... Par contre j'adore la viande de veau... ».

Il est remarquable de voir, sur cet exemple, *l'extension de la chaîne des relations analogiques ;* l'association de ces images n'est ni fortuite ni accidentelle, à partir des circonstances fortuites et accidentelles de leur point de départ (malaise provoqué par la gravure traumatisante faisant offrande au spectateur, du cœur humain saignant). A partir de là, le malaise physique semble avoir pris pour *index*, ou *signal*, de la situation originelle, la couleur (effectivement essentielle par sa signification de cœur et de sang). La couleur servirait alors de support analogique pour la chaîne des associations. Mais à travers la succession des souvenirs transparaît une *analogie de structure*, plus étroite : « Le Jésus offrant son cœur rouge », « le personnage des tableaux dont l'un offre une pastèque ouverte », « les parents obligeant à manger un beefsteak saignant », et « le partenaire du déjeuner présentant une tranche de pastèque à la dégustation »... l'analogie de Forme est frappante; c'est elle qui établit le lien et le « transfert » de la réaction de la première expérience à toutes les autres. Soulignons que la signification de cette première expérience (ou plutôt sa structure de sens) est toute subjective, et c'est une analogie subjective qui constitue aussi le lien ★.

A ce sujet, je ne puis m'empêcher de citer ici une pensée de GUILLAUME (8) critiquant FECHNER : « FECHNER se demandait si la vue d'un sourire humain qui précéderait régulièrement de mauvais traitements, ou celle d'un visage sévère qui précéderait des caresses, pourrait prendre aux yeux d'un enfant, des significations contraires à celles que ces expressions possèdent dans la vie ordinaire. C'était supposer que n'importe quoi peut devenir le signe de n'importe quoi. » Il est normal que contre FECHNER, et au nom de la théorie de la Forme, GUILLAUME soutienne au contraire que « nous percevons directement certaines propriétés de sens inhérentes aux objets », autrement dit que « le visage souriant » ou le « visage sévère », « le mauvais traitement » ou « les caresses » sont des perceptions-porteuses-

---

★ J'ai souvent trouvé dans une certaine catégorie sociale de sujets, des traumatismes engendrés par des images, des tableaux, des contes ou des récits, et à l'adolescence, provoqués par des lectures, environ 3 fois sur 10.

de-signification-immédiate, et que leur signification ne vient pas de l'association éventuelle. L'expérience le confirme, comme on l'a vu, et c'est même dans le conflit des situations vécues que l'association forcée, faite en laboratoire, aboutit à la névrose expérimentale en faisant se télescoper les comportements correspondants. Cependant, il faut reconnaître que lorsque les significations ne sont pas contraires, la marge des possibilités d'« association » est assez grande, quoique, contrairement aux théories de GUILLAUME, la structure perçue soit non objective et qu'il faille toujours se référer aux contextes personnels, aux rapports subjectifs et aux analogies mythiques.

Ceci nous conduit d'ailleurs à dire un mot de l'assimilation de l'expérience à partir des structures antérieurement construites.

4. *L'assimilation de l'expérience ultérieure* se fait à partir des structures de sens ainsi constituées, et agissant, comme l'a dit PIAGET, en tant que catégories opératoires utilisées d'une façon non consciente pour intégrer les données de l'expérience, d'une manière tout à fait comparable à l'opération de nos concepts pour nommer et comprendre les informations intellectualisées.

« L'absence de schèmes d'assimilation » écrit PIAGET, « rend le sujet intellectuellement aveugle pour les propriétés correspondantes des choses. Par conséquent la richesse des expériences qu'un individu peut faire dépend directement de la grandeur et de la qualité de son répertoire de schèmes d'assimilation. » Ajoutons cependant que ce répertoire s'enrichit et se redistribue par l'expérience même. Il y a effectivement intégration des structures des situations nouvelles, ces structures se construisant et se différenciant sous l'action même de l'expérience, dans la mesure où le sujet reste

« accommodé » sur l'expérience et où s'opère le calcul automatique des probabilités de sens, c'est-à-dire de structure.

Tout se construit dans cette dialectique et c'est précisément pour cela que des traumatismes isomorphes répétés
fixent dangereusement une structure; « dangereusement »...
parce qu'elle devient tellement « prégnante » qu'elle peut dès
lors tout « déformer » pour se retrouver partout.

Parmi les idées actuelles de ROSEN (11), il en est au moins
une qui me paraît digne de retenir l'attention des psychiatres,
à savoir que c'est la paranoïa et non la schizophrénie classique
qui doit être placée nosologiquement au centre du groupe
des schizophrénies, et d'autre part que le paranoïaque a été,
pendant sa petite enfance, élevé par une mère ou un père
qui le niait, et qui étaient donc éprouvés comme « voulant
sa mort ». L'ancienneté de cette structure de la relation, et
sa continuité dans un climat persistant, aboutiraient au délire
paranoïaque, et dans d'autres cas, à d'autres types de schizophrénies comme réalisations effectives de la Mort en vivant.

A propos de prégnance des Formes significatives, nous
avons vu ci-dessus, à l'occasion d'un cas concret, l'action de la
« phrase fulgurante » provoquant la prise en masse du vécu
par une structure exclusive désorganisant les conduites
d'adaptation au réel *. L'inverse existe aussi : lentement,
à bas bruit, s'opère une sorte de thématisation progressive
de toute l'existence affective, thématisation qui, à un certain
degré de systématisation, fait également chavirer le sujet dans
la maladie mentale.

---

* MINKOWSKI (10) en donne un exemple typique sur un cas de
psychose paraphrénique (délire de grandeur) : « le malade a eu pendant
la guerre et bien avant déjà des idées bizarres, comme il le dit, sur son propre
compte. Un jour, comme il était couché, un sous-officier dit en passant :
« Tiens, voilà Napoléon qui se repose sur le bide ». Sous l'influence de cette
remarque, les idées qu'il avait prennent de plus en plus corps; il se dit
qu'il pourrait bien être le descendant d'un grand homme... ».

Ces cas, par leur qualité de cas-limites, montrent bien le mode opératoire d'une structure devenue instrument de codage de l'information. La thématisation, progressive ou brutale, organise tout le perçu en signifiés, à peu près comme si, après avoir lu plusieurs fables à contenus différents, et structuralement analogiques, d'une manière inapparente, quelqu'un formulait clairement *la morale de toutes ces fables*, ce qui révèle d'un coup leur structure, c'est-à-dire *leur commune structure de sens*.

Agissant comme principes organisateurs des situations dans leurs significations vécues, et construites dans l'expérience subjective, dans l'existence personnelle, au cours de ce qui fait l'histoire singulière de chacun, ces structures de notre relation affective au monde et à autrui viennent donc bien du passé. Mais il y a deux modes du passé : d'une part, celui que retrouve notre mémoire, soit lorsqu'elle cherche à le reconstruire, soit lorsqu'il surgit tout seul dans notre rêverie ; et d'autre part, celui qui, par les structures de notre affectivité, modèle en permanence notre vécu. Si la règle du premier mode de passé est l'oubli, puisque, comme le dit MINKOWSKI, « tout dans le passé subit l'usure du temps, tout y est fatalement voué à l'oubli » (12), par contre le second mode du passé est inoubliable sans jamais être remémoré, il est *toujours là*, et, en ce sens, (en ce sens seulement) constitutif de notre présent, tout en l'étant d'une manière absolument inconsciente.

III

La structure de l'affectivité d'un sujet humain n'est pas l'état actuel de son affectivité, ni même la distribution actuelle de ses sentiments, positifs, négatifs, nuancés, mixtes, de ses désirs et aspirations, de ses craintes ou de ses regrets, etc... dans l'ensemble de son champ de vie. Lorsqu'un sujet accepte de nous parler de son existence et des significations de son univers vécu actuel, c'est-à-dire de sa vie affective, il se met à décrire des sentiments présents, c'est-à-dire tout ce en quoi son affectivité s'est investie, ainsi que les réactions personnelles émotionnelles qui sont les siennes. Il nous donne le contenu actuel concret de sa vie affective, les constellations d'objets ou d'êtres par rapport auxquelles il se situe présentement. Dans une description de ce genre, on remarque toujours qu'il y a des différences de plans et de zones, c'est-à-dire qu'il y a des premiers plans et des arrière-plans par rapport auxquels les premiers plans prennent certaines valeurs... et qu'il y a des zones centrales et des zones concentriques ou marginales, d'intensité affective différente. On pourrait faire une topographie de cet état actuel, et les réalités vécues sont organisées d'une certaine façon dans cet « instantané » de l'Histoire personnelle. Des zones très marginales sont subconscientes, et même certains sentiments sont comme « en sommeil ».

Mais ce tableau est, malgré son caractère vivant, relativement trop statique pour rendre compte de l'affectivité. Au-delà de sa sédimentation actuelle, l'affectivité apparaît comme ce qui, dans la confrontation de l'être avec le monde

« extérieur », avec les événements ou les circonstances, *régit* cette relation ou cette interaction, au niveau vécu. De la rencontre permanente avec « ce qui nous arrive », surgissent des émotions, des sentiments, des réactions qui sont les expressions de la manière active dont notre affectivité charge de sens et éprouve... ces événements, ces circonstances, ces contingences de notre vie.

Ainsi un sujet peut décrire l'état actuel de son affectivité, il peut ne pas vouloir parler de certains sentiments difficiles à dire dans sa crainte du jugement d'autrui, il peut ne pas évoquer ni formuler tel sentiment obscur ou lointain, ou tout simplement indicible parce que les mots lui manquent pour le caractériser,... mais il s'en tient toujours *au contenu historique*, aux données de son existence affective ici et maintenant, ou là-bas et ailleurs.

Il ne peut pas se rendre compte tout seul des formes dynamiques qui « digèrent » en permanence le donné pour en faire le vécu personnel, et de ce point de vue les structures de son affectivité sont en même temps toujours opérantes dans son champ vital et toujours inconscientes. Ce sont ces formes que l'analyse structurale permet de révéler.

Si l'on part de cette description même, en portant notre attention non pas sur le contenu de ce qui est décrit, non pas sur le « texte du discours », mais à travers ce texte et forcément à travers lui, vers *les structures de sens*, c'est-à-dire, vers ce qu'on pourrait appeler *les postulats généraux implicites* de ce qui nous est exposé, alors on effectue en sens inverse l'opération même par laquelle ces postulats, véritables formes a priori, organisaient le contenu circonstantiel et contingent, objet direct de la description, c'est-à-dire le vécu ou le comportement observable.

De ce point de vue, la moindre expression du vécu suppose la mise en action des structures, de même que le moindre raisonnement suppose au-delà de son contenu et des définitions utilisées, la mise en jeu et l'opération d'un certain nombre *d'axiomes.*

Prenons une phrase simple citée par ROGERS dans ses exercices de reformulation-reflet (19).

Le petit garçon dit à son père : « Tous les autres élèves de ma classe ont une bicyclette ». ROGERS écrit que le *sens* de cette proposition est à chercher dans un renversement grammatical révélant l'idée implicite : « Je suis le seul à ne pas avoir une bicyclette ». ROGERS s'arrête malheureusement là et considère que cette nouvelle formulation explicite le sens de la phrase, ce qui est vrai. Mais posons-nous la question de savoir plutôt quelles structures de signification rendent cette phrase possible et s'expriment par elle ou en elle. Faisons le bilan des principes formels qu'elle reflète, non pas au niveau de son organisation grammaticale, mais au niveau de la structure de la relation de l'enfant à son *Umwelt.*

Si on la traduit en termes de « sentiments », on en voit immédiatement cinq, que je formulerai ainsi, sans faire ici l'effort de parler dans le langage de l'enfant :

1. J'ai le sentiment de ne pas être comme les autres du point de vue de l'Avoir ou du point de vue social...

2. J'ai le sentiment que mon père détient le pouvoir d'effacer mon infériorité, que cela dépend uniquement de lui...

3. J'ai le sentiment que je ne peux pas revendiquer directement contre lui, qu'il faut prendre des précautions...

4. J'ai confiance en mon père, du moins jusqu'à un certain degré (je peux avoir avec lui une communication)...

5. Il faut que je fasse maintenant quelque chose pour que cesse ma situation actuelle socialement infériorisante et insupportable.

On voit *comment s'oriente l'analyse psychologique*; elle

part à la recherche des attitudes expressives de certaines structures qui sont *signifiées* effectivement par la phrase si l'on veut bien la prendre telle qu'elle est, et se demander « ce qu'elle signifie », non plus dans son contenu contingent mais comme *postulats généraux* dont la présence est requise pour qu'elle ait un sens. Continuons au niveau d'une analyse plus formelle encore. Ces sentiments s'organisent à leur tour en trois attitudes fondamentales :

1. Une sensibilisation à la distance sociale entre soi et autrui (se comparer à autrui pour s'assimiler au groupe).

2. Une accusation-revendication envers le père, inhibée par...

3. Une dépendance à l'égard du père.

De là on parvient à déterminer les structures de relations de l'enfant au groupe et de l'enfant à son père, comme étant les *caractéristiques formelles* de son existence présente, et ce qui actuellement détermine son vécu et sa conduite. Nous sommes devant trois structures affectives-posturales-comportementales (c'est-à-dire engendrant aussi bien des sentiments à l'occasion des événements vécus que des attitudes ou des conduites).

La « reformulation structurale » aboutirait donc à ceci : « *Tu voudrais bien être comme les autres, c'est à cause de ton père que tu n'es pas comme les autres, mais tu comptes sur lui pour arranger cela* ».

Nous voilà loin du contenu actuel de ces structures et cependant elles sont là, présentes, *donatrices de sens*, au point que s'en tenir au contenu tout seul, c'est se condamner à ne rien comprendre.

Nous dirons d'ailleurs du père qui répondrait à la remarque de son fils par : « Qu'est-ce que tu veux que cela me fasse! »... qu'il n'a « rien compris ». Cependant il a répondu.

Considérons cette réponse même. L'enfant la recevrait

pour ce qu'elle signifie, c'est-à-dire, « je refuse de m'occuper de tes soucis, tu n'as pas à compter sur moi », ce qui est sa structure de sens, laissant paraître la structure formelle de la relation père-fils telle que le père l'éprouve. Cette expérience va à son tour influencer les structures affectivo-motrices de l'enfant selon qu'elle se confirmera ou non, et modifiera plus ou moins sa relation avec le père.

La question « qu'est-ce que cela signifie pour le sujet ? » oblige donc à remonter du contenu aux principes, qui nous introduisent dans les structures de son affectivité et qui en sont pour ainsi dire les *axiomes*.

Une axiomatique devient l'objectif de l'analyse, c'est-à-dire que nous avons à comprendre les relations que soutiennent entre eux des axiomes.

La vie affective se présente ainsi comme *un système*, déterminé par des axiomes plus ou moins indépendants (et même contradictoires dans certains cas de tension intérieure pathogène), non mis en question par le sujet étant donné qu'il éprouve son existence affective sans aucune conscience des principes qui l'organisent, et opérant comme grille de catégories pour coder ou décoder l'information permanente, c'est-à-dire pour percevoir les significations de son *Umwelt*, significations qu'il croit objectives.

Axiomes, axiomatique, principes formels organisateurs... tous ces mots ont sans doute quelque chose de choquant. G. GRANGER après avoir opposé, comme on l'a vu, *système* de l'expérience vécue, et *structures* de l'univers objectivé par la science, écrit que « l'axiomatisation de l'expérience subjective est impossible ».

Il est évident, du point de vue épistémologique, que cette axiomatisation serait impossible parce que l'axiomatique comme formulation la plus pure des exigences universelles de la raison, ne peut s'appliquer à ce qui est éminemment singulier, subjectif... et irrationnel.

Or l'expérience prouve le contraire, et je pense qu'on est en droit, au terme de l'analyse structurale, de parler de structures et d'axiomes, non seulement parce que le système affectif *de chacun de nous* tend à s'organiser et à se stabiliser en un *système hypothético-déductif cohérent*, suspendu à des définitions (les concepts-affectifs), à des postulats (principes non mis en doute), à des catégories opératoires, le tout pouvant prétendre au titre d'axiomes, mais encore parce que les lois de constitution et de transformation de ces ensembles doivent être en nombre réduit et être des lois de la psychologie *générale*.

Frédéric PAULHAN, plus et mieux que je ne saurais le faire, a analysé non seulement les lois internes du psychisme qui tendent à renforcer la cohérence intime de ces ensembles (ce qu'il appelle *l'association systématique*), mais aussi le dynamisme défensif en quelque sorte dont font preuve ces ensembles en rejetant toute expérience inassimilable par les catégories du système (ce qu'il appelle *l'inhibition systématique*) et en se renforçant même lorsque l'expérience contraire suggère d'autres catégories (et c'est ce qu'il appelle l'association par contraste, qui tend à accentuer la « distance » entre des formes de penser inconciliables ou qui fait passer les pensées et les sentiments « d'un extrême à l'autre »). « On sait » écrit PAULHAN dans *L'activité mentale* dès 1889, « que nous accueillons en général très favorablement des idées qui s'accordent avec les nôtres; au besoin nous défigurons aisément les idées des autres pour les accorder aux nôtres, ou bien encore, et peut-être plus volontiers, de manière à les rendre telles que leur absurdité soit frappante et que les nôtres en triomphent aisément,... le tout, bien entendu, sans mauvais vouloir conscient. »

Inversement, lorsque nous faisons l'effort d'*écouter* l'Autre, nous avons la sensation que nos propres concepts et affects sont des obstacles, et qu'il nous faut « mettre entre parenthèses » notre système de référence personnel.

Et c'est d'ailleurs bien l'impression que produit l'effort de compréhension authentique d'autrui. En écoutant l'autre nous raconter son histoire, nous décrire son existence, ses sentiments, ses perceptions de ceux qui l'entourent, nous avons l'impression d'un univers cohérent, à partir du moment où nous comprenons son découpage particulier des ensembles de signification et les postulats régulateurs, singuliers mais *constants*, qui déterminent ses réactions.

Chaque construction est globalement irrationnelle, absurde, bizarre, inadmissible peut-être pour l'observateur, mais elle est intrinsèquement aussi régulière et réglée qu'une géométrie.

On pourrait dire en reprenant le mot célèbre de RUSSELL à propos des mathématiques conçues comme système hypothético-déductif : « on ne sait jamais de quoi elles parlent ni si ce qu'elles disent est vrai », ce qui se justifiait par le fait que le mathématicien est libre de poser ses axiomes (postulats et définitions) et les relations entre axiomes (axiomatique proprement dite) comme il l'entend. Mais dans l'architectonique de l'affectivité comme dans le système hypothético-déductif des mathématiques et des géométries modernes, une fois les différents axiomes posés, plus rien n'est arbitraire.

Le travail du psychologue, comme celui de l'épistémologiste qui chercherait le style de conceptualisation et les axiomes d'un mathématicien à partir d'un chapitre quelconque de l'ouvrage de cet auteur où il n'y aurait que des calculs effectués... consiste à saisir dans et par le seul donné dont il dispose (une tranche d'existence effective et de comportements observables) les catégories dynamiques et les constantes formelles qui structurent la relation vécue entre le sujet et son monde.

Cette idée de structures de la relation sujet-monde a été pressentie par tous les psychologues, mais c'est l'idée moderne de « *pattern* de la personnalité » et de « *patterns* du comportement » qui s'en rapproche le plus. Un pattern est un modèle modelant, une forme constante de structuration active.

La nature des patterns n'a pu être complètement explicitée par les théoriciens de la psychologie parce qu'une théorie quelle qu'elle soit utilise un système de codage constitué à partir de certaines expériences marquantes et résistant au changement dès qu'il est stabilisé, ce qui le rend inapte à intégrer, sans distorsion, d'autres expériences.

Cependant à travers leur vocabulaire même et leurs interprétations, on retrouve des notations extrêmement suggestives.

FREUD avait remarqué deux phénomènes qui, *si on les détache de son système*, prennent une valeur particulière : d'une part, ce qu'il appelle « l'automatisme de répétition » et, d'autre part, ce qu'il appelle « le transfert », ces deux phénomènes apparaissant comme deux aspects d'une même réalité psychique.

« Tout individu », écrit-il (15bis), « de par l'action concomitante d'une prédisposition naturelle et des faits survenus pendant son enfance, possède une manière personnelle, déterminée, de vivre sa vie (affective). On obtient ainsi une sorte de *cliché* (quelquefois plusieurs), cliché qui, au cours de l'existence, se répète plusieurs fois, se reproduit quand les circonstances et la nature des objets (affectifs) accessibles le permettent, et peuvent, dans une certaine mesure, être modifiés par des impressions ultérieures...

L'investissement (affectif) actuel s'attache à ces *prototypes*, conformément à l'un des clichés déjà présents chez le sujet en question ».

« On ne peut s'empêcher d'admettre », écrit-il ailleurs (14) « qu'il existe dans la vie psychique une tendance irrésistible à la répétition ». Freud parle toujours, à ce sujet, de contrainte de répétition. Le *transfert* lui-même, au sens le plus strict, est essentiellement défini par le fait que, dans la relation affective avec le thérapeute, le malade *rejoue* un type de relations qu'il a construit dans son passé. « Le patient intègre le médecin dans une de ses *séries psychiques* qu'il a établies dans son passé... Parfois c'est *l'imago* * paternelle qui donne la mesure de cette intégration, mais le transfert n'est pas lié à ce prototype et peut se réaliser aussi suivant les images maternelle, fraternelle, etc... » (15bis) « ...Le malade répète (dans sa relation actuelle) avec l'analyste, des événements psychiques qu'il a déjà vécus » (13); « le patient n'a *aucun souvenir* de ce qu'il a oublié, il ne fait que le *traduire en actes...* Le malade répète évidemment cet acte sans savoir qu'il s'agit d'une répétition » (15). « Il a *transféré* sur l'analyste des attitudes psychiques qui étaient déjà prêtes en lui et qui sont en rapport intime avec sa névrose. Et il répète ainsi sous nos yeux ses réactions de défense d'alors... Ce qu'il nous montre est ainsi le noyau de son histoire intime, *il la reproduit de façon palpable, présente, au lieu de s'en souvenir.* » (13)

Plus encore que Freud, Jung, grâce à sa conception dissidente selon laquelle l'inconscient est structuré (constatation tirée de la confrontation entre les mythes, les contes et les légendes de tous les temps qui montrent dans leurs contenus

---

* Le célèbre terme *d'imago* est employé ici, comme on le voit, dans le sens précis de *modèle* et donc correspond à *pattern*. Freud emploie plus loin dans le même sens le mot *image*.

divers, la présence *d'archétypes* constants), a donné des
« complexes » une définition déjà quasi structuraliste ; à
travers l'écheveau de sa pensée obscure, on peut définir
les complexes comme des *réseaux d'affects et de voies de
réaction* qui, hormis les cas pathologiques (où tel complexe
proliférant comme un cancer, envahit la vie affective et le
comportement), sont des constituants normaux de notre
être-au-monde, formule qui rejoindrait la définition lapidaire
donnée par Marie Bonaparte : « Les complexes sont les
organes de notre anatomie psychique » (16).

Parmi les notions modernes qui tendent à exprimer la
réalité des structures et des patterns, rappelons encore celle
d'attitude qui a pris, à juste titre, une grande importance
dans la psychologie contemporaine. Il est remarquable
que toutes les études, entreprises selon des voies très diverses
d'approche, soient ainsi amenées à cerner une réalité
structurante dont les effets se manifestent aussi bien au
niveau affectif qu'au niveau perceptif et comportemental.

Depuis une quinzaine d'années, de nombreux chercheurs (17) ont expérimenté sur les *types d'appréhension du
réel*, ou méthodes individuelles préférentielles d'organisation
de l'expérience. Ils ont appelé cela les « attitudes perceptives », ou styles de contrôle cognitif (on voit le rapport
avec « l'Erfassungstypus » de Rorschach). Mais dès que
l'expérience s'étend un peu, on s'aperçoit que ces attitudes
perceptives sont en corrélation avec des *caractéristiques du
comportement*.

On connaît d'autre part, dans la même ligne de recherches,
le principe dit de LESSER et KAGAN (principe dont les applications méthodologiques sont immédiates dans l'interprétation du test TAT) selon lequel « il y a isomorphisme entre
les thèmes de l'imagination et les structures du comportement observable ».

MIRA Y LOPEZ a bâti son fameux *Myokinetic psychodiagnosis* sur une constatation similaire : « Chaque attitude mentale, écrit-il, est accompagnée d'une attitude musculaire par suite de l'unité de l'être vivant ». Par sa méthode, il déclare vouloir « apporter une mesure objective des tendances dominantes de la personnalité telles qu'elles sont exprimées dans les *attitudes de réaction* fondamentales de l'individu ».

D'une manière générale, en effet, une *attitude* est une structure formelle constante qui modèle la manière d'être, de comprendre, de réagir, de juger et qui, par conséquent, opère comme une catégorie particulière de codage ou de décodage des informations. Sur le plan intellectuel, on dira qu'elle est « le point de vue personnel » auquel on se place pour comprendre ou pour connaître, ou la méthode habituelle qu'on adopte en face des problèmes à résoudre,... sur le plan affectif, on dira qu'elle est le facteur de thématisation du vécu et des sentiments,... sur le plan du comportement, elle sera « pattern de postures et de réactions ».

Dans l'état actuel de la psychologie, on peut dire que les structures, quel que soit le nom qu'on leur donne, sont considérées comme des centres signifiants auxquels renvoient tous les modes d'expression d'une personnalité.

GOLDSTEIN fait de la notion *d'attitude* la clé de sa conception structuraliste de l'organisation de la personnalité, et l'on trouve dans l'œuvre de SCHILDER, un des pionniers (avec LHERMITTE, VAN BOGAERT, HEAD et encore GOLDSTEIN) de la notion de *schéma corporel*, cette phrase extraordinaire écrite dès 1931 : « Je pense que nous pouvons d'une manière ou d'une autre lire dans le modèle postural du corps, quels sont chez l'individu les désirs les plus forts, et toutes les fois que nous découvrirons un trouble dans l'un de ces désirs partiels, nous espérons en trouver la marque dans le modèle postural. » (18). Mais la notion de structure, par sa plus grande souplesse, permet d'aller plus loin que celle d'attitude. Non seulement elle évoque l'aspect essentiel de « forme a priori » ou de « catégorie » au sens kantien *, mais elle peut servir à tous les degrés de généralisation par le fait que chaque structure de sens repéré dans une phrase ou dans un comportement, s'organise avec une structure plus large, qui elle-même entre dans une structure de structures, et ainsi de suite. Tel paraît être l'édifice complexe des formes interdépendantes, toutes *inconscientes*, la conscience saisissant seulement des contenus actuels, et jamais spontanément ses invariants structuraux atemporels.

IV

La visée de la psychologie concrète est donc de découvrir les structures de la relation entre le sujet concerné et son Univers vécu, c'est-à-dire, à la fois les structures de significations qui constituent son champ existentiel (qu'il croit objectif), et les structures affectivo-posturales de sa personnalité, ces deux réalités étant une seule et même chose.

Il est évident qu'un autre problème est à poser clairement, auquel je consacrerai le paragraphe suivant, à savoir la détermination de la relation entre le niveau de l'affectivité et le niveau de la réflexion.

Disons ici quelques mots de la première direction de recherches et des moyens pour y parvenir.

---

* Il est évident que le sens kantien ici évoqué ne vise que l'essence opératoire et transcendantale de la catégorie comme structuration active de l'expérience, et qu'il convient d'éliminer son sens de *forme universelle de l'expérience humaine en général*. Ici, en effet, ces « catégories » sont *individuelles* et leur ensemble constitue les dynamiques de la personnalité.

1. *L'analyse de l'expression verbale* du sujet, des descriptions qu'il donne de ses sentiments, de ses opinions, de ses croyances et de ses réactions affectives ou affectivo-motrices, est un mode important d'approche pour le psychologue. La fameuse objection psychanalytique selon laquelle la conscience de soi n'atteint qu'une infime partie du vaste domaine du « psychique », et que les réalités les plus déterminantes sont « ailleurs », dans l'inconscient,... ne peut être prise en considération s'il est démontré que l'inconscient formel est déjà dans les moindres expressions du sujet concernant son existence personnelle, comme la structure latente de ce qu'il exprime.

A travers ce qu'il dit, on doit chercher non pas ce que cela signifie en soi, *ni même ce que cela signifie pour lui au sens littéral,* mais le signifiant structural qui y est implicite, après le filtrage du contenu actuel conscient.

Ici se situe tout naturellement la place et la discussion théorique de l'*étape de compréhension,* proposée par Carl ROGERS. Me réservant de développer ailleurs la méthode de psychothérapie qui se déduit de l'analyse structurale, je dirai seulement ici que la reformulation du sens-pour-le-sujet est absolument essentielle dans l'objectif de pénétration de son Univers de significations. Sans elle on est condamné à « interpréter », c'est-à-dire à plaquer *nos catégories* sur ce qu'il veut nous faire comprendre, et donc à rater inévitablement la découverte des siennes (à moins qu'on ne lui impose les nôtres par suggestion) (19).

Cependant ce que le sujet dit, ce dont il a conscience ou ce dont il prend conscience en parlant de lui-même, ne concerne qu'un contenu actuel ou historique de son existence affective. Les significations qu'il offre à notre compréhension, qu'il faut assurer par la reformulation la plus authentiquement soucieuse de saisir le sens pour lui, laissent paraître *ce dont il n'a pas conscience*, et que l'analyse structurale patiente reconstruit bribe par bribe, à savoir *les constantes formelles de sa perception et de ses réactions*.

Il est important de savoir que les erreurs les plus graves sont commises, c'est-à-dire qu'on aboutit à une interprétation et non pas à une élucidation, si l'on ne rapporte pas étroitement les structures de l'expression verbale ou des réactions affectivo-posturales, à la *signification que la situation vécue a pour le sujet lui-même*, y compris et surtout la signification que la relation même avec le psychologue, ici et maintenant, a pour le sujet.

> Mr D... est un célibataire de 37 ans, vivant avec son père veuf, et travaillant en usine. Au premier entretien, il décrit avec beaucoup de détails des impulsions homosexuelles. Quoiqu'il n'ait jamais pratiqué l'homosexualité, il se présente lui-même comme un homosexuel, virtuel certes, mais particulièrement vicieux. Changeant de sujet, il détaille la conduite qu'il a avec son père et qu'il juge indigne d'un fils. Il ne lui parle pas, ne le regarde pas, ne lui rend aucun service, réagit par des gestes brusques à toute remarque, part en claquant la porte, etc... Puis, un moment après, il aborde spontanément les problèmes qu'il a, concernant son propre sexe, qu'il trouve ridiculement petit et mal conformé, etc...

La « matière » psychanalytique semble abonder, et cependant il suffit de faire attention à la structure de ce qui est dit et de rechercher la constante formelle des trois types de confidences, pour s'apercevoir que Mr D... n'a fait tout au long qu'une seule et même chose : *il s'est accusé et il a cherché à se faire juger anormal par le thérapeute*. Quelle signification prend le thérapeute pour lui ? Quel est le rapport de cette signification avec le schème affectivo-postural dégagé? A quel système existentiel appartient la structure ainsi décelée? On ne le sait pas encore. Mais que ceci soit la forme signifiante de ce que l'on sait déjà, c'est absolument certain. Cette Gestalt peut et doit être l'objet d'une *formulation*, au sens strict de mise en formule et formulée. Le sujet la reçoit de la part du thérapeute avec un impact émotionnel considérable et surprenant; il la reconnaît comme sienne, d'une manière qui exclut toute « résistance » puisqu'elle est présente et reconnaissable dans ce qu'il a dit, *sans qu'on n'ait rien ajouté de plus, sinon son élucidation même*. Et la reconnaissant comme sienne, il en prend conscience comme d'une « tendance générale », disons dans notre vocabulaire, comme un axiome de son système existentiel.

2. *L'analyse du mouvement expressif* — « Nous sommes tous conscients de ce que chaque personne a des gestes typiques » écrit J. A. PRECKER dans le remarquable chapitre du *Manuel des techniques projectives* consacré au mouvement expressif (20). « A 100 mètres nous pouvons reconnaître un ami à son allure, ou bien, sans le voir, nous savons qu'il est là dans une pièce encombrée de gens, rien qu'au timbre habituel de sa voix. Le psychologue qui étudie le comportement expressif s'intéresse à deux questions :

1º Ce comportement est-il stable? *

2º Quelle est la relation entre un tel comportement et le fond de la personnalité?

Nous faisons le postulat que les mouvements d'une

---

* *Stable* est à prendre ici dans le sens de caractérisable ou comportant un invariant. De ce point de vue un comportement « instable » quelconque (agité, inconstant, versatile, suggestible, etc...) peut être *caractérisé comme tel* d'une manière stable, autrement dit son genre est bien déterminé et établi.

personne ne sont pas accidentels ni déterminés par le hasard, mais sont logiques selon différentes conditions environnementales, et sont reliés aux motivations fondamentales de l'organisme ».

Nous avons déjà signalé que, si étonnant que cela paraisse à première vue, l'attitude, la posture ou les mouvements eux-mêmes expriment ce qu'éprouve ici et maintenant un sujet, dans la situation totale actuelle telle qu'il la vit. Inutile de se livrer à aucune « interprétation ». Le sujet qui s'enferme dans le silence signifie tout simplement qu'il ne veut pas ou ne peut pas participer ; la manière dont on serre la main à quelqu'un est aussi significative. « Celui qui croit, au niveau de l'intention volontaire, féliciter chaudement un adversaire qu'il déteste en fait, se trahit dans son sourire ou dans les mouvements de recul et de repli qui accompagnent sa simulation officielle... » (20).

Si l'on s'attache à la structure du mouvement expressif, on s'aperçoit que des mouvements inégaux et différents par leur contenu, peuvent avoir la même structure, ce qui nous dispense de l'hypothèse d'un « symbolisme » ou d'une « projection ». C'est ici le même problème *mutatis mutandis* que celui du transfert d'apprentissage : la même forme s'investit dans des contenus différents et, à proprement parler, rien n'est transféré. Toute attitude affective étant par essence affectivo-*motrice*, le mouvement est directement expressif du vécu. Il arrive que, par suite de contraintes sociales, culturelles ou provenant du milieu d'éducation, des schèmes de comportement correspondant aux attentes ou aux pressions de l'environnement bloquent l'expression motrice complète des sentiments. Ce phénomène provoque une « tension » (qui semble avoir ses concomitants neuro-physiologiques comme le prouvent les études des mouvements « parasites » au cours des exercices de relaxation) par conflit des schèmes de comportement, tension qui peut avoir des effets propres d'irradiation si elle persiste.

Ceci expliquerait aussi le soulagement produit par les conduites de « déplacement » ou conduites analogiques substitutives, dont le « défoulement » est un cas particulier, et auxquelles on peut rapporter des mouvements, ou esquisses d'action provoquées par certaines techniques dites projectives en psychologie clinique, comme c'est le cas au cours de la construction du village dans le *Test du Village imaginaire* (21).

De nombreux travaux sont produits actuellement sur l'expression corporelle, les uns pour en étudier les structures signifiantes comme moyen de diagnostic, les autres pour organiser des méthodes de psychothérapie par la résolution globale des tensions posturales (méthodes de relaxation).

La grande hypothèse de Félix DEUTSCH se confirme à travers ces recherches et les justifie : « Les attitudes posturales reflètent ou se substituent... précèdent ou accompagnent... l'expression verbale du matériel inconscient. Chaque individu a, au repos, une posture fondamentale caractéristique, à laquelle il revient toutes les fois qu'il en est écarté » (22).

La psychologie des types de mouvements (amplitude, orientation, forme), des mouvements totaux du corps (en marche, au travail, au repos), des genres de réactions posturo-motrices, de l'allure et du rythme, de la voix, du style écrit et parlé, des mouvements graphiques, des mouvements picturaux, des mouvements des mains, etc... tend à devenir non seulement un chapitre important de la typologie générale, mais aussi et surtout une orientation capitale de l'observation des sujets au cours de l'examen par les tests.

3. *Les tests psychologiques* — On a dit, depuis qu'il y a des tests, qu'aucun ne pouvait prétendre évaluer une fonction ou une aptitude *séparée* de l'ensemble de la personnalité.

Alfred BINET disait lui-même que l'expérience du discernement tactile par les deux pointes d'un compas (expérience classique de laboratoire pour mesurer le seuil d'écart perceptible) était plus une méthode d'étude de la personnalité totale du sujet qu'une méthode d'exploration de la « sensibilité ». Et ce n'était pas une boutade. Dans son célèbre ouvrage sur l'intelligence, il montre à quel point l'observation du sujet dans la situation totale est plus riche d'enseignements sur lui que la connaissance de ses performances aux épreuves d'intelligence proprement dites.

Malgré les attaques souvent véhémentes de la part des personnes étrangères à la psychologie ou d'amateurs de mauvaise foi, les techniciens des tests sont d'accord pour penser que la passation d'un test est à considérer comme *une situation totale* dans laquelle l'on place un sujet, les réactions de ce sujet étant significatives par rapport à la situation telle qu'il la vit personnellement, la présence de l'observateur faisant partie de cet ensemble.

Le test lui-même s'inscrit donc dans un vaste *contexte* situationnel, c'est-à-dire que, pour le sujet, « passer un test » prend un sens déterminé et subjectif, qui s'articule avec le sens qu'il donne aux résultats attendus, avec ses impressions globales de l'endroit, de sa position spatiale par rapport à l'observateur, du temps, de l'aspect du matériel devant lequel il est, avec le sens qu'il donne aux consignes, etc...

L'évaluation des « performances » ne peut se faire, étant donné ce qui vient d'être dit, que dans le cadre de la compréhension globale, par le psychologue, du sujet *en situation*.

Quelles que soient les conditions et circonstances de la passation, le principe fondamental de la psychologie structurale justifie la confiance et les méthodes de travail des psychologues qui cherchent à déterminer *les patterns des actions et réactions* par rapport, d'une part, à la structure objective du test (modèle situationnel épuré et validé) et, d'autre part, à la signification de la situation totale pour le sujet lui-même. Les psychologues ont à chercher non seulement des patterns et des écarts par rapport à des normes, mais aussi le sens que le sujet donne à la situation et l'influence de ce vécu sur les performances.

Dans l'arsenal des moyens de diagnostic, certaines techniques visent plus particulièrement à obtenir la révélation des structures de l'affectivité, ou, comme on dit, de la personnalité profonde. Ce sont *les techniques dites projectives*, dont le postulat est le suivant.

Si, par des consignes appropriées,

1° *on met relativement hors le jeu une certaine activité du niveau conscient, caractérisé par le contrôle critique, la réflexion, l'intelligence dans sa fonction d'adaptation réaliste à la résolution des problèmes pratiques...*

2° *on propose au sujet des stimuli relativement instructurés dont il a à parachever la structuration...*

alors, dans ses productions, nous devons retrouver nécessairement les traces de l'activité opératoire des structures affectivomotrices constitutives de sa personnalité profonde et de son existence au niveau vécu. ★

Quelles que soient leurs orientations théoriques a priori, tous les chercheurs ont été amenés, par la pratique et les enseignements de l'expérimentation, à formuler *l'hypothèse structuraliste*, le plus souvent sans oser lui donner ce nom, qui eût contredit la notion sacrée de « projection » au sens freudien et qui tendrait à la remplacer par celle d' « expression ».

★ C'est expressément ce niveau que FRANK, dans le petit ouvrage qui fonde la théorie des techniques projectives en 1949, convient de nommer « l'univers privé ».

« Tout acte spontané, expression ou réponse d'un individu », écrit RAPAPORT (23), « ses gestes, ses perceptions, ses sentiments, ses verbalisations, ses actes moteurs… portent, de quelque manière, l'estampille de sa personnalité. Le postulat important, selon lequel *un individu modèle ses productions personnelles selon les dispositions de la matrice active de sa personnalité*, a été considéré spécifiquement comme l'hypothèse projective ».

A travers une revue succincte des techniques projectives couramment utilisées de nos jours, il est facile de montrer que les patterns de la personnalité (de la relation sujet-environnement, au niveau vécu) sont toujours saisis dans leur opération *au niveau perceptif et au niveau expressif* d'une manière étroitement liée, quoique les techniques soient construites pour mettre en lumière tel ou tel aspect particulier selon les intentions de leur créateur.

A. LES TECHNIQUES PROJECTIVES RÉVÉLANT LES STRUCTURES DE LA PERCEPTION

Il est remarquable que la perception ainsi étudiée, c'est-à-dire dans sa structuration signifiante par le sujet, prend, en psychologie projective, les noms de *aperception* (saisie active du donné perceptif par le sujet), *misperception* (déformation perceptuelle), *dynaception* (perception patternée par les dynamiques de la personnalité).

1. *Les expériences au tachistoscope* — Lorsqu'on fait baisser, grâce au passage accéléré du donné perceptif, la quantité d'information pertinente et la pression de sens exercée par le contexte, on augmente la part de la structuration subjective du donné, et le sujet doit tirer la signification de son propre fond. On découvre alors les orientations de son aperception.

2. *Le test des mots associés de* JUNG — Si l'on fournit au
sujet une liste de mots simples en lui demandant de produire
le premier mot qui lui vient à l'esprit en association avec
le « mot-inducteur », on découvre grâce à la mesure du
temps de latence et aux différences de mots induits lors de la
seconde passation, quels sont les mots qui touchent à des
« complexes ».

3. *Les tests de phrases à compléter* — (nombreux matériels
de nombreux auteurs) consistent à présenter au sujet des
débuts de phrase, ou même de simples sujets grammaticaux
et à lui demander de finir les phrases. Les modalités de ces
achèvements s'organisent en fonction du sens dans lequel
le sujet perçoit le début, et en fonction des thèmes affectifs
mobilisés.

4. *Les tests des histoires à compléter* — (fables de DUSS par
exemple) permet un développement plus grand du principe
précédent et se rapproche du T.A.T.

5. *L'affectivo-diagnostic de* WEIL — est fondé sur la
détection (au moyen de la mesure du réflexe psychogalvanique au psychogalvanomètre) des réactions émotionnelles
non conscientes du sujet à l'aperception de stimuli plus
ou moins abstraits (depuis les mots jusqu'à des formes
géométriques). On détecte ainsi certaines « zones de sensibilisation » thématisées.

6. *Le* T.A.T., *Thematic Aperception Test de* MURRAY —
et de nombreuses techniques voisines (C.A.T. de Bellak,
Test de Symonds, M.A.P.S. de Shneidman, Tri-dimen-
sionnal T.A.T. *, Test des 4 images de Van Lennep,

---

* Ce test qui présente des volumes à signification ambiguë et floue
a été utilisé avec succès par mes collaborateurs et moi-même dans le cadre
du laboratoire de Psychologie de la Persagotière à Nantes comme
technique projective pour les aveugles.

O.R.T...) présentent au sujet des stimuli-starters à partir desquels il doit bâtir une histoire organisée, avec un commencement, un développement et un dénouement.

Les méthodes abondent, beaucoup essayant à tout prix de traiter la production comme un rêve, avec les a priori interprétatifs psychanalytiques, avec le « symbolisme » des « éléments » du contenu, et avec l'hypothèse de l'identification du narrateur au héros de l'histoire racontée.

Les résultats les plus valables restent ceux auxquels on arrive par l'étude des constantes thématiques des histoires, chacune représentant une variante circonstancielle (tenant compte, d'une certaine manière, des images inductrices) de quelques *invariants structuraux* entre lesquels se distribuent les récits, et qui correspondent directement au système affectif du narrateur.

7. *Le psychodiagnostic de* RORSCHACH — qui reste une technique exemplaire — consiste, comme on le sait, à présenter successivement 10 planches (des taches d'encre) dont certaines sont en gris et noir, d'autres en rouge et noir, et d'autres sont multicolores. Le nombre impressionnant de publications sur le Rorschach a fait connaître beaucoup de méthodes diverses d'utilisation du test, et les recherches ont même conduit à la fabrication de nouvelles planches (Zülliger, Holtzmann, etc...).

Le Rorschach permet de saisir en opération les structures de la perception du sujet et, dans ce domaine, les *codifications formelles* introduites par Rorschach lui-même et perfectionnées par ses successeurs, sont tout à fait structuralistes dans leur esprit.

La reconnaissance des « zones sensibles » du vécu, étudiée à partir de la constatation de « chocs » à certaines planches, a d'autre part amené à considérer de plus près la valeur de chaque planche comme évocatrice d'une situation particulière.

Prenons la première planche par exemple. Étant donné qu'elle est la première, que les consignes viennent d'être énoncées (« qu'est-ce que cela peut représenter à votre avis ? ») et que la planche (tache grise assez aérée) est relativement facile à appréhender, on peut à bon droit considérer que *la situation globale* se définit ainsi : « Type de situation dans laquelle le sujet doit s'affirmer ou montrer ce qu'il peut faire, sous le regard d'autrui et devant autrui-juge, dans un travail relativement simple mais inhabituel et provoquant une certaine surprise ».

Si telle est la « spécificité » de la planche, l'analyse structurale des réponses, des comportements, de la succession des réponses, et des réactions globales, doit permettre de détecter *la structure du comportement et des impressions vécues* par le sujet *dans toute situation de ce type*. Cas particulier de l'affirmation de soi, mais cas typique, cette situation détermine nécessairement par sa structure très générale, d'une part la signification particulière, inscrite dans ce cadre général, que le sujet va lui donner (exemples : une occasion de se faire valoir, ou un risque angoissant d'échec et de jugement péjoratif, etc.); d'autre part, les schèmes posturaux-comportementaux personnels qu'il met en œuvre pour y répondre et qui définissent du même coup le sens de cette situation pour lui.

L'analyse méthodique de la production, de ce point de vue, permet d'induire l'un et l'autre, et garantit la généralisation, c'est-à-dire l'attribution, au sujet, de ces manières de percevoir et de réagir non plus dans *cette* situation du test, mais dans *toute* situation existentielle analogique, c'est-à-dire, ayant la même forme.

L'expérimentation confirme entièrement l'hypothèse et invite à étendre à toutes les planches cette méthode de diagnostic (24).

Par cette dimension, le test de Rorschach déborde le cadre des techniques révélant les structures de la perception, et devient davantage une technique révélant les structures de la conduite.

B. LES TECHNIQUES RÉVÉLANT LES STRUCTURES DE L'EXPRESSION

Comme on l'a vu ci-dessus, il s'agit de techniques qui mettent l'accent sur l'analyse des moyens d'expression, mais qui, nécessairement, mettent en jeu la structuration perceptive.

1. *Le dessin libre* — Dans cette technique, ce sont les mouvements expressifs (types de mouvements, orientation des gestes, utilisation de l'espace pictural, comportement en cours de réalisation, moyens utilisés, etc...) et les thèmes choisis, qui sont étudiés comme manifestation des structures affectivo-motrices de la personnalité.

2. *La peinture au doigt* — D'abord utilisée comme méthode de relaxation, puis de nos jours comme thérapie occupation-nelle ou comme moyen de défoulement, la peinture au doigt est un moyen d'étude des patterns de la personnalité surtout grâce à l'analyse des mouvements au cours des productions successives.

Avec la paume de la main couverte de peinture, le sujet doit couvrir une surface horizontale de papier spécial préparé (et toute la surface), en choisissant la couleur, la consistance de la couleur, et évidemment la manière de travailler. Il parle ensuite de ce qu'il a fait.

L'observation des mouvements expressifs de la main (barbouiller, frotter, griffonner, pousser, tirer, tapoter, claquer, égratigner, enlever à petits coups), du rythme, de la texture, de la méthode, et l'analyse de la verbalisation, permettent de sonder les schèmes posturaux et réactionnels dans leurs formes les plus générales.

3. *Le test myo-kinétique de Mira Y Lopez* est, dit son auteur, un moyen d'étude des attitudes musculaires et des mouvements expressifs dans leur rapport avec « les attitudes mentales ». Le sujet doit tracer des lignes selon un modèle, sans appui de la main et les yeux bandés.

4. *Le Mosaïc-test de Margaret Lowenfeld* — Margaret Lowenfeld (qui est aussi l'auteur du Jeu du Monde, repris plus tard par Charlotte Bühler) a voulu dans ce test, plus encore que dans *le Jeu du Monde*, fournir aux sujets les moyens les plus étendus et les moins significatifs en soi, pour exprimer leurs Gestalten affectivo-idéo-motrices.

Avec 465 petites pièces de six couleurs (noir, blanc, rouge, bleu, vert, jaune) de 5 formes (triangles de 3 formes, carrés et losanges), et une boîte servant de cadre, le sujet est invité à faire « ce qu'il voudra ».

Diamond et Schmale, dans leurs études de validation du Mosaïc-Test écrivent : « L'hypothèse fondamentale est que des défauts importants dans la réalisation d'une Gestalt reconnaissable, au test de la Mosaïque, sont en corrélation avec... et reflètent... des défauts significatifs dans la structure de la personnalité fondamentale du sujet » (25).

5. *Le test du village imaginaire* — Tiré du *Jeu du Monde* de M. Lowenfeld, du *World-Test* de Ch. Bühler, du *Jeu du petit monde* de Bolgar et Fischer, du *Test du Village* de Arthus puis de Pierre Mabille, le *Test du village imaginaire* * offre au sujet tous les moyens d'expression des structures de son Univers affectif.

---

* Matériel édité par Editest, 94, Rue du Général Capiaumont, Bruxelles.

Avec 300 pièces, les unes figuratives (chargées de valeur affective potentielle par les dessins qui les ornent ou par leur forme), les autres non figuratives (laissées à la signification subjective), le sujet est invité à construire sur un plateau carré, à partir d'une place donnée, « un village imaginaire dans lequel il habitera ».

Par le truchement du matériel, des mouvements expressifs de construction et des dispositions spatiales des pièces dans l'espace orienté, le sujet structure sa production d'une manière révélatrice de son affectivité, et symptomatique des désordres éventuels de sa relation au monde.

6. *Le test de frustration de Rosenzweig* — Ce matériel présente 24 situations qui sont toutes des variantes d'une structure particulière : une situation de frustration pour un des personnages. Le sujet est invité à contempler chaque situation, à s'identifier au personnage atteint, selon les cas, par un dommage matériel ou moral, barré par un obstacle ou privé d'une satisfaction attendue... et à exprimer sa réaction sous forme verbale.

De l'analyse *formelle* de chaque réaction, et de l'évolution du schème réactionnel à travers les frustrations *successives*, Rosenzweig tire ce qu'il appelle les *patterns de la personnalité* ou types de réaction caractéristiques, avec leurs constantes de direction et de signification, ainsi que la mesure de l'écart par rapport à une « note de conformité » aux réactions moyennes du groupe.

7. *Le jeu de rôle* — Moreno lui-même, dans l'article « Le psychodrame comme technique projective » (26) permet de parler ici de ses méthodes comme moyens de diagnostic des schèmes posturo-comportementaux de la relation du sujet à autrui. Déjà par la création du *Test des situations*,

il avait eu l'idée d'étudier « le comportement de rôle » des individus en leur faisant jouer des situations représentant des aspects de l'existence quotidienne, soit leur existence propre, soit des scénarios imaginés. On sait par ailleurs la place qu'a tenue dans le développement de ses idées, le *Théâtre Impromptu*, avant qu'il n'arrive aux méthodes thérapeutiques que sont le psychodrame et le sociodrame, comme moyens de rapprentissage ou de réajustement des rôles (la personnalité se définissant, pour Moreno, en termes de rôles). Le concept de rôle qu'il ne faut pas entendre au sens de personnage de composition, comme au théâtre, représente pour Moreno, *une structure de relation socio-affective adaptée*, dont le sujet a la disponibilité, qu'il peut donc utiliser pour traiter une situation sociale l'exigeant. Pouvoir changer de rôle, c'est avoir préservé suffisamment de *spontanéité* pour ne pas être prisonnier d'un rôle, mais c'est aussi disposer d'un clavier de schèmes comportementaux permettant l'ajustement à la situation interpersonnelle.

Dans le *Test d'action projective et expressive*, Moreno et ses collaborateurs reprennent le test des situations, et en développent les procédures socio-dramatiques ainsi que les méthodes d'évaluation. Le test consiste en 9 situations « dont les opérations sont planifiées à l'avance et objectivées, mais dans lesquelles le sujet a toute latitude pour exprimer sa réaction personnelle et ses contenus idéationnels ». Après une courte interview et un premier jeu libre, destinés à créer la confiance et à « échauffer » le sujet, celui-ci est introduit successivement dans les neuf situations prévues.

Au lieu de reprendre ce test dont le lecteur trouvera le détail dans l'article cité, je dirai plutôt quelques mots du *jeu de rôle* comme technique projective.

La méthode, qui m'a donné les meilleurs résultats, est la suivante :

On fait créer par les sujets (soit individuellement, soit par petits groupes) des scénarios simples à 1, 2 ou 3 personnages avec seulement indication des personnages et de la situation dans laquelle ils vont se trouver. Le scénario s'arrête donc à une présentation des protagonistes et de la situation imaginaires. Puis on fait choisir par le groupe la première situation à jouer parmi les scénarios disponibles. Ceci fait, on demande des volontaires qui « voient bien le rôle et qui ont envie de le jouer ».

Les joueurs sortent alors séparément. Le meneur de jeu les introduit un par un sur la scène et, au cours d'une brève interview destinée à créer la détente et à échauffer le sujet, demande à chacun d'exposer aux spectateurs comment il « voit » la situation globale et comment il compte jouer son rôle de bout en bout. Cette phase est également nécessaire pour toucher du doigt ce qui apparaîtra plus tard comme la différence entre la conception a priori du rôle (dans le déroulement imaginé de la situation) et le rôle effectivement joué (dans le déroulement concret des relations inter-personnelles).

Les joueurs ayant ainsi individuellement et séparément (sans communication entre eux) présenté leurs idées sur le rôle et la situation, on commence le jeu.

Le jeu de rôle ainsi organisé devient un véritable *modèle de simulation* à travers lequel les sujets vont nécessairement laisser paraître les structures affectivo-posturo-comporte-mentales qui régissent leur comportement. L'analyse structurale du jeu de chacun, recherchant les modes généraux de réactions s'inscrivant à leur tour dans une structure constante, devra être mise *en relation*, avant toute conclusion, *avec les structures des situations telles qu'elles ont été subjectivement éprouvées par le sujet au cours du jeu.*

Cela veut dire que, après le jeu, une interview de chaque

joueur est nécessaire pour comprendre ce que signifiaient génériquement pour lui les phases concrètes de la situation jouée. On s'aperçoit alors que chacun a vécu cette expérience d'une manière unique, et c'est par rapport à la structure des significations éprouvées que les schèmes comportementaux révélés prennent un sens.

Le sujet reconnaît alors, et avec surprise (si on lui fait part des résultats) qu'il a investi dans le jeu, sans le savoir, ses manières *chroniques* de percevoir et de réagir. Sa compréhension s'enrichit de la découverte du sens des réactions des autres, et des processus en chaîne qui ont régi les interactions. Il mesure aussi l'écart qui a pu se produire entre sa manière de comprendre le présent et le présent lui-même. Mais par cette dimension, le jeu de rôle cesse d'être une technique projective pour s'ouvrir sur une psychothérapie et une socio-thérapie.

Un point important est à souligner en conclusion de cette revue des techniques projectives. L'essentiel pour notre propos était de montrer que la pratique de la psychologie clinique amène nécessairement à l'idée de structures organisatrices de la perception des situations et de la réaction comportementale. Cependant, dans les tests très codifiés, les patterns sont définis à l'avance par le créateur de l'instrument et se réfèrent à sa conception de la personnalité.

Nous insistons au contraire sur la nécessité de ne partir d'aucun *a priori* pour découvrir les structures d'un Univers privé, les thèmes qui déterminent et emprisonnent la perception, les postulats et axiomes d'un vécu non-réfléchi. Ce problème méthodologique sera naturellement au centre de la psychothérapie et, dans cette perspective, celle-ci devra être phénoméno-structurale (27).

V

Reste à situer la conscience de soi par rapport aux structures du niveau affectif. Du point de vue génétique, un second niveau de connaissance se construit après l'âge de six ans, portant en puissance une révolution dans la relation au monde. Ce niveau implique la possibilité d'opérer une *décentration*.

Antérieurement tout n'existait que par et dans le rapport à soi, par et dans les situations où le sujet se trouvait organismiquement engagé. C'est ce niveau, on l'a vu, qui se constitue comme niveau du vécu ou comme univers affectif.

Or, cette conscience toute projective dans un univers égocentré, est, chez les sujets normaux, susceptible de se métamorphoser sous l'action de la croissance propre du Moi et devient capable de se mettre aussi bien *à distance de soi* (conscience réfléchie) qu'*à distance du monde* (constitution de l'objectivité du monde et de la connaissance, au moins virtuellement).

Cette révolution dont on n'a pas fini de découvrir les secrets, semble déterminer (ou être déterminée par...) l'entrée en jeu de processus nouveaux parmi lesquels :

1. *La perception des rapports objectifs entre les choses*, ce qui permet aux fonctions d'analyse du contenu de l'information, de codage, de catégorisation et de perception des Formes, de s'appliquer d'une manière nouvelle qui porte en elle *la connaissance abstraite et conceptuelle*, c'est-à-dire qui permet à l'intelligence de se développer en un bond prodigieux vers la connaissance rationnelle.

2. *La perception du présent comme tel* — Il semble qu'un processus, appelé par Minkowski, (reprenant une expression

de Pierre Janet), « processus de présentification » (28) vienne bouleverser l'être-au-monde et rend possible la conscience de l'*ici-et-maintenant*, ou conscience du présent comme tel.

C'est en cela que consiste l'action du processus que Pierre Janet caractérisait comme fonction du réel, et dont il dit : « Le dernier terme de la fonction du réel, celui qui résume probablement tous les précédents, serait une opération mentale malheureusement très peu connue : *la constitution du temps, la formation du moment présent* ».

En développant les implications de ce phénomène, dont Minkowski et Janet décrivent les altérations dans la conscience morbide (altérations auxquelles on pourrait, me semble-t-il, rattacher les fameuses « illusions du déjà vu »), on arriverait à considérer dans la perception du présent comme tel, l'effet d'un processus *d'individuation* dont les expressions seraient multiples :

— possibilité de percevoir une situation quelconque non plus par rapport aux Formes de l'expérience passée, mais « en elle-même » et pour ainsi dire dans son originalité et sa singularité;

— possibilité de la *conscience de soi* à la fois comme Moi individualisé et comme conscience du Présent;

— possibilité de situer le passé comme passé, et l'avenir comme à venir indéterminé, et donc constitution de l'historicité du Moi;

— possibilité de construire par méthode (et non plus par l'action automatique des schèmes) la résolution des situations, ce qui permet un *réalisme* impossible jusque-là;

— possibilité d'épurer le présent individualisé dans le Moi-ici-et-maintenant, de tout ce qui n'est pas lui, par différenciation.

3. *L'inhibition des schèmes affectivo-comportementaux du*

niveau de conscience inférieur. Cette inhibition nouvelle est une fonction de contrôle de soi, un pouvoir d'arrêt et de suspension, lié à la fonction de présentification et de perception intellectuelle de la situation. Elle est sans doute aussi l'expression de cette possibilité de mise à distance que nous évoquions ci-dessus comme origine ou comme condition de la *conscience réfléchie.*

4. *Le renouvellement de la relation à Autrui et de la perception existentielle du rapport Moi-Autrui,* ou possibilité de se mettre à distance de soi et de juger sa propre action par rapport à des valeurs non individualistes, autre conséquence de la décentration; possibilité de sacrifier quelque chose de soi pour autrui ou pour le groupe, en inhibant l'égocentration; enfin éveil du sens de la responsabilité personnelle (28).

Revenons après ce détour par la génétique, à la conscience normale. Ces quatre processus principaux se développent ensemble dans l'évolution normale du Moi comme être et comme projet.

Tout se passe comme si, à l'état sain de calme intérieur et de disponibilité intellectuelle, les sujets humains adultes et normaux étaient capables de percevoir les informations de leur présent en les codant avec des catégories intellectuelles. Dans ce cas, ils peuvent enfin se mettre à différents points de vue, envisager même plusieurs aspects (tout ceci étant absolument impossible quand domine la structure affective), ils donnent à leur réel un sens relativement objectif, et ils peuvent réagir de manière créatrice à la situation dans l'ici et le maintenant.

Mais il arrive que ces capacités du Moi authentique et épanoui, en tant que bondissement vers l'Etre et vers l'Avenir soient paralysées et anéanties par les schèmes affectifs et posturaux, ce qui revient à charger de significations vécues la perception d'un présent obnubilé par l'imposition d'une thématisation répétitive, appauvrissante et non-reconnue.

Entre ces deux cas limites, notre manière d'être au monde et à autrui oscille à chaque instant et mêle souvent les deux niveaux de structures et de significations. Plus exactement, il semble qu'il y ait, dans l'existence quotidienne la plus normale, des « régions » ou des genres de situations où notre perception « objective » soit impossible ou tout au moins difficile.

La maturité et la stabilité émotionnelle, conditions (et effets à la fois) du développement du Moi authentique (au sens de HEIDEGGER), sont en relation directe avec la résistance du niveau « conscience de soi – conscience du réel présent – décentration-créativité » aux déferlements des significations affectivo-motrices.

C'est la découverte par la conscience réfléchie de sa propre *mystification* qui constitue le levier de la psychothérapie. Mystifiés, la conscience et le Moi le sont en effet dans la mesure où ils éprouvent comme objectives, des significations exprimant les structures affectives ou les fantasmes de l'Univers privé.

On s'est souvent demandé par quel mystère la psychothérapie pouvait libérer la conscience de l'emprise des structures inconscientes! Il n'y a, me semble-t-il, aucun mystère. Lorsqu'on attire l'attention, c'est-à-dire la conscience réfléchie, avec son pouvoir d'inhibition et d'arrêt, sur les structures affectives qui déterminaient, à son insu, les significations de son existence, le Moi reconnaît en même temps la validité du constat et sa propre mystification. Il était amené en effet de par sa captivité aveugle, à traiter l'ici et le maintenant comme une éternelle répétition du passé, ce qui le privait à la fois de la réalité du présent et de tout avenir. Il mettait en jeu des conduites aux schèmes chroniques correspondant à des significations archaïques. Par la prise de conscience des structures — et non pas nécessairement par la réminiscence des situations d'origine (comme l'a remarqué Alexander), — et par une série de *redéfinitions de ses faux concepts* à la lumière du présent retrouvé, le Moi rétablit et devient capable de mobiliser d'une manière plus stable, le niveau des relations authentiques (ou plus objectives) avec le réel et autrui, avec son propre passé enfin, par rapport auquel il prend aussi *de la distance*.

Ce sont toujours les mêmes données du Monde qui semblent frapper les récepteurs, mais quelque chose a changé dans le système de codage et de catégorisation, par quoi les significations ne sont plus les mêmes. A la libération de la conscience correspond une mutation d'Univers.

CONCLUSION

La représentation que nous sommes amenés à nous faire de « l'appareil psychique » ne peut plus être aujourd'hui celle que proposait FREUD en 1896 ni même celle qu'il élaborait en 1920. Le modèle de l'époque, tout empreint de la vogue des suggestions post-hypnotiques et de la physiologie des pulsions et des instincts, ne peut plus servir à comprendre la masse nouvelle d'observations que la psychanalyse elle-même a déclenchée.

La phénoménologie, de Husserl à Merleau-Ponty, et l'analyse existentielle créée par Binswanger, ont largement démontré que notre Univers est intégralement et uniquement constitué de significations, dont la conscience peut être prisonnière... La psychologie animale, renouvelée par les travaux de Lorenz et de Tinbergen, a découvert que des fonctions analogiques par rapport aux fonctions supérieures de l'Homme, mais agissant au niveau de l'*Umwelt* écologique centré par l'organisme lui-même dans sa vigilance de survie, permettaient à l'animal de coder l'information spécifique et d'ajuster des Formes de comportements à des Formes situationnelles stabilisées... La psychologie de l'apprentissage humain y perdait les notions de généralisation et de transfert, mais y gagnait des méthodes pédagogiques en essayant de réaliser la Formation au niveau des structures mêmes, ce que développent les méthodes dites de simulation à l'aide de modèles.

Tous ces apports se trouvaient à leur tour confirmés et enrichis par les théories de l'Information, nécessairement concomitantes des progrès de la cybernétique qui en est l'utilisatrice première. Les méthodes d'analyse automatique du contenu et le codage dans différents systèmes de codes, pouvaient être réalisés dans des cerveaux électroniques, aussi bien que dans des machines à traduire ou dans des animaux-robots...

La linguistique générale, la phonologie, développaient de leur côté la notion de structure inconsciente dans un sens neuf, renouvelant par voie de conséquence les méthodes des sciences humaines; l'Anthropologie structurale, avec Cl. Levi-Strauss, en tirait les principes féconds de recherche et de compréhension. Cette notion de structure, ainsi renouvelée, redonne à la psychologie de la Gestalt une actualité différente et un enrichissement que Goldstein avait prédit et préparé.

La psychologie structurale est donc « dans l'air » et l'on peut en tracer dès maintenant les lignes directrices. Elle porte en germe un progrès de la psychologie et de nouveaux concepts doivent être forgés. Il est remarquable de noter que, *en fonction des lois mêmes de la conceptualisation et du codage de l'information, les théories dépassées ne peuvent plus « lire » les observations nouvelles* et les apports foisonnants d'expériences imprévues; l'on peut prévoir aussi la résistance des structures anciennes et du système de codage archaïque au progrès de la connaissance qui exige une remise en question des schèmes autrefois construits et ajustés à un certain niveau d'appréhension du réel.

La psychologie générale ne peut plus maintenir le compartimentage des facultés. La commode trilogie psychanalytique avec le ça, le Moi et le Surmoi n'est plus valable. Des fonctions analogiques structurent deux niveaux d'expérience, l'un égocentré, l'autre décentré et temporalisé. Les structures dynamiques inconscientes de la conscience, par l'action desquelles les significations surgissent dans l'Univers, sont, comme les significations elles-mêmes, soit de l'ordre du niveau pré-objectif et organismique, affectivo-postural par essence, soit de l'ordre du niveau objectif proprement dit, celui de la conscience réfléchie et des rapports rationnels. La conscience n'est donc pas directement donatrice de sens, le sens vient des Formes et des signifiants formels, assimilant et codant l'information aux deux niveaux simultanément. Les structures de signification se retrouvent à ces deux niveaux, celui des concepts et celui de schèmes affectifs. Ceux-ci organisent des éléments subjectifs, la plupart du temps erronés parce que fantasmiques, mystifiant l'intelligence du sujet qui en est dupe. Le névrosé s'y attache par suite de la peur de la vérité, et chérit ses fantasmes qui le condamnent à un monde à lui, irréel. Chez tous les humains, les significations affectives s'immiscent dans le monde perçu, et nous avons plus ou moins à en pâtir, la rectification ne pouvant se réaliser que par la prise de conscience des structures déformantes.

La liberté n'est peut-être dès lors qu'une libération continue de la conscience, captive sans le savoir de ses structures qui déterminent les significations autant que les comportements.

Tout organisme sécrète sa structuration, tout vivant comme toute société,... mais possède aussi, ce qui est la vie même, la possibilité de changer ses structures, dans des limites spécifiques liées à la marge de perfectionnement de l'organisme lui-même et à la résistance naturelle des structurations constituées. Aucun être vivant — aucun organisme social — ne pourra survivre sans organisation; aucun ne pourra survivre avec une organisation immobiliste, mais aucun ne pourra survivre non plus dans une révolution permanente qui serait l'illusion de la liberté.

TABLE DES RÉFÉRENCES

CHAPITRE I

(1) G. WALTER, *Le cerveau vivant*, p. 53 (Éd. Delachaux Nietslé).

(2) MALDINEY, Le dévoilement des concepts fondamentaux de la psychologie à travers la Dasein-Analyse de Binswanger, *Schweiz Arch. Neurol. Neurochir. psychiatr.*, 1963, 92 n° 1, p. 215.

(3) A. MARTINET, *Éléments de linguistique générale*, p. 16 (Éd. A. Colin).

(4) G. APOLLINAIRE a écrit : « *Les souvenirs sont cors de chasse dont meurt le bruit parmi le vent* ».

(5) P. GUILLAUME, *Psychologie de la Forme*, p. 71 (Éd. Flammarion).

(6) G. BACHELARD, *La Formation de l'esprit scientifique*, p. 246 et passim (Éd. Vrin).

(7) *ibid.* pp. 67-70.

(8) G. G. GRANGER, Objet, structures, et significations, in *Rev. Int. de Phil.* III-IV, n° 73-74, 1965, p. 257.

(9) V. F. Von WEIZSAECKER, *Reflexgesetze in Handbuch der normalen und pathologischen physiologie*, p. 45, cité in Merleau-Ponty, *La structure du comportement*, p. 11.

(10) M. MERLEAU-PONTY, *La structure du comportement*, p. 13 (N.R.F.).

(11) GOLDSTEIN, *Aufbau des Organismus*, ch. 2, p. 58.

(12) FABRE, article in *Médecine et Hygiène* 1961, 19, 528, p. 978 et suiv.

(13) BUSH et MOSTELLER ont effectivement proposé cette expression à la place du mot *stimulus* en 1955, pour marquer que le stimulus-pour-l'expérimentateur n'est pas forcément le stimulus-que-perçoit-le-sujet-de-l'expérience.

(14) Jean DELAY, *Les dérèglements de l'humeur*, p. 1 (Éd. P.U.F).

(15) MALDINEY, *art. cité*, p. 212.

(16) Cf. R. MUCCHIELLI, *Caractères et visages*, Livre I (Éd. P.U.F.).
(17) R. MEILI, Les expressions caractérologiques dans les premiers mois de la vie, in *Rev. intern. de caractérologie* (P.U.F.), Vol. 6, 1964, pp. 25-26.
(18) Cf. Jean DELAY, *op. cit.*
(19) E. MINKOWSKY, *Le temps vécu*, p. 289 (Éd. Desclée de Br.).
(20) *Ibid.*, pp. 177-179.
(21) P. GUILLAUME, *op. cit.*, p. 75.
(22) Cf. K. LEWIN, *Principles of dynamic psychology, Topological psychology, la psychologie dynamique* (Trad. P.U.F.).
(23) P. GUILLAUME, *op. cit.*, p. 129-130.
(24) MALDINEY, *art. cit.*, p. 210.
(25) P. GUILLAUME, citant Lewin, *op. cit.*, p. 123.
(26) J. KAGAN, H. MOSES, I. SIGEL, Psychological signifiance of styles of conceptualisation, in *Monogr. Soc. Res. Child Development*, U.S.A., 1963, 28, 2, pp. 73-112.

CHAPITRE 2

(1) TINBERGEN, *Étude de l'instinct*, p. 23-24 (Éd. Payot).
(2) PAVLOV, *Typologie et pathologie de l'activité nerveuse supérieure*, ch. 18 (Trad. P.U.F.).
(3) TINBERGEN, *op. cit.*, p. 62 et passim.
(4) René SPITZ, *The smiling Response* (1946) et *La première année de la vie de l'enfant*, p. 20-23 (Trad. P.U.F.).
(5) KOHLER, Communication Académie des Sciences de Berlin 1918, *Nachweis einfacher Strukture funktionen beim Schimpansen und bein Haushuhn* — Repris in Guillaume, *op. cit.*, p. 166.
(6) J. F. RICHARD, *La généralisation du signal*, (P.U.F. 1966).
(7) BUYTENDIJK, in *La psychiatrie animale*, p. 118-120, (Éd. Desclée de Br.).
(8) BARCLAY MARTIN, Reward and punishment associated with the same goal response. A factor in the learning of

motives, in *Psych. Bull.*, U.S.A., 1963, 60, 5, pp. 441-451.

(9) Cf. Bibliographie sur la question in R. Mucchielli, *Philosophie de la médecine psychosomatique*, ch. sur les névroses expérimentales, (Éd. Aubier). Cf. aussi C. CAIN, *Le problème des névroses expérimentales*, 1959, p. 74, et chapitre spécial in *La psychiatrie animale*, *op. cit.*, p. 207.

(10) Jérome S. BRUNER, *Contemporary approaches to cognition*, p. 49-50, (Éd. Harvard University Press, 1964).

(11) MUNN, *Traité de Psychologie*, p. 153-157, (Éd. Payot).

(12) COUFFIGNAL, *La Cybernétique*, p. 32-39, (P.U.F. Que Sais-Je?).

(13) J. S. BRUNER, *op. cit.*, p. 46-47.

(14) W. GREY, *Le cerveau vivant*, p. 138, (Éd. Delachaux-Nietslé).

(15) Théodule RIBOT, *La logique des sentiments*, p. 6 (Éd. Alcan).

(16) A. BOURCIER, *Le traitement de la dyslexie*, (E.S.F.), 1966.

(16bis) La méthode psycho-cinétique du Dr LE BOULCH, ESF, 1966.

(16ter) La méthode RAMAIN. Public. des Écoles techniques de la CCIP, Paris.

(17) MERLEAU-PONTY, *La structure du comportement*, p. 20 et 28, (Éd. P.U.F.).

(17bis) *Ibid.*, p. 9, cf. aussi p. 31.

(18) C. L. MUSATTI, Structure et expérience dans la phénoménologie de la perception, in *J. Psych. Fr.*, 1960, 57, n° 2, p. 126.

(19) M. D. VERNON, *The Psychology of perception*, p. 200 (University Press of London 1965) citant A. C. ROSEN, cf. L. MANGAN, A. JONES, J. S. BRUNER, etc... Bibliogr., p. 209-211.

(20) L. POSTMAN et D. R. BROWN, The perceptual Consequence of Success and Failure, in *J. Abn. Soc. Psychol.*, U.S.A., 1952, 47, 213.

(21) R. S. LAZARUS et R. A. Mac CLEARY, Autonomic Discrimination Without Awareness, *Psychol. Rev.*, 1951, 58, 113.

(22) Expériences de R. LEVINE, et G. MURRHY, The relation of intensity of a Need to the Amount of perceptual Distorsion, *J. Psychol*, U.S.A., 1942, 13, 283; et de R. S. LAZARUS, H. YOUSEM et D. ARENBERG, Hunger and Perception, *J. Person*, U.S.A., 1953, 21, 312.

(23) Exp. de WISPE, citées in VERNON, *op. cit.*, p. 208.

(24) VERNON, *op. cit.*, pp. 187-188.

(25) L. POSTMAN, J. S. BRUNER et E. Mc GINNIES, Personal Values an Selective factors in Perception. J. *Abn. Soc. Psych.*, 1948, 43, 142.

(26) Cf. par ex. V. HUDSON, Cultural problems in pictorial perception, *S. Afr. J. Sci.*, 1962, 58 n° 7, 189-96.

(27) Expériences de C. N. ERIKSEN, citées in VERNON, *op. cit.*, p. 188.

(28) Cf. introduction-préface, par R. MUCCHIELLI, du *Manuel des Techniques projectives* par Anderson et Anderson, (Trad. Éd. Universitaires, Paris, 1965).

(29) Citons, de ce groupe, G. KLEIN, B. HOLT, D. SPENCE H. AWITKIN; cf. sur ce point, U. KRAGH, Rapports entre la perception et la personnalité, *Scientia*, ital, 1964, 98, n° 12, pp. 239-242.

(30) GELB et GOLDSTEIN, *Uber Farbennamenamnesie*, p. 158, cf. Merleau-Ponty, *Phénoménologie de la perception*, ch. 6, première partie.

(31) Sur ces méthodes, cf. Maurice Duverger, *Techniques de Psychologie sociale*, (P.U.F.); et Daval, *Traité de Psychologie sociale*, (Logos-P.U.F.), bibliographie dans l'un et l'autre.

(32) Cf. J. S. BRUNER, *op. cit.*, pp. 58-62 et bibliog.

(33) Otto KOEHLER, *La pensée animale*, in *Encyclopédie des Sciences biologiques*, Tome 4, p. 93.

(34) Jérôme BRUNER, *op. cit.*, p. 63.

(35) G. BOULIGAND, *De l'abstraction mathématique aux mathématiques vivantes*, Conférence reprise en article

in Cahiers du Centre économique et social de perfectionnement des cadres, 1965.

(36) R. MUCCHIELLI, *Modèles sociométriques et formation des cadres*, 2ᵉ Partie, chap. I et II, (P.U.F. 1964).

(37) Cf. G. BACHELARD, *La formation de l'esprit scientifique*, *op. cit.*

(38) K. GOLDSTEIN, *Human nature in the light of psychopathology*, Cambridge, Harvard University Press, 1960.

CHAPITRE 3

(1) Th. RIBOT, *La logique des sentiments*, p. 60.

(2) *Ibid.*, p. 59.

(3) S. FREUD, *De la technique psychanalytique*, p. 133, (trad. P.U.F. 1953).

(4) Collette, *Introduction à la psychologie dynamique*, pp. 29-30 (Louvain 1962).

(5) DUGAS, *La timidité, étude psychologique et morale*, (Alcan 1898).

(6) Hélène DEUTSCH, *La psychologie des femmes*, T. 2 pp. 300 et suiv. (P.U.F. 1955).

(7) A. BINET, *Etude expérimentale de l'intelligence*, p. 69.

(8) Cl. LEVI-STRAUSS, *Anthropologie structurale*, pp. 29-31.

(9) S. FREUD, *Ma vie et la psychanalyse*, pp. 29-30.

(10) Cl. LEVI-STRAUSS, *op. cit.*, p. 28.

(11) C. G. JUNG, *Les types psychologiques*, p. 349.

(12) GOLDSTEIN, *Psychopathologie organismique*, 1ʳᵉ Partie, Ch. 6 : Motifs et mobiles du comportement.

(13) Cl. LEVI-STRAUSS, *op. cit.*, p. 224.

(14) Ch. BAUDOUIN, *L'âme et l'action*, formule reprise in *L'œuvre de Jung*, p. 56.

(15) Th. RIBOT, *Psychologie des sentiments*, 1ʳᵉ Partie, ch. 13.

(16) Th. RIBOT, *L'imagination créatrice*, 3ᵐᵉ partie, ch. 2.

(17) H. BERGSON, *La pensée et le mouvant*, p. 138 et suiv.

(18).G. BACHELARD, *L'eau et les rêves*, p. 10.

(19) J. B. Pontalis, Le petit groupe comme objet, in *Les Temps Modernes*, 1963, 19, 211.

(20) S. Freud, *Introduction à la psychanalyse*, p. 168 (Payot, trad. 1917).

(21) Ricœur, *De l'interprétation*, p. 27, (Le Seuil 1965).

(22) *Ibid.*, p. 18.

(23) S. Freud, *La science des rêves*, p. 308 et 319.

(24) E. Minkowski, *Le temps vécu*, p. 169.

(25) R. Dalbiez, *La méthode psychanalytique et la doctrine de Freud*, II, p. 161 et suiv.

(26) R. Mucchielli, *Analyse existentielle et psychothérapie*, Éd. Dessart, même coll., 1972.

(27) S. Freud, *Nouvelles conférences sur la psychanalyse*, p. 17-18, (Gallimard 1958).

(28) S. Freud, *La science des rêves*, p. 595.

(29) Jolande Jacobi, *La psychologie de Jung*, p. 95-96, (Delachaux-Niestlé 1950).

(30) S. Freud, *Introduction à la psychanalyse*, p. 216-217, (Trad. Payot 1917).

CHAPITRE 4

(1) Cl. Levi-Strauss, *La pensée sauvage*, p. 21 (Plon, 1965).

(2) Cf. Anna Freud, *Les mécanismes de défense du moi*, (P.U.F.).

(3) R. Spitz, *La première année de la vie de l'enfant*, p. 116-126 (P.U.F.).

(4) S. Freud, *Cinq leçons sur la psychanalyse*, p. 159, (Payot, 1926).

(5) S. Freud, *Moïse et le monothéisme*, p. 114, (Gallimard 1948).

(6) P. Guillaume, *Psychologie de la forme*, op. cit., p. 71.

(7) Cf. Higgins, Mednick et Taylor, A replication of facilitation of concept formation through mediated generalization, in *Journ. exper. psychol.*, U.S.A., 1963, 65, n° 4, 421-2. Bibliog. Cf. aussi Mednick et

FREEDMAN, Facilitation of concept formation through mediated generalization, *J. exp. psych.*, 1960, 60, 278-283.

(8) P. GUILLAUME, *op. cit.*, p. 187.

(9) Th. RIBOT, *La logique des sentiments, op. cit.*, p. 94.

(10) E. MINKOWSKI, *Le temps vécu, op. cit.*, p. 186-187.

(11) ROSEN, *L'analyse directe*, (Trad. P.U.F. 1961).

(12) E. MINKOWSKI, *op. cit.*, p. 153.

(13) S. FREUD, Psychologie et Médecine, in *Ma vie et la psychanalyse*, p. 196, (Gall. trad. 1928).

(14) S. FREUD, *Essais de psychanalyse*, p. 30, (Payot 1929).

(15) S. FREUD, *De la technique psychanalytique*, p. 108, (P.U.F. 1953).

(15bis) *Ibid.*, p. 50-52.

(16) Cité in BAUDOUIN, *L'œuvre de Jung*, p. 141, (Payot, 1963).

(17) Cf. WITKING (H. A.), LEWIS (H. G.), HERTZMAN (M.), MACHOVER (K.), MEISSNER (P. B.) et WAPNER (S.) in *Personality through perception* (Harper 1954), et aussi les recherches de GARDNER (1953-1959); HOLZMAN (1954-1960); KLEIN (1954). Cf. KAGAN, MOSS et SIGEL, *art. cit.*, et SLOANE, GORLOW and JACKSON, Styles cognitifs, in Rev. *Percept. Motor skills*, U.S.A., 1963, 16, n° 2, 389-404 (Bbg).

(18) SCHILDER, *Brain and Personality*, p. 61, (New-York 1931).

(19) Carl ROGERS, *Psychothérapie et relations humaines* (Louvain 1963), et *Relation d'aide et psychothérapie*, tr. fr. Éd. E.S.F., 1970.

(20) In ANDERSON et ANDERSON, *Manuel des techniques projectives*, (Trad. fr. Éditions Universitaires, Paris 1965) Ch. XVI, *Le mouvement expressif et les méthodes expérimentales en psychologie des profondeurs*, par WERNER WOLFF et Joseph A. PRECKER, p. 488.

(21) Cf. R. MUCCHIELLI, *Le jeu du Monde et le test du village imaginaire*, (P.U.F. 1960).

(22) Félix DEUTSCH, *Analysis of postural behavior*, in *Psycho-analytic Quaterly*, 1947, 16, p. 211. Cité in Anderson et Anderson, *op. cit.*, p. 493.

(23) RAPAPORT, Principles underlying projective techniques, in *Char. and Pers.*, U.S.A., 1942, 10, 214-219.

(24) R. MUCCHIELLI, *La dynamique du Rorschach*, P.U.F. 1968.

(25) In ANDERSON et ANDERSON, *op. cit.*, p. 559.

(26) In ANDERSON et ANDERSON, *op. cit.*, chap. 24, p. 717-731.

(27) Cf. R. MUCCHIELLI, *Analyse existentielle et psychothé-rapie*, Dessart, même coll., 1972.

(28) E. MINKOWSKI, *Le temps vécu*, *op. cit.*, p. 30 et note.

(29) A. BOURCIER, *La nouvelle éducation morale*, chap. 5, (E.S.F. 1966).

TABLE DES MATIÈRES

Les figures 9, 10a, 10b sont reproduites ici avec l'aimable autorisation des Éditions KISTER, S.A., Genève — Éditions de la GRANGE-BATELIÈRE, S.A., Paris.